ESTRATÉGIA DE MARKETING INTERNACIONAL

COLECÇÃO ECONÓMICAS – 2ª Série
Coordenação da Fundação Económicas

António Romão (org.), *A Economia Portuguesa – 20 Anos Após a Adesão*, Outubro 2006

Manuel Duarte Laranja, *Uma Nova Política de Inovação em Portugal? A Justificação, o modelo os instrumentos*, Janeiro 2007

Daniel Müller, *Processos Estocásticos e Aplicações*, Março 2007

Rogério Fernandes Ferreira, *A Tributação dos Rendimentos*, Abril 2007

Carlos Alberto Farinha Rodrigues, *Distribuição do Rendimento, Desigualdade e Pobreza: Portugal nos anos 90*, Novembro 2007

João Ferreira do Amaral, António de Almeida Serra e João Estêvão, *Economia do Crescimento*, Julho 2008

Amélia Bastos, Graça Leão Fernandes, José Passos e Maria João Malho, *Um Olhar Sobre a Pobreza Infantil*, Maio 2008

Helena Serra, *Médicos e Poder. Transplantação Hepática e Tecnocracias*, Julho 2008

Susana Santos, *From de System of National Accounts (SNA) to a Social Accounting Matrix (SAM) – Based Model. An Application to Portugal*, Maio 2009

João Ferreira do Amaral, *Economia da Informação e do Conhecimento*, Maio 2009

Fernanda Ilhéu, *Estratégia de Marketing Internacional*, Setembro 2009

COLECÇÃO ECONÓMICAS – 1ª Série
Coordenação da Fundação Económicas

Vítor Magriço, *Alianças Internacionais das Empresas Portuguesas na Era da Globalização. Uma Análise para o Período 1989-1998*, Agosto 2003

Maria de Lourdes Centeno, *Teoria do Risco na Actividade Seguradora*, Agosto 2003

António Romão, Manuel Brandão Alves e Nuno Valério (orgs.), *Em Directo do ISEG*, Fevereiro 2004

Joaquim Martins Barata, *Elaboração e Avaliação de Projectos*, Abril 2004

Maria Paula Fontoura e Nuno Crespo (orgs.), *O Alargamento da União Europeia. Consequências para a Economia Portuguesa*, Maio 2004

António Romão (org.), *Economia Europeia*, Dezembro 2004

Maria Teresa Medeiros Garcia, *Poupança e Reforma*, Novembro 2005

1ª Série publicada pela CELTA Editora

FERNANDA ILHÉU

ESTRATÉGIA DE MARKETING INTERNACIONAL

CASOS DE EMPRESAS PORTUGUESAS

ALMEDINA

ESTRATÉGIA DE MARKETING INTERNACIONAL

AUTORA
FERNANDA ILHÉU

EDITOR
EDIÇÕES ALMEDINA, SA
Av. Fernão Magalhães, n.º 584, 5.º Andar
3000-174 Coimbra
Tel.: 239 851 904
Fax: 239 851 901
www.almedina.net
editora@almedina.net

PRÉ-IMPRESSÃO | IMPRESSÃO | ACABAMENTO
G.C. GRÁFICA DE COIMBRA, LDA.
Palheira – Assafarge
3001-453 Coimbra
producao@graficadecoimbra.pt

Setembro, 2009

DEPÓSITO LEGAL
299004/09

Os dados e as opiniões inseridos na presente publicação
são da exclusiva responsabilidade do(s) seu(s) autor(es).

Toda a reprodução desta obra, por fotocópia ou outro qualquer
processo, sem prévia autorização escrita do Editor, é ilícita
e passível de procedimento judicial contra o infractor.

Biblioteca Nacional de Portugal – Catalogação na Publicação

ILHÉU, Fernanda

Estratégia do marketing internacional.
(Económicas. 2ª série)
ISBN 978-972-40-3921-3

CDU 339
     658

Índice

INTRODUÇÃO 13

PARTE I
DA DECISÃO DE INTERNACIONALIZAÇÃO
À ESTRATÉGIA DE MARKETING INTERNACIONAL

CAPÍTULO I
MARKETING INTERNACIONAL, ÂMBITO E PERSPECTIVAS 21

   1.1. Definição de Marketing Internacional 21
   1.2. Diferentes Perspectivas do Marketing Internacional 22
Bibliografia 26

CAPÍTULO II
PROCESSO DE GLOBALIZAÇÃO DAS EMPRESAS 29

   2.1. *Mindset* Global 29
   2.2. Factores que Explicam a Tendência de Globalização 32
Bibliografia 35

CAPÍTULO III
INTERNACIONALIZAÇÃO DAS EMPRESAS – TEORIAS E MODELOS 37

   3.1. Da Análise dos Fluxos Macro Económicos à Visão Micro 37
      3.1.1. Teorias do Comércio Internacional 38
      3.1.2. Ciclo de Vida Internacional do Produto 39
      3.1.3. Visão Baseada nos Recursos 43
      3.1.4. Perspectiva *Network* 52
         3.1.4.1. Conhecimento, Confiança e Compromisso 57

  3.1.4.2. *Networks* Sociais 61
  3.1.4.3. Competitividade das PMEs e *Networks* Internacionais 63
 3.2. A Importância do Empreendedorismo Internacional na Internacionalização das PMEs 66
 3.3. Obstáculos ao Processo de Internacionalização das PMEs ... 68
 3.4. Novas Empresas Internacionais ou Empresas *Start-up* ou *Born Global* 71
  3.4.1. Capacidades Importantes das Empresas *Born Global* ... 76
  3.4.2. Empresas *Born Global* e Comportamento das PMEs nos Mercados Estrangeiros 78
 3.5. Metodologia de Análise do Processo de Internacionalização 81
Bibliografia 81

CAPÍTULO IV
ESCOLHA DOS PAÍSES PARA ONDE INTERNACIONALIZAR 89

 4.1. Modelos Sequenciais Estádio a Estádio 89
  4.1.1. Modelo de Internacionalização Uppsala 90
  4.1.2. Modelo Inovação – Internacionalização versus Modelo Uppsala 95
  4.1.3. Modelo do Processo de Internacionalização Incremental da Empresa 97
 4.2. Abordagem Oportunística de Mercados versus Abordagem Sistematizada 103
  4.2.1. Principais Critérios para a Escolha dos Mercados Estrangeiros 106
 4.3. Escolha de Países com Economias em Transição. Importância do Conhecimento Experimental 111
 4.4. Selecção de Mercados Estrangeiros e os *Networks* 113
Bibliografia 115
Anexo I – Check List para Selecção do Mercado X 119

CAPÍTULO V
COMO ENTRAR NOS MERCADOS EXTERNOS? 121

 5.1. Escolha dos Modos de Entrada 121
 5.2. Principais Modos de Entrada 123
  5.2.1. Modos de Entrada Baseados na Produção no País de Origem da Empresa 127
  5.2.2. Modos de Entrada Baseados na Produção no Estrangeiro 130

5.3. Considerações Estratégicas e Opções 138
5.3.1. Factores do Meio Envolvente 140
5.3.2. Variáveis Específicas da Transacção 143
5.3.3. Variáveis Estratégicas Globais 145
5.3.4. Alianças Estratégicas 148
       5.3.4.1. *Networks* e a Escolha do Modo de Entrada 153
5.3.5. As Empresas *Born* Global e a Escolha do Modo de Entrada 158
5.3.6. Modelos de Internalização e a Escolha do Modo de Entrada em IDE 161
       5.3.6.1. Modelo OLI 164
Bibliografia 168

CAPÍTULO VI
ESCOLHA DA ESTRATÉGIA DE *MARKETING-MIX* INTERNACIONAL 175

6.1. Escolha da Estratégia de *Marketing-Mix* Internacional 175
6.2. Meio Envolvente de Marketing Internacional 177
6.3. Factores Específicos do Meio Envolvente em Cada País 180
    6.3.1. Meio Envolvente Sociocultural 180
       6.3.1.1. Teorias da Cultura 183
       6.3.1.2. Elementos da Cultura 192
       6.3.1.3. Distância Cultural 197
       6.3.1.4. Como Lidar com a Distância Cultural 201
       6.3.1.5. Relações Interpessoais e Estratégias de Negociação 204
    6.3.2. Meio Envolvente Político-Legal 206
       6.3.2.1. Meio Envolvente Institucional e Cultura Nacional 209
       6.3.2.2. Sistema Político do País Anfitrião 210
       6.3.2.3. Sistemas Legais 212
       6.3.2.4. Jurisdição dos Conflitos Legais Internacionais e Resolução de Conflitos 216
    6.3.3. Meio Envolvente Económico 220
       6.3.3.1. Sistemas Económicos 221
       6.3.3.2. Etapas do Desenvolvimento 225
       6.3.3.3. Integração Económica e Blocos Regionais 228
6.4. Estratégia de *Marketing-Mix* 233
    6.4.1. Estandardização *versus* Adaptação 236
    6.4.2. Conteúdo da Estratégia de *Marketing-Mix* 241

           6.4.2.1. Produto 245
           6.4.2.2. Preço 248
           6.4.2.3. Canais de Distribuição 252
           6.4.2.4. Promoção 255
Bibliografia 258

PARTE II
A IMAGEM DE PORTUGAL E INTERNACIONALIZAÇÃO DE EMPRESAS PORTUGUESAS – CASOS DE SUCESSO

CAPÍTULO VII
A IMAGEM EXTERNA DE PORTUGAL 267

   7.1. Importância da Marca País 267
   7.2. Efeitos da Marca País de Origem 270
   7.3. A Imagem Externa de Portugal 272
Bibliografia 286

Anexo I – Questionário 291
Anexo II – Pontos Fortes e Fracos Comparados com o ICEP 299
Anexo III – Pontos Fortes e Fracos de Portugal 301

CAPÍTULO VIII
INTERNACIONALIZAÇÃO DE EMPRESAS PORTUGUESAS – CASOS DE SUCESSO 303

   8.1. Caso Empresa Irmãos Vila Nova; Marca Salsa 303
Bibliografia 314
   8.2. Caso Grupo Investvar; Marca Aerosoles 315
Bibliografia 324
Anexo 325
   8.3. Caso Empresa Logoplaste 330
Bibliografia 343
   8.4. Caso Empresa Renova 345
Bibliografia 359
Anexo 361
   8.5. Caso Empresa Bial 369
Bibliografia 377

Lista de Quadros

Quadro 7.1. Pontos Fortes e Fracos de Portugal e dos Portugueses   273
Quadro 7.2. Características dos Portugueses   276
Quadro 8.1. Comércio internacional do sector de vestuário (milhões)   307
Quadro 8.2. Os Parceiros da Logoplaste   332

Lista de Figuras

Fig. 2.1. Avaliar a Globalização da Empresa 30
Fig. 3.1. Ciclo de Vida Internacional do Produto 40
Fig. 3.2. Comércio Internacional e Produção no CVIP 41
Fig. 3.3. Série Temporal dos Fluxos Comerciais do CVIP 42
Fig. 3.4. Cadeia de Valor 43
Fig. 3.5. Exemplo da Cadeia de Valor 45
Fig. 3.6. Tipos de Novas Empresas Internacionais 74
Fig. 3.7. Metodologia de Análise do Processo de Internacionalização ... 81
Fig. 4.1. Comparação de Modelos de Desenvolvimento da Exportação 96
Fig. 4.2. Modelo do Processo de Internacionalização Incremental de uma Empresa 102
Fig. 4.3. Abordagem Oportunística dos Mercados Internacionais 103
Fig. 4.4. Selecção Sistemática dos Mercados Internacionais 104
Fig. 4.5. Abordagem CVIP – Oportunidades de Exportação para LDCs em Liberalização 108
Fig. 4.6. Procura de Vantagens Específicas Locais 111
Fig. 5.1. Cinco Modos de Entrada nos Mercados Estrangeiros 123
Fig. 5.2. Entrada no Mercado Estrangeiro, Risco, Recursos e Controlo 126
Fig. 5.3. Métodos Alternativos de Modos de Entrada no Mercado Estrangeiro 126
Fig. 5.4. Opções Estratégicas para Trabalhar nos Mercados Internacionais 139
Fig. 5.5. Características das Alianças Estratégicas 150
Fig. 6.1. Meios Envolventes de Marketing 178
Fig. 6.2. Meio Envolvente de Marketing Internacional 178
Fig. 6.3. Diferenças entre Culturas de Alto e Baixo Contexto 185
Fig. 6.4. Diferenças entre Culturas Monocrónicas e Policrónicas 186
Fig. 6.5. Análise Cultural Cruzada de Portugal e Espanha vs. China . 199
Fig. 7.1. Modelo de Análise 274
Fig. 7.2. Principais Pontos Fortes de Portugal (Análise de Correspondências Múltiplas) 277

Fig. 7.3. Principais pontos fracos de Portugal (Análise de Correspondências Múltiplas) 277
Fig. 7.4. Índice da Imagem Global de Portugal 280
Fig. 7.5. Índice da Imagem Global de Acordo com Nacionalidades . 281
Fig. 7.6. Competitividade dos Sectores Económicos 283
Fig. 8.1. Estratégia de Crescimento da Logoplaste 335
Fig. 8.2. O Cliente Local Como Centro Local Estratégico 337

Introdução

"Para muitas empresas portuguesas, a dimensão do mercado, torna a internacionalização uma necessidade, se quiserem ser competitivas no próprio mercado português" (Luís Portela, presidente da Bial, em entrevista ao Semanário Económico em 7 de Novembro de 2003).

As empresas portuguesas estão já bem conscientes que o mundo está demasiado connosco, os concorrentes estão no seu quintal, mesmo uma pequena loja de bairro vê instalar-se, paredes meias, um concorrente franchisado de uma marca mundialmente conhecida, que exerce um enorme fascínio sobre os seus clientes habituais, para já não falar das nossas empresas exportadores que vêem as encomendas, que até há pouco tempo eram fabricadas nas suas fábricas, serem desviadas para unidades de produção na China, Indonésia, Vietname, Brasil, entre muitos outros países que praticam o modelo de mão-de-obra intensiva orientado para a exportação.

Neste mundo globalizado as empresas estão inevitavelmente a lidar com clientes, concorrentes, fornecedores internacionais mesmo dentro das suas fronteiras. Como foi possível que tudo isto acontecesse em tão pouco espaço de tempo sem que praticamente nos tivéssemos apercebido da força, da rapidez e das consequências de todo este processo.

A resposta está nas novas tecnologias de informação e comunicação que tornam possível, que os produtos sejam vistos, experimentados ou de qualquer maneira conhecidos, num intervalo de tempo muito pequeno, esta dinâmica actua como agente de mudança porque reduz as diferenças culturais e conduz os mercados mundiais para uma comunidade convergente.

Assim, as empresas tentam vender o mesmo produto, da mesma maneira a consumidores com desejos semelhantes que aspiram aos mesmos estilos de vida nas diversas partes do mundo.

A ausência de barreiras comerciais proporcionadas pelo processo de liberalização dos mercados internacionais e a melhoria das tecnologias de transporte permite que rapidamente de uma forma acessível esses desejos possam ser concretizados.

A concorrência pode assim estar em qualquer parte do mundo e as empresas percebem rapidamente que ou aderem às novas regras do jogo ou saem de campo.

Ora o cenário económico internacional é que a oferta é muito superior à procura, e a estratégia de competitividade centra-se na satisfação do cliente através da entrega de valor. Os mercados dos países desenvolvidos, tradicionalmente grandes consumidores, crescem a taxas muito pequenas, estão na sua maioria saturados. Estes factores conduzem à necessidade de diferenciação tangível ou intangível e à inovação rápida dos produtos, com ciclos de vida cada vez mais curtos. Além disso os elevados gastos em P&D (Pesquisa & Desenvolvimento) necessitam de grandes mercados para serem pagos em intervalos de tempo muito pequenos.

Esta perspectiva implica uma estratégia global focalizada na obtenção de economias de escala, no desenvolvimento tecnológico, na aquisição de recursos, no fabrico e na distribuição de produtos aos clientes.

Por outras palavras, mesmo no mercado interno temos que nos tornar internacionalmente competentes. Esta competência pode obter-se na prática de processos menos dispendiosos ou efectivos e/ou no controle de activos intangíveis como tecnologia, marca, design, redes de distribuição internacionais, melhor gestão e marketing, entre outros.

Para conseguir isso, a empresa não pode esperar para passo a passo, lentamente, conseguir num processo de crescimento interno evoluir e internacionalizar-se, a concorrência não lhe dá esse tempo, tem que olhar para o mundo como para um tabuleiro de xadrez e decidir rapidamente onde pode ter acesso a recursos e onde deve localizar as diversas partes da produção, para ganhar vantagens competitivas, e de uma forma genérica como pode aumentar a sua oferta de valor para poder obter margens suficientemente elevadas para pagar as despesas de inovação e de marketing que este processo exige.

Nesta perspectiva as questões que se colocam às empresas são; onde no mundo estão os melhores clientes, os que podem pagar mais? Onde estão os melhores fornecedores? Onde devemos produzir? Com quem devemos trabalhar? Que parcerias estratégicas devemos estabelecer para termos *"networks"* competitivos.

Como referem Barham e Oates (1991) no seu livro *The International Manager*, "O nosso lugar de trabalho é o mundo", a internacionalização impôs-se na ordem do dia em todas as empresas do mundo.

A internacionalização, correntemente definida, como uma expansão, além fronteiras, extensão da actividade da empresa a países e mercados em diferentes localizações do mundo, é considerada por muitos académicos de negócios internacionais, como uma opção estratégica, para o desenvolvimento sustentado de vantagens competitivas de uma empresa. No actual contexto de um mercado global cada vez mais dinâmico e competitivo a habilidade de uma empresa se internacionalizar constitui uma fonte de crescimento por si só.

A dinamização da economia portuguesa terá que acompanhar a dinamização da economia global, porque Portugal é uma pequena economia europeia totalmente aberta ao exterior e os empresários têm de saber jogar com os grandes jogadores mundiais, e como referiu o Presidente da República, Cavaco Silva, no dia 9 de Fevereiro 2009, dia em que o Instituto Nacional de Estatística anunciou uma contracção das exportações de 20,6% para os países da EU, "A exportação de bens e serviços, por parte de Portugal, é praticamente a única via que nós dispomos para combater o crescimento explosivo da dívida externa e, ao mesmo tempo, defender o emprego dos trabalhadores portugueses", ver Diário Económico dia 10 Fevereiro 2009.

Contudo a dimensão das empresas portuguesas, não lhes permite uma expansão internacional incremental rápida, com grande crescimento interno integrado, porque este tipo de internacionalização leva muitos anos a conseguir e necessita de muitos recursos humanos com o conhecimento adequado e, de elevados recursos financeiros, que muito poucas dessas empresas poderão reunir só por si, terão então que crescer fazendo os *"networks"* certos para poderem rapidamente ser competitivas.

O crescimento da economia nacional deverá, sobretudo ser obra das empresas nacionais, mas só será possível, se colectivamente entendermos, em que é que podemos ser melhor que os outros e depois tivermos a inteligência de criar dimensão e músculo internacional com as parcerias certas à escala global.

Existem *"clusters"* em que Portugal tem mostrado competitividade internacional, por exemplo o dos produtos florestais, este sector pode crescer muito internacionalmente, por exemplo, quando os chineses tiverem as mesmas taxas de consumo que os americanos, a produção mundial de papel terá que se multiplicar por vinte, então está aqui uma oportunidade para as empresas desse sector em Portugal procurarem já as parcerias estratégicas, que lhes possibilitem estar presentes nesse mercado, na altura certa. Outro *"cluster"* onde somos competitivos é o turismo, pense-se, por exemplo, que as condições naturais que temos oferecem oportunidades excepcionais para o turismo residencial sénior, cuja procura cresce na EU e nos EUA a um ritmo muito atractivo, se nos focalizarmos no segmento de médio e alto poder de compra podemos replicar o modelo da Quinta do Lago, de Vila Sol e outros empreendimentos e juntar-lhe por exemplo um *"cluster"* de excelência complementar e de alto valor acrescentado, que é tudo o que tem a ver com as ciências da vida, a que estão agregadas universidades, centros de investigação, clínicas etc. Claro que isto obriga a que o meio envolvente se organize em função desses *"clusters"*.

Podemos concluir, que hoje em dia, a internacionalização, não é uma opção, é um objectivo nacional e, também, um imperativo estratégico para todas as empresas, mesmo as mais pequenas. No entanto pelo que já afirmamos, esta não pode ser vista num sentido estreito, apenas na vertente de fluxos de importação e exportação, mas num sentido lato, que é operar na economia global, procurando vantagens competitivas onde elas estão.

Nesta óptica como já dissemos, o problema crucial que os gestores enfrentam, é como escolher os melhores compradores, os melhores fornecedores, os melhores parceiros e ter acesso às melhores oportunidades, quando tudo está em permanente mudança. A cadeia de valor integrada a nível internacional exige informação actualizada dos mercados, relacionamentos com gestores de outras culturas e cálculos de risco. Hoje a rendibilidade de muitas empresas depende da capacidade dos seus gestores compreenderem esta mudança e agirem rapidamente, e isso exige que os gestores tenham um *"mindset"* global.

Ora a escassez desses gestores é apontada como um dos grandes entraves à internacionalização das empresas portuguesas, os empresários referem que existe uma formação desajustada às necessidades do tecido empresarial e falta de flexibilidade e disponibilidade dos gestores para trabalharem em qualquer parte do mundo, o que leva alguns grupos económicos a não avançarem na sua estratégia no mercado internacional, tão rapidamente como desejam.

> "As máquinas compram-se, os mercados conquistam-se e as pessoas formam-se" (António Mota, presidente do grupo Mota-Engil, em entrevista ao Confidencial do Semanário Sol, em 15 de Novembro, 2008).

A pesquisa do novo gestor internacional, esse pássaro raro, já começou em praticamente todos os países industrializados. Quem é ele? Quais devem ser as suas qualidades e competências? A formação de gestores internacionais não se limita a uma formação profissional, ela é também uma educação do carácter, de uma vivência ao nível internacional, que lhe permita compreender, respeitar, viver e interagir com pessoas de outras culturas. Mas essa formação também não se pode limitar à formação do indivíduo, ela deve ser considerada como um dos principais instrumentos de desenvolvimento da cultura da empresa e da estratégia de uma organização internacional. Este livro pretende dar um contributo nesse sentido, não só ajudando os alunos, os estudiosos destas matérias, mas também os empresários, os decisores políticos e de uma forma geral a sociedade, a reflectir sobre este tema, num mundo global em que todos são chamados a ser actores na mudança que se exige para a sobrevivência e crescimento das empresas e da economia portuguesa.

Na Parte I deste livro são apresentadas os modelos e teorias mais relevantes no enquadramento de importantes decisões estratégicas, como por exemplo; quando é que uma empresa se deve internacionalizar, para que mercados, como entrar nos mercados escolhidos, que estratégia de marketing desenvolver nesses mercados. Na Parte II são apresentados casos de empresas portuguesas que têm trabalhado no mercado internacional com sucesso, independentemente de eventuais problemas que algumas possam ter de enfrentar na crise económica e financeira que tomou de rompante os mercados mundiais no final de 2008. O percurso que realizaram até essa altura demonstrava o acerto das suas estratégias e essa crise introduziu alterações tão fortes na meio envolvente de negócios internacionais que obriga a panaceias que vão para além das decisões de estratégia individual das empresas, mas esse não é o tema deste livro.

PARTE I

DA DECISÃO DE INTERNACIONALIZAÇÃO À ESTRATÉGIA DE MARKETING INTERNACIONAL

Capítulo I

Marketing internacional, âmbito e perspectivas

1.1. Definição de Marketing Internacional

Diferentes definições de marketing internacional traduzem diferentes perspectivas e diferentes *mindsets* de gestão. Onkvisit e Shaw (1993, p.7) definem marketing internacional, como um "processo multinacional de planear e executar a concepção, preço, promoção de ideias, bens e serviços para criar trocas que satisfaçam objectivos individuais e organizacionais", esta é precisamente a definição de marketing adoptada em 1985, pela American Marketing Association, com a palavra multinacional no topo. Esta palavra quer dizer que as actividades de marketing são feitas em vários países e deverão de qualquer maneira ser um processo coordenado.

Também para Cateora e Graham (2007), a única diferença nas definições de marketing interno e marketing internacional, é que as actividades de marketing são extensivas a mais de que um país, ver p.9, "O marketing internacional é a realização de actividades de negócio, destinadas a planear, promover e dirigir os fluxos de bens e serviços de uma empresa para consumidores e utilizadores, em mais de uma nação, para obter um lucro".

Para Bradley (2002), o que muda é o meio envolvente de negócios em que os planos de marketing vão ser implementados, prevendo a possibilidade de um ou uma combinação de modos de entrada nos mercados internacionais conforme se pode ler na p.12, "Marketing internacional quer dizer identificar as necessidades e desejos dos clientes, fornecendo produtos e serviços para dar à empresa uma vantagem de marketing diferencial, comunicando informação acerca desses produtos e serviços e distribuindo e trocando-os internacionalmente através de um ou uma combinação de modos de entrada".

Numa definição mais lata Terpsta e Sarathy (2000) consideram, que as actividades de marketing internacional devem ser coordenadas dentro do constrangimento do meio envolvente global como referem na p.4, "Marketing internacional consiste em encontrar e satisfazer as necessidades dos clientes globais melhor do que a concorrência quer doméstica quer internacional e em coordenar as actividades de marketing dentro do constrangimento do meio envolvente global", e na p.6, atribuem a complexidade do marketing internacional a dois factores "competição global" e "meio envolvente global".

1.2. Diferentes Perspectivas do Marketing Internacional

Cada uma das definições acima, contempla diferentes perspectivas, de como trabalhar no mercado internacional, a forma como a empresa acede aos mercados dos diferentes países, se a sua oferta vai ser estandardizada ou diferenciada, e qual o grau de centralização e controlo da realização. Metodologicamente podemos considerar uma perspectiva de extensão do mercado, uma perspectiva multidoméstica e uma perspectiva global.

As ideias expressas em cada perspectiva, reflectem fases sucessivas na evolução da filosofia de orientação da empresa para a gestão de operações internacionais, cada aproximação descreve diferentes fases do compromisso da empresa com o marketing internacional nos mercados externos, de uma exportação casual ao marketing global, isto é muitas vezes referido como o enquadramento EPRG, por autores como Cateora (1993), Onkvisit e Shaw (1993), Garcia (2000), Keegan e Green (2008), Cateora e Graham (2007). Neste enquadramento as empresas são classificadas como tendo *mindsets* de gestão e orientações etnocêntricas, policêntricas, regiocêntricas ou geocêntricas.

A perspectiva de extensão de mercado representa uma internacionalização não planeada, com expectativas de curto prazo nos mercados externos, enquanto o mercado interno permanece o *focus* da empresa. Os produtos desenvolvidos para o mercado interno podem ser eventualmente vendidos em um ou mais mercados externos, que são encarados como uma simples extensão do mercado interno.

Embora, os mercados externos possam ser vigorosamente acompanhados, a orientação da empresa permanece basicamente doméstica, no sentido de que esforços mínimos são feitos para adaptar o *marketing-mix* aos mercados externos. A orientação da empresa é vender aos clientes estrangeiros da mesma maneira, que a empresa vende aos seus clientes do mercado interno. Empresas com esta aproximação aos mercados externos são classificadas como empresas internacionais etnocêntricas.

De facto nas primeiras fases da internacionalização, os gestores tendem a pensar nas suas actividades internacionais como um mero suporte às suas operações domésticas. Produtos desenvolvidos para o mercado interno, são subsequentemente vendidos fora, a tecnologia e outro tipo de conhecimento são transferidos da empresa mãe para subsidiárias e *offshores* de fabrico dentro de uma perspectiva de beneficiar a actividade do mercado interno. As operações internacionais são vistas na óptica de contribuir para melhores resultados das linhas de produtos vendidas domesticamente, obtenção de economias de escala, escoamento de *stocks* excedentários, fornecimento de matérias-primas ou componentes para a sua produção.

Os gestores responsáveis pelas actividades internacionais são pessoas de confiança, que trabalham o mercado interno, e que sabem línguas ou conhecem os países. As decisões são feitas na sede, pelos gestores de topo, de uma forma *ad hoc* e, de acordo com Bartlett e Ghoshal (2000), este comportamento tipicamente mostra um *mindset* estratégico internacional.

Na perspectiva multidoméstica a internacionalização é considerada como uma aproximação estratégica consistente aos mercados externos, com estratégias diferentes para cada mercado e pouca interdependência entre os vários mercados.

Esta perspectiva, normalmente seguida por indústrias e serviços com pequenas economias de escala e com diferenças significativas no perfil dos consumidores através das fronteiras nacionais, é baseada no pressuposto de que o sucesso no mercado requer uma oferta diferente para cada mercado, porque eles são todos diferentes e devem ser trabalhados um a um com uma estratégia adaptada. Empresas com esta orientação deverão ser classificadas no enquadramento EPRG como policêntricas.

Bartlett e Ghoshal (2000) referem, que uma empresa policêntrica visa a adaptação aos mercados de cada país e isso reflecte a crença que cada mercado tem características únicas e requer um *marketing-mix* próprio, este tipo de empresas é correntemente conhecido como empresas multinacionais e a sua gestão tem um *mindset* estratégico multinacional.

Este tipo de *mindset* desenvolve-se quando os gestores começam a reconhecer e a considerar a importância das operações no estrangeiro, percebendo que as operações internacionais valem por si próprias e começam a entender as diferenças entre os meios envolventes de negócios do seu mercado nacional e os dos mercados estrangeiros.

Empresas com este *mindset* estão dispostas a adaptar os produtos, estratégias e práticas de gestão, país por país, a sua estratégia mundial é construída no desenvolvimento de múltiplas sucursais responsáveis por cada país, em que os gestores tendem a comportar-se como empresários independentes, muitas vezes nacionais do país anfitrião.

O enquadramento EPRG considera também a orientação regiocêntrica, onde a gestão vê semelhanças e diferenças nas diversas regiões do mundo, sendo possível tratá-las como unidades de mercado integradas e procura desenvolver uma estratégia de *marketing-mix* regional.

Na perspectiva global a empresa aborda os mercados estrangeiros com uma estratégia de marketing global, acreditando que eles são, citando Levitt (1983, p.92), "conduzidos para uma comunidade convergente". Num meio envolvente operativo de melhoria das facilidades de transportes e comunicações e diminuição das barreiras comerciais, algumas empresas pensam em termos de criar produtos para o mercado mundial e fabricá-los à escala global.

As empresas orientadas por esta filosofia consideram que a sua cobertura de mercado é o mundo. Esta perspectiva dedica uma atenção especial à interdependência entre os mercados nacionais, empregando uma estratégia de marketing global que visa a obtenção de economias de escala, em desenvolvimento tecnológico, produção e marketing e desenvolve um *marketing-mix* estandardizado, só com pequenas adaptações a exigências locais, quando necessário.

Presentemente, as empresas tendem a considerar segmentos significativos de mercado, com procura semelhante para o mesmo produto, à volta do mundo. Esta estratégia é claramente recomendada por Levitt (1983), que argumenta que segmentar os mercados internacionais com o critério de fronteiras nacionais e produzir produtos e ofertas de *marketing-mix* para mercados de países com preferências nacionais ou regionais não é eficiente em termos económicos, e portanto ele defende que as empresas devem tentar vender o mesmo produto, da mesma maneira, aos consumidores com semelhanças através do mercado mundial. No seu racional para a estandardização global, ele considera que o mundo se está á tornar num mercado comum, onde a maioria das pessoas deseja o mesmo estilo de vida e os mesmos produtos.

Empresas com esta orientação serão classificadas de geocêntricas no enquadramento EPRG e são conhecidas de acordo com a terminologia de Keegan e Green (2008), como empresas globais ou transnacionais. Esta orientação requer uma considerável coordenação central, muito controlo e sobretudo gestores com um *mindset* estratégico global. Conforme Govindarajan e Gupta (2001) esse *mindset* reflecte por parte desses gestores, conhecimento e compreensão das diferentes culturas em vários mercados e grande capacidade para integrar essa diversidade, nas suas estratégias.

O *mindset* da empresa depende dos *mindset* dos gestores que dirigem a empresa e que determinam a sua orientação estratégia, de acordo com Doz, Santos e Williamson, (2001), se estes gestores forem capazes de integrar na empresa o valor do conhecimento globalmente disperso, recursos e mercados, deixarão de estar cativos das suas raízes geográficas, e terão um *mindset* global considerando o mundo como o seu mercado natural.

Bibliografia

BARTLETT, C.A. e GLOSHAL, S. (2000), *Transnational Management*, 3rd, McGraw-Hill International Editions.
BRADLEY, F. (2002), *International Marketing Strategy* 4th, FT Prentice Hall.
CATEORA, P. R. (1993), *International Marketing* 8th, International Student Edition, Series in Marketing, Irwin, Boston.
CATEORA, P. R. e GRAHAM J. L. (2007), *Marketing International* 13th, Irwin McGraw-Hill.
DOZ, Y; SANTOS J. e WILLIAMSON P. (2001), *From Global to Metanational*, Harvard Business School Press.
GARCIA, C. R. (2000), *Marketing International* 3rd, ESIC.
GOVINDARAJAN, V. e GUPTA A. (2001), *The Quest for Global Dominance*, Jossey Bass.
KEEGAN, W. e GREEN M. (2008), *Global Marketing* 5th, Pearson Prentice-Hall, New Jersey.
LEVITT, T. (1983), The Globalization of Markets, *Harvard Business Review*, May-June, p.92-102.

ONKVISIT, S. e SHAW J. J. (1993), *International Marketing: Analysis and Strategy* 2nd, Ed. Charles E. Stewart, New York: Macmillan Publishing Company.

TERPSTRA, V. e SARATHY R. (2000), *International Marketing* 8th, Thomson, South-Western, USA.

Capítulo II

Processo de globalização das empresas

2.1. *Mindset* Global

O processo de globalização é um processo contínuo de menos para mais global e a sua evolução pode ser avaliada, pelo grau, em que a gestão da empresa tem um *mindset* global e, pelos seus reflexos na globalização da presença da empresa no mercado internacional, na cadeia de valor, e nas fontes de capital.

Uma empresa global, normalmente tem como alvo, clientes nos principais mercados do mundo. De acordo com Doz *et al.* (2001, p.1), "tornar-se numa empresa global, quer dizer construir um network de produção, vendas e serviços acessórios capazes de penetrar em mercados à volta do mundo", a amplitude com que a empresa desenvolve esta estratégia indica-nos o grau de globalização da presença no mercado, mas temos também de considerar o grau de integração da cadeia de valor à escala global.

Nesta perspectiva para conseguir alcançar eficiência e flexibilidade a empresa global tem de ter acesso às localizações mais apropriadas para o desempenho das várias actividades da cadeia de valor, integrando num *network* interdependente as operações ao nível mundial e os recursos, incluindo o acesso aos mercados de capital mais competitivos, a que se chama a globalização do capital.

O *mindset* global é então, o ponto fulcral do desenvolvimento das empresas globais ver Fig. 2.1.

Figura 2.1 – Avaliar a Globalização da Empresa

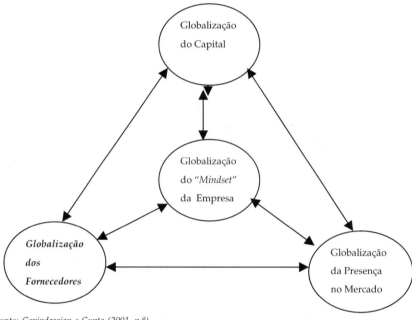

Fonte: *Govindarajan e Gupta (2001, p.8)*.

A obrigatoriedade das empresas se tornarem cada vez mais responsáveis *vis a vis* dos padrões e políticas locais, respeitando as preferências culturais e as exigências dos governos, está a tornar-se cada vez mais importante, nomeadamente nos novos países emergentes, tais como a China, Índia, Brasil, e está a obrigar as empresas a localizarem as suas decisões.

Esta tendência, justifica assim, uma evolução na estratégia de globalização, que é estandardizar os elementos chave, que beneficiam da integração da cadeia de valor a nível global e localizar os elementos, que requerem uma adaptação local.

Os contributos das pesquisas de autores da "escola do processo", como Bartlett e Ghoshal (1991) e Doz e Prahalad (1991) referem o equilíbrio constante, entre o imperativo económico da competição global, que pressiona as empresas a desenvolver uma estratégia global e a racionalizar as operações globais, através de controlo e coordenação centralizados, e a política de ajustamentos exigida, pelos países anfitriões de uma maior autonomia para as subsidiárias, e pela necessidade de adaptar a oferta, às necessidades dos consumidores locais, cultura e canais de distribuição.

Este novo paradigma, que enfatiza a integração global e, simultaneamente um enquadramento de responsabilidade local, tem implicações na filosofia e conhecimentos de gestão, porque esta orientação, pensar global e agir local, requer um *mindset* por parte dos gestores, mais flexível, a que se chama um *mindset* transnacional e, normalmente as empresas geridas nesta orientação são identificadas como empresas glocais (Naisbitt, 1994; Melin, 1997; Bartlett e Ghoshal, 2000; Kotler e Keller, 2006).

Uma empresa, que deixa de actuar apenas no mercado interno e começa a trabalhar no mercado internacional, passa a ter acesso, a novos mercados com outras características e exigências e, a outras fontes de recursos especializados, incluindo informação e conhecimento ao nível internacional, isto provoca mudanças estratégicas na gestão da empresa, que passa a concorrer, quer no mercado interno quer no internacional, com outros recursos.

À medida que a concorrência ao nível global se intensifica, a percentagem de empresas que operam exclusivamente no mercado interno diminui, e os termos negócio transnacional ou global, empresa internacional, multinacional e global, são usados cada vez mais, para classificar essa filosofia de negócios e as empresas que a praticam.

Hoje em dia, a maioria dos negócios são globais no seu âmbito de actuação: mercados, tecnologia, pesquisa, capital, planos de investimento, produção, serviços, *network* de distribuição, *branding* e comunicação, todos têm uma dimensão global, o que ao nível mundial, determina uma interdependência entre países, de fluxos de conhecimento, capital, bens e serviços, o que quer dizer, a globalização do processo económico.

2.2. Factores que Explicam a Tendência de Globalização

Factores diversos explicam a tendência de globalização:

1 – Ideologias de mercado – muitos países, têm cada vez menos, economias controladas pelo governo e estão a abraçar a ideologia de mercado livre (Govindarajan e Gupta, 2000).
  Só para mencionar dois casos referimos o desmembramento da URSS em repúblicas independentes, com economias de iniciativa privada e a implementação da economia socialista de mercado na P.R.China.
  Em ambos os espaços económicos, o investimento estrangeiro é encorajado e as barreiras comerciais estão a ser eliminadas, ao mesmo tempo que e as empresas estatais estão a ser privatizadas.

2 – Avanços tecnológicos – modernas tecnologias de informação e comunicação permitem, que as empresas tenham contactos rápidos com todo o mundo, de uma maneira eficiente e económica, permitindo a localização de várias partes da produção, em diferentes países e, reduzindo a necessidade de contacto físico entre fornecedores e consumidores.
  A maioria das actividades pode ser realizada num ecrã de um computador, entregue electronicamente e realizada fora da empresa, em qualquer lugar do mundo, ligada ao escritório central por tecnologias de informação e comunicação (Bradley, 2002).
  De acordo com este argumento, o desenvolvimento destas novas tecnologias reduz, também, a distância operativa das empresas para os seus clientes e fornecedores, ajudando a criar largos mercados globais, nos quais produtos estandardizados e marcas globais são oferecidos. Este processo permite aos fabricantes ganharem economias de escala e beneficiar da curva experiência

na produção, distribuição e marketing. Também, os avanços nas tecnologias de transporte e logística, permitem diminuir os tempos de entrega e os custos de distribuição, podemos assim dizer, que o tempo e a distância deixaram de ser importantes em termos empresariais (Govindarajan e Gupta, 2000; Knight e Cavusgil, 2004).

3 – Liberalização do mercado internacional – o progresso na liberalização do mercado internacional e a formação de zonas de comércio livre regionais está a criar enormes blocos comerciais, onde os produtos e serviços circulam sem taxas alfandegárias ou outras barreiras comerciais.

A Organização Mundial de Comércio (OMC), que é a sucessora do GATT – *General Agreement for Tariffs and Trade* (Acordo Geral das Tarifas e Comércio), foi criada em Janeiro de 1995, por 123 nações, e trabalha para promover e proteger o comércio livre, eliminando barreiras à livre circulação de capital, bens e serviços e tecnologia entre as nações.

Mas, a abertura de fronteiras ao comércio, investimento e tecnologia é muitas vezes um caminho com dois sentidos, abre grandes mercados para os países desenvolvidos, mas, também, abre os seus mercados internos à concorrência dos países em desenvolvimento, que normalmente têm custos de mão-de-obra muito baixos, então, a liberalização económica traz não só acesso a mercados cada vez maiores, mas, simultaneamente, uma concorrência cada vez mais agressiva (Govindarajan e Gupta, 2001). Isto está a mudar o centro de gravidade económica dos países desenvolvidos para os países em desenvolvimento, nomeadamente, os emergentes BRICs. Um dos países que mais está a contribuir para essa mudança é a China, que chega ao mercado internacional, ao mesmo tempo, que a Internet e a FedEx, tornam os factores tempo e distância pouco relevantes. Este país, é desde Dezembro de 2001, um dos membros da OMC mais importantes, e o acordo de adesão que subscreveu, obriga a China, a abrir o seu mercado, às empresas dos outros países membros, mas também, obriga os mercados dos outros países a abrirem-se à China. A dimensão e dinamismo do mercado chinês, está a tornar a China numa potência económica mundial e um poderoso agente de mudança do comércio mundial.

4 – Integração dos blocos regionais – como consequência do processo de liberalização mundial, um número significativo de acordos comerciais, está a acelerar a tendência de integração de blocos regionais, formando mercados enormes, entre os mais importantes, são de referir:

a) A ocorrência do mercado único da Comunidade Europeia desde 1993, hoje constituída por 27 países membros, que engloba desde, os países mais desenvolvidos da Europa, aos países em desenvolvimento no Leste Europeu. A integração da CE, com alguns países, que permaneceram no Acordo de Comércio Livre Europeu, (Noruega, Islândia e Liechtenstein), para constituir, a Área Económica Europeia, o maior mercado do mundo com mais de 540 milhões de consumidores.

b) A aliança do Canadá, Estados Unidos da América e México para formar o Acordo de Comércio Livre da América do Norte (NAFTA), planeado para integrar num comércio livre 360 milhões de pessoas, que produzem e consomem um valor à volta de US$ 6,7 triliões de produtos e serviços.

d) A criação da Cooperação Económica Ásia-Pacífico (APEC), 21 países do Rim do Pacífico, incluindo os países do Acordo de Comércio Livre da América do Norte, o Japão e a China.

d) A criação da Área de Comércio Livre da Ásia (AFTA), que integrará a Associação das Nações do Sudeste

Asiático (ASEAN), com a Coreia do Sul, a China e o Japão, criando a zona livre de comércio mais populosa do mundo 1,8 biliões de pessoas, em 2015.

e) Vários acordos de comércio livre, em vários estádios de desenvolvimento, tais como por exemplo o MERCOSUL, que liga o Brasil, Argentina, Paraguai, Uruguai, Chile, Bolívia, Columbia, Equador e Perú, sendo os primeiros quatro membros de pleno direito e os restantes, membros associados. A Venezuela aguarda a sua aceitação como membro de pleno direito.

Estas mudanças, implicam, que as empresas hoje enfrentem uma escolha importante, ou se internacionalizam, ou ficam fora do mundo, para trás e, portanto, a decisão de se internacionalizarem não é na realidade uma escolha, mas um imperativo estratégico.

Bibliografia

BARTLETT, C.A, e GLOSHAL, S. (1991), Global Strategic Management: Impact on the New Frontiers of Strategy Research, *Strategic Management Journal*, Vol. 12, pp.5-16.

BARTLETT, C.A, e Gloshal, S. (2000), *Transnational Management*, 3rd, McGraw-Hill International Editions.

BRADLEY, F. (2002), *International Marketing Strategy* 4th, FT Prentice Hall.

CATEORA, P.R. (1993), *International Marketing* 8th, International Student Edition, Series in Marketing, Irwin, Boston.

DOZ, Y.; SANTOS J. e WILLIAMSON P. (2001), *From Global to Metanational*, Harvard Business School Press.

DOZ, Y. e PRALAD C.K. (1991), Managing DMNC´s: A Search for a New Paradigm, *Strategic Management Journal*, Vol. 12, pp.145-164.

GOVINDARAJAN, V. e GUPTA A. (2000), Analysis of the Emerging Global Arena, *European Management Journal*, Vol. 18 (3), pp.274-284.

GOVINDARAJAN, V. e GUPTA A. (2001), *The Quest for Global Dominance*, Jossey Bass

KNIGHT, A.G. e CAVUSGIL, S. T. (2004), Innovation, Organizational Capabilities, and the Born-Global Firm, *Journal of International Business Studies*, Online Publication 8 January, pp.124-141.

KOLTER, P. e KELLER, K.L. (2006), *Marketing Management* 12th Edition, Pearson, Prentice-Hall.

MELIN, L. (1997), *Internationalization as a Strategy Process*, in Strategic Management in a Global Economy, Wortzel, H.V. and L. H. Wortzel, John Wiley and Sons, Inc., pp.72-93.

NAISBITT, J. (1994), *Global Paradox*, Nicholas Brealey Publishing Limited.

Capítulo III

Internacionalização das empresas – teorias e modelos

3.1. Da Análise dos Fluxos Macro Económicos à Visão Micro

Até aos 60, a pesquisa em Negócios Internacionais (NI) foi influenciada pelos economistas, que concentraram os seus trabalhos, nos fluxos macro económicos do comércio e investimento entre países, de acordo com Melin (1997, p.74), "a área dos negócios internacionais, tem as suas raízes na economia internacional, incluindo um número de teorias em comércio internacional, tais como a das vantagens comparativas das nações".

As teorias do comércio internacional pretendem dar respostas apropriadas às questões básicas: porquê que as nações fazem comércio? Que produtos comercializam? A principal explicação económica encontrada para o comércio internacional, foi as diferenças nos preços, mas, os preços por si só não são capazes, de dar respostas adequadas a estas questões, porque as razões, políticas, económicas, culturais, de marketing e estratégicas, têm cada vez mais peso nas decisões, de fazer negócios com outros países.

Depois dos anos 60, os investigadores progressivamente tornaram-se mais interessados na análise micro económica, procurando essas respostas, também em teorias e modelos de gestão e investimento directo estrangeiro, o que proporcionou o desenvolvimento, de uma ampla base teórica, com integração de múltiplas disciplinas, nomeadamente, gestão estratégica e marketing (Peng, 2001; Scrivastava *et al.*, 2001).

Assim, o marketing e respectiva estratégia internacional, é estudado dentro do contexto das teorias e modelos de NI, o qual tal como a gestão estratégica é um campo de pesquisa académica relativamente novo, (Bartlett e Ghoshal, 1991). Em retrospectiva vamos lembrar a contribuição de algumas dessas teorias e modelos para compreender a sua evolução.

3.1.1. Teorias do Comércio Internacional

Smith (1776) na Riqueza das Nações, introduziu a Teoria do Valor e da Vantagem Absoluta do Comércio, mais tarde desenvolvida na Teoria das Vantagens Comparativas, que também foi estudada por Ricardo (1817) ao pesquisar o caso empírico do comércio entre Portugal e a Inglaterra, basicamente no contexto da comparação dos custos dos factores produtivos.

A Teoria das Vantagens Comparativas, sugere que um país deve concentrar a sua produção e especializar-se, naqueles sectores em que tem uma vantagem comparativa nos custos. Dando o exemplo de Portugal e Inglaterra, as conclusões de Ricardo, foram, que, embora Portugal tivesse menores custos, quer na produção de vinho, quer na produção de têxteis, deveria concentrar-se no vinho, porque tinha aí vantagens comparativas no acesso aos factores de produção (terra e clima). Esta teoria considera como vantagem comparativa chave, o factor de produção mão-de-obra, e refere que o custo de produção, é determinado pela quantidade de mão-de-obra utilizada para produzir um bem, as diferenças entre países, na produtividade relativa do factor trabalho, determinarão o comércio internacional.

Já no Século XX, a teoria de comércio dos economistas suecos Heckscher e Ohlin, afirma, que o comércio internacional, é explicado pelo facto, de diferentes países terem diferentes dotações de factores e, acrescenta ao factor trabalho, o factor capital, construindo um modelo de dois-factores, considerando que os países que têm muito capital, exportarão bens de capital intensivo e os países que têm muita mão-de-obra, exportarão produtos de mão-de-obra intensiva (Söderson, 1980).

Os trabalhos de Schott (2004) e de Fontagné *et al.* (2008) negam a evidência empírica, da referida "velha" teoria de comércio, caracterizada pela especialização entre produtos de acordo com a dotação de factores. Por exemplo, de acordo com estatísticas de comércio internacional de 2004, a Alemanha um país considerado de capital intensivo e a China conhecida pelo seu modelo de mão-de-obra intensiva exportavam para os EUA, as mesmas categorias de produtos de acordo com as posições pautais, mas com preços diferentes.

O que se pode verificar é uma especialização dentro da mesma categoria de produtos, países com capital intensivo, usam a sua vantagem competitiva para fabricar variedades de produtos que são superiores, em termos de qualidade e atributos, àqueles produzidos em países de mão-de-obra intensiva e portanto, vendidos a preços superiores a clientes, que exigem essa diferenciação em qualidade. Assim, os mesmos produtos são cada vez mais, provenientes de diversos países, numa observação empírica da oferta internacional, podemos ver entre muitos exemplos possíveis, que a Itália exporta roupa de desporto, que é caracterizada por uma produção baseada em capital ou capacidade intensiva (alta qualidade, moda), enquanto a China exporta roupa de desporto, que é fundamentalmente de mão-de-obra intensiva (baixo valor, baixo preço).

3.1.2. Ciclo de Vida Internacional do Produto

Outra teoria mais recente, de comércio internacional, analisa o padrão de consumo para um produto, observando as vendas e os lucros, por um período de tempo longo e traçando o Ciclo de

Vida do Produto, o qual aplicado à teoria do comércio internacional é o Ciclo de Vida Internacional do Produto (CVIP), que explica o movimento dos bens e o investimento, através de vários países, com diferentes fases de desenvolvimento económico, ver Fig. 3.1.

Figura 3.1 – Ciclo de Vida Internacional do Produto

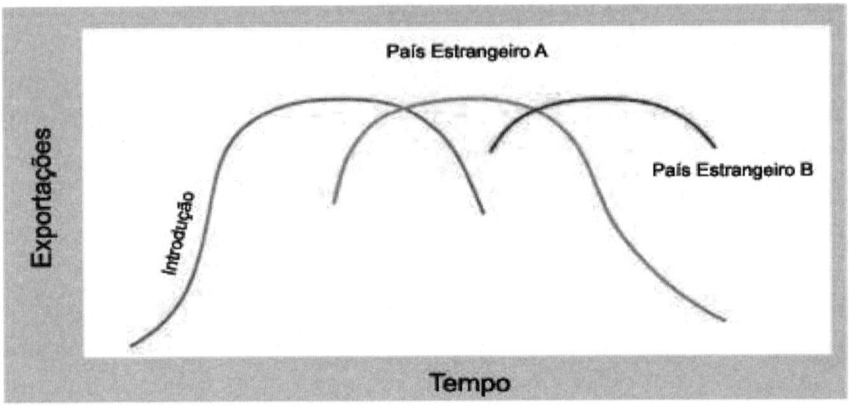

Fonte: *Paliwoda*, S. (1993).

Numa tentativa para explicar o processo de internacionalização para bens e serviços, Wells (1968) introduziu o conceito de ciclo de vida do produto aplicado aos EUA. Quatro fases foram identificadas:
1 – EUA exporta produtos inovadores
2 – Produção no estrangeiro começa
3 – Produção no estrangeiro torna-se competitiva nos mercados de exportação dos EUA
4 – Concorrência na importação começa nos EUA, Fig. 3.2.

Vernon (1966) estudou 180 empresas inovadoras dos EUA, pesquisando como é que elas expandiam as suas subsidiárias e filiais, e concluiu que elas normalmente estabeleciam as suas subsidiárias, linhas de produtos e novos produtos, primeiro, nos países com quem estavam mais familiarizados, como Canadá e Inglaterra e depois, progressivamente avançavam, para aqueles com quem estavam menos familiarizados, como a Ásia e África.

Parte I – Capítulo III. Internacionalização das empresas | 41

Figura 3.2 – Comércio Internacional e Produção no CVIP

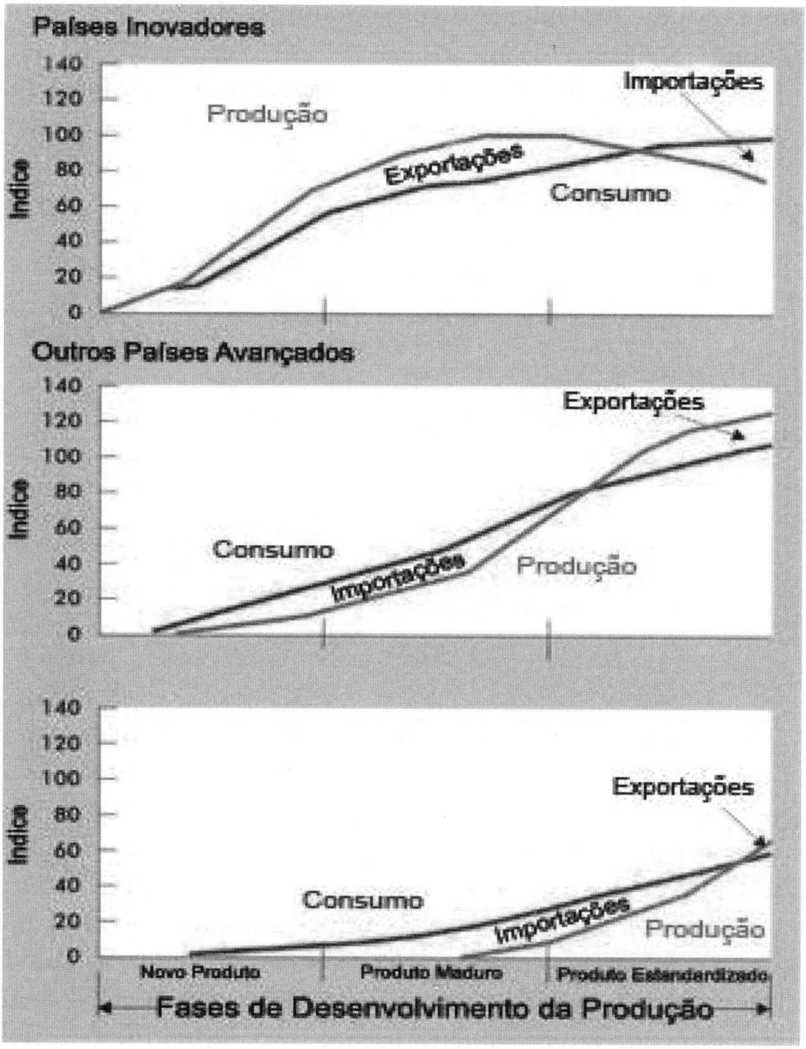

Fonte: *Vernon e Wells (1986)*.

Aplicou depois o conceito a outros países desenvolvidos, referindo que não existiam diferenças, entre empresas de diferentes países desenvolvidos, no acesso ao conhecimento científico e na sua capacidade de compreender e aplicar princípios científicos à moderna tecnologia, sendo qualquer um deles, capaz de apresentar produtos inovadores e começar um Ciclo de Vida de um Produto.

Outro aspecto desta teoria é a expectativa que Vernon tinha, que os países em fase de industrialização começassem o seu próprio ciclo de exportações e mais tarde o investimento directo, em países em desenvolvimento, ver Fig. 3.3.

Figura 3.3 – Série Temporal dos Fluxos Comerciais do CVIP

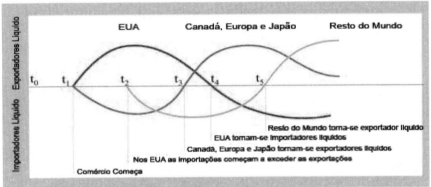

Fonte: *Rugman, A., Lecraw, D.J. e Booth, L. D. (1986).*

Um dos contributos positivos de Vernon foi chamar a atenção, para a falta de realismo da então dominante Teoria das Vantagens Comparativas, introduzindo o papel da inovação, os efeitos das economias de escala e a incerteza, como factores influenciadores dos padrões do comércio internacional. Por outro lado, "O modelo do ciclo do produto desenvolvido por Vernon (1966) é uma tentativa de ligar a perspectiva da teoria de comércio internacional baseada num país com a perspectiva da teoria de investimento internacional baseada nos indivíduos" (Melin 1997, p.76).

O focus na inovação foi uma visão proeminente, uma vez que a orientação pelo consumidor, da estratégia de concorrência actual enfatiza a satisfação do cliente através da entrega de valor, o que conduz à diferenciação e à rápida inovação dos produtos, encurtando os ciclos de vida destes.

3.1.3. Visão Baseada nos Recursos

Outra importante contribuição, para compreender a evolução dos NI, é o enquadramento teórico da Visão Baseada nos Recursos (VBR), que considera os recursos específicos das empresas (REEs), como principais motores, das vantagens competitivas sustentadas das empresas, nos mercados internacionais (Barney, 1991; Conner, 1991; Fladmoe-Lindquist e Tallman, 1997).

De acordo com esta visão, as empresas são colecções de conjuntos únicos de recursos, que criam uma ou várias vantagens competitivas e justificam o desempenho da empresa no mercado internacional, baseado na distribuição heterogénea de recursos entre empresas. Dunning (1988) refere, que o acesso de uma empresa a recursos únicos, ajudará a empresa a possuir vantagens específicas próprias.

A questão que se coloca é em que condições, os recursos das empresas podem ser motores de vantagens competitivas para uma empresa. Ao introduzir e desenvolver o conceito de cadeia de valor Porter (1985, 1990, 1992) ajudou os gestores a isolarem recursos. Já em análises anteriores, Porter (1980) tinha definido uma empresa como uma fábrica flutuante, constituída por módulos interdependentes e intermutáveis, prevendo a esquematização da cadeia de valor na sua constante evolução, em Fig. 3.4.

Figura 3.4 – Cadeia de Valor

Fonte: *Porter (1992, p.66)*.

Os modelos de REEs desenvolvem a análise da cadeia de valor, ao estudar os atributos, que os recursos isolados na cadeia de valor devem possuir, de forma a se tornarem fontes de vantagens competitivas sustentadas.

De acordo com Barney (1991), para ter esse potencial o recurso da empresa deve ter quatro atributos, deve ser valioso, raro, imperfeitamente imitável e imperfeitamente substituível;

1 – Deve ser valioso no sentido de que permite explorar as oportunidades e neutralizar as ameaças do meio envolvente de negócios,

2 – Deve ser raro dentro do quadro dos concorrentes actuais ou potenciais. A empresa obtém recursos valiosos e raros, devido à sua posição histórica única no mercado, seja ela explicada pela sua localização, organização, cultura, capital próprio,

3 – Deve ser reproduzido imperfeitamente. Os concorrentes não deverão saber, quais as acções, que eles deverão desenvolver para duplicar esse recurso, que dizer que, a relação entre o recurso controlado pela empresa e a vantagem competitiva da empresa, não é fácil de compreender, porque existe uma casualidade ambígua, e pode também existir, uma complexidade social, no sentido que, este pode ser explicado, por um fenómeno socialmente muito complexo tal como relações sociais, cultura, tradições,

4 – Deve ser imperfeitamente substituível. A existência de substitutos por si só, não quer dizer, que o recurso não possa ser uma fonte de vantagem competitiva sustentada, se esses substitutos não são raros e são facilmente imitáveis.

A pesquisa de Alvarez (2004) concluiu, que ter tais recursos habilita a empresa a ter uma posição competitiva forte no mercado internacional.

Por outro lado, a análise de Porter (1992) permite também, perspectivar a fábrica flutuante, com módulos localizados em diferentes partes do mundo, conferindo-lhe uma configuração internacional, dimensão que irá ter em consideração "onde no mundo cada actividade da cadeia de valor é realizada, incluindo em quantos locais", de forma a maximizar as vantagens competitivas da empresa, não ignorando que para consegui-lo é necessário também, considerar a sua coordenação, ou seja "como é que as actividades realizadas em diferentes países são coordenadas umas com as outras" (ver p. 67).

Figura 3.5 – Exemplo da Cadeia de Valor Global

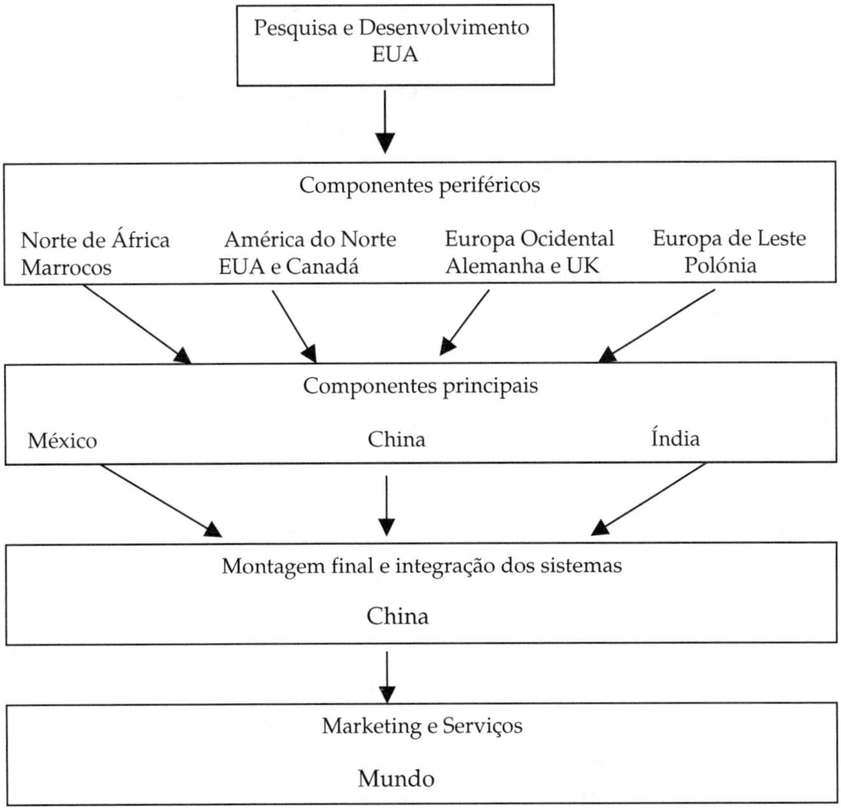

```
          ┌─────────────────────────────┐
          │ Pesquisa e Desenvolvimento  │
          │           EUA               │
          └─────────────────────────────┘
                        │
                        ▼
┌───────────────────────────────────────────────────────────────┐
│                  Componentes periféricos                      │
│                                                               │
│ Norte de África   América do Norte  Europa Ocidental  Europa de Leste │
│ Marrocos          EUA e Canadá      Alemanha e UK     Polónia │
└───────────────────────────────────────────────────────────────┘
                        │
                        ▼
┌───────────────────────────────────────────────────────────────┐
│                  Componentes principais                       │
│                                                               │
│   México              China                  Índia            │
└───────────────────────────────────────────────────────────────┘
                        │
                        ▼
┌───────────────────────────────────────────────────────────────┐
│          Montagem final e integração dos sistemas             │
│                           China                               │
└───────────────────────────────────────────────────────────────┘
                        │
                        ▼
┌───────────────────────────────────────────────────────────────┐
│                    Marketing e Serviços                       │
│                           Mundo                               │
└───────────────────────────────────────────────────────────────┘
```

Fonte: *Peng, M. (2006)*.

Assim, para ser internacionalmente competitiva, uma empresa deve saber como repartir as actividades da sua cadeia de valor por várias partes do mundo, e como coordenar essas actividades, de forma a maximizar o seu valor. Através da expansão da sua presença no estrangeiro, a empresa pode beneficiar de economias de escala e contexto, ter acesso a novos clientes, entrar em mercados com maior potencial, obter outras vantagens competitivas no estrangeiro. Estas vantagens, podem ter a forma de processos menos dispendiosos, ou mais efectivos, por exemplo, mão-de-obra com custos menores ou posse de activos intangíveis como, marca, tecnologia ou capacidade de gestão.

Para melhorar a sua "inovação e flexibilidade, as empresas estão a focalizar os seus recursos, em competências chave e fazem em *outsourcing* todas as outras actividades", (Achrol e Kotler, 1999, p.147). A Nike, por exemplo, não fabrica os seus próprios sapatos, porque certos produtores asiáticos são mais competitivos nesta tarefa, as competências chave da Nike são, o *design* e o *merchandising* do sapato e é nisto que estão concentrados, eles sabem, que hoje, a concorrência é "entre *networks* e não empresas. Vence a empresa com melhor *network*" (Kotler, 2003, p.72).

Esta visão tem implicações estratégicas e permite à empresa, especializar-se naquelas actividades da cadeia de valor, que são críticas para garantir as suas vantagens competitivas. Ao mesmo tempo a rapidez e a flexibilidade resultantes da desintegração, podem ser armas de competição poderosas, especialmente em meios envolventes, como o que a actualmente se observam, caracterizados por forte concorrência global, onde mudanças intensas, na tecnologia e na procura dos consumidores, obrigam as empresas a permanentemente e rapidamente actuarem em novos mercados e ou em novos produtos.

Conforme é explicado por Achrol (1991), para se tornar competitiva a empresa deve procurar parcerias globais de recursos e conhecimentos, tornando-se numa empresa mundial, que compra as matérias-primas onde elas são mais baratas, fabrica onde os custos são mais baixos e vende, onde os produtos podem ter um preço mais alto.

Outra abordagem a ser feita nos modelos VBR é que, o nível de desempenho da empresa interage com o meio envolvente dessa empresa. Barney (1991, p.99) sugere, que "empresas obtêm vantagens competitivas ao implementar estratégias que exploram as suas forças internas, através de respostas às oportunidades do meio envolvente, ao mesmo tempo que neutralizam ameaças externas e evitam fraquezas internas", o que leva as empresas a analisar os meios envolventes competitivos.

As teorias e modelos VBR, também, relacionam as vantagens competitivas com as características internas das empresas e o desempenho destas. Os recursos são valiosos, quando possibilitam, que uma empresa crie ou implemente estratégias, que melhoram a sua eficiência e eficácia. O modelo SWOT de planeamento estratégico, da clássica "escola do design", baseado na avaliação das forças e fraquezas da organização à luz das oportunidades e ameaças do meio envolvente, sugere que as empresas conseguem melhorar o seu desempenho, apenas quando, as suas estratégias exploram oportunidades ou neutralizam ameaças do meio envolvente (Mintzberg *et al.*, 1998).

O enquadramento VBR, aplicado à pesquisa NI, enfatiza a procura de respostas principalmente às duas questões formuladas por Peng (2001, p.809);

1 – "Porque é que algumas empresas possuem recursos e competências únicas – relativamente aos seus concorrentes de outras nacionalidades – e porque que é que elas escolhem pelo menos algumas dessas vantagens prioritárias com um portfolio de activos imobilizados baseados no estrangeiro",
2 – "O que determina o sucesso e fracasso internacional das empresas".

As multinacionais fazem escolhas estratégicas baseadas na sua habilidade para explorar REEs, no meio envolvente internacional. Uma "fonte chave desses recursos específicos das empresas multinacionais é o contexto competitivo do seu país de origem" (Fladmoe-Lindquist e Tallman, 1997, p.150). Neste modelo eles propõem, cinco tipos de REEs, recursos físicos, humanos, organizacionais, financeiros e políticos.

Os primeiros três tipos de REEs coincidem com os propostos por Barney (1991), que são, os recursos de capital físico, recursos de capital humano e recursos de capital organizacional.

Os recursos de capital físico incluem activos imobiliários como, terrenos, fábricas, escritórios e armazéns da empresa, o equipamento utilizado, a sua localização geográfica e acesso a matérias-primas.

Os recursos de capital humano compreendem os gestores e trabalhadores de uma empresa e as suas capacidades, experiência, conhecimento, formação e relacionamentos.

Nos recursos de capital organizacional são considerados, a estrutura da empresa, o seu planeamento, sistemas de coordenação e controlo, as relações de grupos de poder dentro da organização e com outros grupos relevantes no meio envolvente.

Os recursos de capital organizacional, são referidos como a fonte mais importante de vantagens competitivas sustentáveis, contudo este enquadramento é essencialmente doméstico e Fladmoe-Lindquist e Tallman (1997) consideram, que diferenças políticas, culturais, geográficas e institucionais entre países, podem metaforizar os recursos físicos, humanos, financeiros e políticos em motores de vantagens sustentáveis para as empresas multinacionais, o que é menos provável que aconteça, em empresas que trabalham exclusivamente no meio envolvente nacional.

Os modelos VBR vêem a expansão internacional, como um alargamento do âmbito de desenvolvimento dos activos e capacidades existentes, para melhorar os resultados das tecnologias chave, criando oportunidades através da exposição a novos mercados. Estas oportunidades internacionais podem proporcionar uma aprendizagem organizacional, construindo novas capacidades e reduzindo riscos, competindo assim com mais sucesso com os concorrentes nacionais e internacionais (Tallman, 1992).

Então, uma vez que o modelo de Barney (1991) considera apenas recursos no meio envolvente nacional, onde o impacto das instituições é semelhante, e não considera nenhum REEs sujeito a mudanças, quando integrado num meio envolvente internacional, Fladmoe-Lindquist e Tallman (1997, p.157) decidiram acrescentar "duas áreas adicionais de recursos críticos baseados no país, que são importantes para as empresas multinacionais, o financiamento externo e as instituições políticas", que podem ser diferentes daqueles do país de origem e podem influenciar decisões estratégicas.

Os recursos financeiros são diferentes entre os países, porque as estruturas das suas instituições financeiras diferem, assim como as condições de acesso ao capital. De facto, apesar das empresas no mercado internacional terem acesso aos mercados financeiros globais, normalmente, elas obtêm muito do seu financiamento, no mercado nacional, onde os seus bens estão concentrados, e as instituições financeiras variam de país para país, em dimensão, serviços disponíveis, facilidades de crédito, exposição internacional e montante da dívida que lhes é permitido suportar (Daniels e Radebaugh, 1992).

O financiamento de longo prazo do governo deveria também ser considerado, uma vez que, nalguns casos existem largos recursos financeiros do país de origem, o que é uma fonte de vantagem competitiva. Nomeadamente, quando as empresas podem escolher ter estruturas de capital intensivo, tais como, subsidiárias totalmente suas, que podem ser amortizadas com retornos longos de capital.

Tallman (1992) refere, que as limitações de capital, podem forçar as empresas a fazer *joint ventures* para conseguir ter subsidiárias, mesmo quando, o controlo total de capital, teria sido mais apropriado, do ponto de vista estratégico, ou ainda pior "mercados nacionais com uma orientação excessiva de curto prazo ou expectativas de baixos rácios de dívida podem limitar a expansão internacional das empresas nacionais" (Fladmoe-Lindquist e Tallman, 1997, p.163).

Também os recursos políticos deverão ser considerados REEs, quando se considera a concorrência no mercado internacional. As instituições políticas do país de origem, incluindo propriedade do governo ou participação do capital numa empresa, políticas comerciais e proteccionismo, assim como, as opções de política externa e relações inter governamentais, podem afectar as escolhas estratégicas e consequentemente as vantagens competitivas das empresas.

Porter (1990) refere que, a competitividade no mercado nacional, afectará o desenvolvimento de recursos das empresas locais e que, os regulamentos do governo referentes à actividade do mercado afectam o grau de concorrência entre empresas.

As escolhas estratégicas das empresas no meio envolvente internacional podem também ser afectadas pelo clima político em geral no país de origem e particularmente por aspectos como sistemas fiscal e cambial, políticas comerciais e também, pelas relações entre os governos do país de origem e do país anfitrião.

Então, também os recursos políticos, influenciam as escolhas estratégicas das empresas na arena internacional, principalmente em escolhas de "localização de mercados para os produtos, alcance da expansão, nível de investimento do país anfitrião e estrutura de governação das alternativas", de facto, os recursos políticos mais importantes, devem ser vistos como facilitadores ou limitadores da concorrência internacional, "governos que apoiam, encorajarão as exportações, investimento estrangeiro e marketing que mantenha as actividades de alto valor acrescentado no seu país " (Fladmoe-Lindquist e Tallman, 1997, p.164).

A VBR, deve considerar "em que condições de mercado diferentes recursos serão ou não valiosos" (Barney, 2001, p.43) e reconhecer o papel dos recursos específicos do marketing para ganhar e manter vantagens competitivas.

De acordo com o conceito de marketing, uma empresa tem uma vantagem baseada nos clientes, quando estes preferem e escolhem a sua oferta em detrimento de outras dos seus concorrentes. Por exemplo, se os clientes valorizam a rapidez, se a empresa entrega mais depressa que os concorrentes, isso, será uma vantagem para o cliente. De acordo com Kotler (2003, p.83), "as empresas devem focalizar-se na construção de vantagens para o cliente. Então elas entregarão ao cliente alto valor e satisfação, o que conduz a uma alta repetição das compras", o que quer dizer lealdade e retenção do cliente.

Baseados neste pressuposto, Scrivastava *et al.* (2001) deram um contributo importante para a pesquisa de NI, e enriqueceram a pesquisa VBR, ao focalizarem-se nos recursos específicos de marketing, como factores que alavancam, através dos processos de marketing, valor para o cliente e ao introduzir no seu modelo, activos de mercado, baseados no marketing relacional e intelectual, de que resultam vantagens competitivas para a empresa.

Os activos de marketing são atributos das empresas, que podem ser adquiridos ou desenvolvidos pela organização. No entanto activos baseados no marketing relacional, tais como, confiança e reputação, que podem desenvolver relacionamentos especiais com grupos importantes para a empresa, como por exemplo, clientes e fornecedores, são recursos intangíveis, que não resultam da propriedade de nada e que podem ser difíceis para os concorrentes copiarem.

Para ser competitiva, a empresa deve olhar para além das suas operações, e deve conhecer a cadeia de valor dos seus fornecedores, distribuidores e clientes e outros *stakeholders* e, tem de construir um activo único conhecido por *network* de marketing, sabendo-se, que cada vez mais, e como já referimos, a concorrência não é entre empresas, mas entre *networks* de marketing (Anderson *et al.*, 1994, Kotler, 2003).

Exemplos de activos baseados na inteligência de marketing são; o tipo de conhecimento que a empresa tem do seu meio envolvente, como as necessidades, desejos e exigências dos consumidores, a identificação de segmentos de mercado, conhecimento das ofertas da concorrência e todo o tipo de informação relevante e necessária, para formalizar a estratégia de negócio.

Como foi concluído anteriormente, os negócios internacionais, para terem sucesso no meio envolvente global, têm de construir um *network* de produção e marketing à volta do mundo, e de acordo com (Doz et al., 2001, p.3), o sucesso das multinacionais no futuro "cada vez depende mais, da sua habilidade de aceder ao conhecimento a partir das subsidiárias que têm fora e relacioná-lo com as capacidades identificadas através do seu *network* de operações global".

Os interesses dos académicos, nas teorias e modelos NI, concentraram-se fundamentalmente em quatro áreas de pesquisa; a gestão das empresas multinacionais (EMNs), as alianças estratégicas, entrada nos mercados e empreendedorismo internacional. Desenvolvimentos recentes mostram que um novo campo de pesquisa está a tornar-se importante, a pesquisa das economias emergentes como novo contexto em que as actividades de NI estão a desenrolar-se cada vez mais.

3.1.4. Perspectiva *Network*

O enfraquecimento do requisito, de ser uma grande empresa verticalmente integrada, para ter sucesso no mercado internacional, é uma das consequências de maior alcance dos dinâmicos mercados globais de hoje, marcados pela permanente inovação, em tecnologias de comunicação e informação, e pela exigência de alta flexibilidade e rapidez de resposta empresarial, pontos críticos de competitividade. Citando Achrol e Kotler (1999, p.147), as "organizações hierarquizadas não se têm mostrado adequadas, ao meio envolvente global e turbulento de hoje, onde a velocidade de resposta às mudanças é vital".

Uma revisão da literatura existente, sugere que, a teoria *network*, pode oferecer uma perspectiva nova no processo de internacionalização, particularmente para pequenas e médias empresas, cuja internacionalização tende a estar mais dependente do relacionamento com outros. Achrol (1997) chamou a atenção, para uma nova forma de organização, o *network*, justificando o seu desenvolvimento, pela necessidade que as empresas têm presentemente de enfrentar um meio envolvente turbulento.

Achrol e Kotler (1999, p.148) referem, que "grandes hierarquias verticalmente integradas são meios ineficientes de *governance* em meios envolventes turbulentos e ricos em conhecimento" e o imperativo crítico num meio envolvente turbulento é "mais do que economizar em custos de transacção, maximizar a aprendizagem organizacional e flexibilidade para adaptação à mudança".

A definição de *networks* de negócio foi inicialmente conceptualizada por Johanson e Mattsson´s (1988), que usando a teoria das trocas sociais, os definiram como um conjunto de dois ou mais relacionamentos de negócios, interligados, nos quais cada troca comercial é realizada entre empresas, que são actores colectivos voluntários, nesse processo de relacionamento, sendo que, esses actores podem incluir fornecedores, clientes, distribuidores, concorrentes e governos.

Também Häkanson e Snehota (1995, p.269) referem a essência do *network*, como relacionamentos de negócios, que quando nascem, formam uma estrutura de laços entre actores, ligação de actividades e compromisso de recursos, e chamam a nossa atenção para a definição apresentada pelo dicionário para *network*, como sendo, "um tecido cujos fios que o compõem são entrelaçados, torcidos ou de outra maneira apertados para formar uma rede aberta".

Achrol e Kotler (1999, p.148) apresentaram a definição de uma organização em *"network"*, como "uma aliança independente de tarefas e capacidades de entidades especializadas (empresas independentes ou unidades organizacionais autónomas), que operam sem controlo hierárquico, mas está assente, num sistema de valores partilhado" este sistema é suportado por relacionamentos densos, enraizados em sentimentos de confiança mútuos e recíprocos, e define à partida, os papéis e responsabilidades dos membros.

Os *networks* de negócios podem ser vistos, com conjuntos de empresas relacionadas ou alternativamente, como conjunto de conexões de relacionamentos entre empresas. Estes relacionamentos de negócios são inter-relacionados, no sentido de que o que acontece num relacionamento está relacionado, com o que está a acontecer noutros relacionamentos. Por exemplo, aquilo que uma empresa oferece no seu relacionamento com um cliente, depende dos seus relacionamentos com os fornecedores, bancos, centros de P&D entre outros.

De acordo com Coviello e Munro (1995, p. 50), na perspectiva *network*, os mercados são vistos, como "sistema de relacionamentos entre um número de jogadores incluindo clientes, fornecedores, concorrentes, e agências privadas e públicas".

Nestes relacionamentos existem interdependências horizontais e verticais. As interdependências horizontais, têm como principal objectivo, a coordenação de capacidades e funções, que contribuem para a produção de um certo bem ou serviço, as interdependências verticais, focam a troca de recursos entre diferentes níveis dos canais de distribuição e, asseguram e coordenam o fluxo de recursos (Elg e Johansson, 2001). Os *networks* verticais focam a transacção de recursos entre níveis inter-relacionados da cadeia de valor do produto ou as transacções, ao longo da cadeia de distribuição dos produtos.

Nos *networks* verticais, os fabricantes são responsáveis por planear, conceber, e montar os produtos finais, os fornecedores produzem todas as partes e estão fortemente dependentes das encomendas dos fabricantes, e nalguns casos o relacionamento económico é quase exclusivo, como acontece por exemplo, na indústria automóvel no Japão e na Coreia do Sul, onde a Toyota e a Hyundai mantêm um *network* estável de produção (Richter, 1999).

Por detrás de altos níveis de integração vertical na Ásia, e da formação de conglomerados, está a preferência asiática para controlar as fontes de fornecimento, a distribuição e até os serviços auxiliares. As emergentes multinacionais asiáticas activamente "procuram envolver-se nas indústrias a montante ou a jusante, quer directamente, quer através de parcerias" (Williamson, 1997, p.60).

Cada vez mais, no coração do *network* vertical, está uma organização chave, que organiza o *network*, muitas vezes referida como a "integradora", e coordena todas as actividades ascendentes dos fornecedores e descendentes das empresas de distribuição. Hoje em dia a chamada "integradora" é crescentemente uma empresa de marketing como a Nike ou a Liz Clairborne.

Os *networks* horizontais, têm como principal objectivo, coordenar as capacidades e funções, que contribuem para o controlo de qualquer resultado de recursos (Elg e Johansson, 2001). Os *networks* horizontais, são constituídos por empresas interligadas de diferentes indústrias, são formas mais alargadas de cooperação em *network*, como consórcios para P&D, consórcios de exportação ou alianças estratégicas que podem incluir concorrentes, empresas ao mesmo nível nos canais de distribuição, empresas com negócios complementares, que podem ser locais ou espalhadas pelo mundo.

Os melhores exemplos deste tipo de *networks* estão na Ásia e são os *networks* dos chineses ultramarinos e dos indianos, o típico Keiretsu japonês, organizado à volta de uma instituição financeira ou de uma empresa *trading*, e o Chaebol coreano que produz um largo leque de produtos e serviços.

Seguindo o sucesso dos grupos empresariais estratégicos, Keiretsu e Chaebol, este tipo de *network* de troca, está a proliferar nos EUA e na Europa. Também, o tipo de *network* dos chineses ultramarinos tem afinidades com os *networks* de pequenas empresas praticado por exemplo em Itália (Achrol, 1999).

As diferentes interdependências dos relacionamentos de negócios (conexões), são referidos por Häkanson e Snehota (1995, p.19), como "Conectividade" e a conectividade generalizada dos relacionamentos de negócios, implica "a existência de uma estrutura agregada, uma forma de organização que nós decidimos qualificar como *network*".

Assim, os relacionamentos, são parte de uma estrutura mais alargada, que liga os seus elementos, os actores (empresas), e o resultado da conectividade da estrutura do *network*, é um efeito em cadeia "em princípio a cadeia de conectividade não tem limites e pode estender-se a vários relacionamentos que estão (indirectamente) conectados" (Mcloughlin e Horan, 2000, p.91). Um relacionamento entre empresas, pode afectar a forma como as empresas desempenham as suas actividades, isto é, a sua estrutura de actividade e algumas das suas diferentes actividades técnicas, comerciais e administrativas, podem começar a ligar-se umas às outras.

A estrutura *network* como forma de organização, difere de uma "hierarquia" na qual os actores estão funcionalmente ligados, e também de um "mercado", no qual os actores estão atomística e ocasionalmente ligados é mais uma estrutura híbrida (Achrol, 1997).

A principal hipótese da teoria dos *networks* é que, o negócio internacional acontece num ambiente de relacionamentos, com três variáveis básicas: actores, recursos, actividades. Diferentes actores de negócio estão ligados uns aos outros por, relacionamentos, empresariais e interpessoais, directos ou indirectos e acabam por gradualmente conhecer as capacidades e estratégias mútuas e entrar num processo de interacção com vista à obtenção de objectivos comuns, construindo relações de confiança, de conhecimento, e de compromisso de recursos. Os relacionamentos bem sucedidos, tendem a perpetuar-se no tempo e as suas actividades conjuntas, a desenvolver-se à margem de contratos específicos.

A interacção destes relacionamentos progride de uma forma dinâmica, formal ou informal, e contribui para o aumento do conhecimento mútuo, e confiança, levando a um maior compromisso entre os actores do mercado internacional (Bell, 1995).

3.1.4.1. *Conhecimento, Confiança e Compromisso*

O modelo *network* emerge, como consequência, da interacção entre empresas independentes, e é baseado em algumas assunções acerca dessa interacção, nomeadamente, cada empresa tem de estabelecer os seus relacionamentos no *network* e isto, não pode ser feito unilateralmente, outras empresas têm de estar motivadas para interagir, muitas vezes, essa interacção, é feita em sentido lato, com divisões, departamentos ou pessoas das empresas.

Porque as partes conhecem gradualmente, as capacidades e estratégias mútuas, este processo de interacção constrói confiança e conhecimento mútuo, assim como um compromisso crescente de recursos no relacionamento (Karlsen *et al.*, 2003).

A interacção desenvolve-se pela prática, e as partes progressivamente têm de aprender acerca dos objectivos uns dos outros, a forma como fazem as coisas e como comunicar e interagir, Häkansson e Johanson (1988, p.373) referem, que as "relações são construídas gradualmente num processo de troca social através da qual as partes acabam por confiar umas nas outras".

Os *networks* são compostos por membros organizacionais, que partilham um interesse forte num negócio específico, eles estão ligados por especialização e paixão, por laços que podem ser técnicos, que são relacionados com tecnologias utilizadas pelas empresas, laços de conhecimento relacionados com o seu negócio, laços que também, podem ser sociais, na forma de confiança pessoal, ou laços administrativos sob a forma de procedimentos entre empresas.

Um aspecto importante do lado operacional dos relacionamentos de negócio neste modelo é o seu carácter informal, baseado nas relações entre indivíduos e empresas (Holm *et al.*, 1996). Mecanismos informais como a cooperação e confiança, têm sido indicados em diversos estudos, como sendo mais efectivos para o desenvolvimento dos relacionamentos, do que acordos contratuais formais.

Cooperação é uma palavra-chave, que Anderson *et al.* (1994, p.10) definiram, como "coordenação de actividades semelhantes ou complementares desempenhadas pelas empresas num relacionamento de negócios para produzir resultados múltiplos superiores ou resultados individuais com reciprocidade esperada ao longo do tempo".

A cooperação num relacionamento de negócios, é primeiramente um processo informal de coordenação de acções entre empresas, isto explica, o facto de grande parte da pesquisa inicial sobre *networks*, se ter focado na compreensão dos relacionamentos interpessoais dentro e entre organizações.

Estruturas sociais informais são ainda campos importantes de pesquisa, mas o que tem mudado nos últimos anos, é o estudo da emergência de grandes *networks* formais, geridos estrategicamente à escala global, que representam uma nova forma de governação, capaz de legitimar uma alternativa aos mercados ou hierarquias (Achrol, 1999; Achrol e Kotler, 1999).

Partilhar conhecimento e especialização com outros membros do *network*, requer a confiança de que esse conhecimento partilhado, não vai ser usado contra si próprio. Este tipo de novas organizações, utilizam menos o capital para garantir o controlo sobre sistemas de actividades, confiam mais, no compromisso dos seus membros a normas de comportamento baseadas na confiança.

Os relacionamentos são construídos gradualmente num processo de troca social e a "confiança é construída através círculos de interacção que permitem aos membros do *network* julgar acerca da confiabilidade dos outros" (Büchel e Raub, 2002, p.593) e "construir confiança num relacionamento pode levar anos e requer um investimento substancial no relacionamento" (Häkanson e Snehota, 1995, p.36).

Os empresários, não podem esperar "confiança cega", é necessário um histórico de experiências, que normalmente se inicia com a escolha cuidadosa dos parceiros, feita entre pessoas com quem o empresário pode estar "relacionado com", por partilha de valores e nalguns casos por uma cultura comum, como por exemplo nos *networks* do Extremo Oriente, e são necessárias provas de fidelidade e compromisso, o que coloca ênfase num relacionamento de longo prazo.

Está demonstrado que a confiança é determinante para o desempenho do grupo, na troca de ideias e soluções para os problemas, "relacionamentos bilaterais caracterizados pela confiança sobrevivem a maior stress e mostram maior adaptabilidade a responder a circunstâncias imprevistas" (Achrol, 1991, p.89).

Rodriguez e Wilson (2002, p.55) sugerem, que "a confiança mútua percebida e desempenho satisfatório do trabalho são os dois factores principais que caracterizam um bom relacionamento" e a "confiança está dependente da congruência de objectivos e semelhança cultural entre valores e métodos dos parceiros".

A força aglutinadora que liga *networks,* é um sofisticado padrão de interdependência, que é a base das regras de relacionamento social, utilizadas para conseguir fazer as coisas, implicando que as empresas estão preparadas para interagir e esperam umas das outras que o façam. Esta força tem como pressuposto um conhecimento mútuo, e ou, uma confiança recíproca nos interesses uns dos outros (Richter, 1999).

Muitas discussões acerca de organizações com base cooperativa, como os *networks,* são feitas à volta de processos de controlo social envolvendo "normas de reciprocidade, relacionamentos pessoais, reputação e confiança" (Tallman e Shenkar, 1994, p.107).

Jarillo (1988, p.34) descreve os mecanismos de controlo de grupo baseados no desenvolvimento da confiança, no decorrer de um relacionamento de longo prazo entre parceiros, como "relacionamento de longo prazo, realizado através de contratos não específicos", e que, normalmente, resulta da percepção de negócios justos, que geram confiança e contribuem para uma vida longa do *network.* Por exemplo, se um membro do *network,* está preocupado com desempenho de longo prazo do *network* e outro está interessado em resultados a curto-prazo, existe um conflito de interesses, que torna o compromisso de longo-prazo ao *network* problemático.

Outra assunção básica da cooperação no relacionamento de negócios é chamada "compreensão do relacionamento", a qual em contraste com a confiança que apela a comportamentos afectivos, morais e éticos nos relacionamentos de negócios entre parceiros, enfatiza os aspectos mais cognitivos da cooperação. Cooperação na construção da "compreensão do relacionamento", requer investimento, implicando um compromisso forte dos parceiros chamado "compromisso de relacionamento".

Compromisso é uma dimensão central, no modelo de desenvolvimento de relacionamento, e contribui por exemplo, para a compreensão das *joint ventures* internacionais, se os parceiros tiverem um compromisso mútuo de compreensão, de como coordenar, as suas actividades num mercado estrangeiro, eles estão preparados para investir no seu relacionamento (Holm, Eriksson e Johanson, 1996).

O compromisso nos relacionamentos em *network* reduz o desenvolvimento de intenções oportunisticas, podendo eliminar assim a necessidade de mecanismos de controlo estruturais.

Atitudes de compromisso sugerem que, a retenção dos membros do *network* é influenciada pela percepção, de que todos os membros têm valores e credos semelhantes. As pessoas de fora, são normalmente percebidas, como tendo diferentes sistemas de valores e credos, e portanto não confiáveis, não sendo portanto aceites no *network* (Fukuyama, 1995), isto explica por exemplo, as dificuldades sentidas pelos estrangeiros em entrar por exemplo, nos *networks* chineses e indianos.

Colocando de lado (*outsiders*) pessoas de fora, que não provem ser confiáveis, o *network* protege os seus membros de práticas competitivas, que podem por em risco os seus interesses de negócio (Williamson, 1997). Os de fora sem continuidade de compromisso no *network*, são normalmente vistos como oportunistas de curto-prazo.

O "capital social" (Fukuyama, 1995) é o resultado do compromisso dos membros do *network*. É definido, como a componente do capital humano, que permite aos membros do grupo cooperarem uns com os outros. Quando os membros desenvolvem e mantêm altos níveis de confiança, eles geram o "capital social" necessário para realizar negócios, este fornece recursos aos membros do *network* e meios efectivos de aplicação de normas, que governem os seus relacionamentos, quando existe, a confiança, é a cola que junta os membros do *network*.

3.1.4.2. Networks *Sociais*

De acordo com Iborra *et al.* (1998) podem considerar-se três tipos de *networks*, os de troca, os de comunicação e os sociais. Os *networks* de troca e comunicação são formalizados entre os diferentes parceiros e participantes, mas os *networks* sociais são informais e os seus membros fazem parte de um meio envolvente socioeconómico fechado e estão ligados não por contratos, mas por objectivos comuns, confiança e compromisso moral.

Este tipo de *networks* são muito mais flexíveis, que os formalizados, o que os torna mais eficientes em termos de adaptação às mudanças do meio envolvente. Como exemplo deste tipo de *networks* podemos referir as conclusões de Yeung (1997, p.41), "Os negócios chineses na Ásia estão largamente enraizados em `networks´ de negócios que assentam substancialmente em relações sociais pré-existentes, relações em termos de negócios familiares, laços étnicos, mecanismos de confiança e ligações institucionais". Estes *networks* são caracterizados por, unidades de negócio de pequenas e média dimensão, normalmente familiares, frequentemente com estruturas centralizadas em termos de autoridade e poder. Os chineses estão conscientes, dos custos de gerir os seus negócios, e fazem-no com apertado controlo de inventário, ligam--se com outros negócios e *networks* de etnia chinesa e concentram as suas actividades em sectores como desenvolvimento imobiliário, construção, financeiro, têxtil, electrónico, alimentar, químico e informático. As suas actividades estendem-se a nível mundial, e ajudam a desenvolver economias de grande crescimento na Ásia incluindo a da China.

As teorias de troca social estão principalmente interessadas na explicação da emergência, de várias formas de estrutura social, incluindo os *networks* de grupos de empresas. A pesquisa de *networks* sociais, normalmente, foca o comportamento individual num contexto social, e o *network* é definido, em termos de padrões de interacções sociais, ocorrendo regularmente entre indivíduos, "as relações sociais entre empresas são o resultado do relacionamento dos indivíduos envolvidos" e é também possível que "os laços sociais transcendam e até substituam os laços económicos como a razão para o relacionamento continuar " (Easton, 1992, p. 12).

As análises dos *networks* sociais consideram os relacionamentos entre indivíduos num sistema social. A principal força gestora destes *networks* é a ordem social do sistema, ou seja as normas de comportamento, que são colectivamente desenvolvidas e praticadas pelos seus membros, de que resulta, uma ordem social de rede apertada.

Estas relações de troca social, evoluem num processo lento, começando com pequenas transacções, nas quais a confiança não é importante, porque o risco envolvido é negligenciável, e nas quais ambos os parceiros podem começar por se conhecer e testar a confiabilidade, habilitando-os a expandir a sua relação e envolver-se em transacções maiores. Laços de amizade podem ser criados e as relações sociais entre empresas são o resultado das relações individuais desenvolvidas neste processo.

Assim, esta cooperação informal é o resultado da consciência crescente dos interesses mútuos, que necessita de tempo e compromisso, e que é desenvolvida por aqueles que, estão directamente envolvidos na troca de negócios entre empresas, normalmente, pequenos empresários privados, ou nas grandes empresas, gestores de nível médio, em contraste com os negócios formais entre corporações, que são nestas, normalmente chefiados pela gestão de topo (Häkansson e Johanson, 1988; Holm *et al.*, 1996).

Os *networks* têm normalmente uma dimensão social, mas podem também, ter uma dimensão cultural, no sentido que podem existir crenças acerca da base da actividade social e regras de comportamento dentro do *network* (Easton, 1992.). No sentido lato, os *networks* podem estar enraizados nas características culturais dos seus membros, isso acontece por exemplo, nos *networks* dos chineses ultramarinos. De acordo com Kao (1993, p.24), "A Commonwealth chinesa, consiste em muitas empresas individuais que partilham uma cultura comum", e têm prosperado num *network* de família e *clan* "estabelecendo as fundações para laços mais fortes entre negócios através das fronteiras nacionais" que se estendem da Ásia à América e Europa.

As afinidades entre o tipo de *network* dos chineses ultramarinos e os *networks* das pequenas empresas italianas, não é surpreendente, uma vez que as estruturas industriais das sociedades chinesas e a dos países latinos católicos, são muito semelhantes, (Fukuyama, 1995). As empresas tendem a ser pequenos negócios familiares, sendo sempre difícil recrutar gestores profissionais de fora da família ou do *clan*, por falta de confiança, e a existência de grandes unidades económicas é mais frequentemente dependente do papel do estado ou do investimento estrangeiro do que do empreendedorismo familiar.

3.1.4.3. *Competitividade das PMEs e* Networks *Internacionais*

Holm *et al.* (1996, p. 1036) referem, que se duas empresas cooperam numa relação de negócios, elas trazem para esse relacionamento, um "conjunto de relacionamentos de negócio interligados, ao longo da cadeia de valor, que pode ser concebido como um *network* de negócios, nos quais as empresas aprendem, através do processo de troca social a cooperar e assim a coordenar as suas vantagens". Por outro lado, Porter (1992, p.67) considera na sua análise, a dimensão configuração das actividades internacionais da empresa, ou "onde no mundo cada actividade da cadeia de valor é desempenhada incluindo em quantos lugares" e a dimensão coordenação, ou "como as actividades desempenhadas em diferentes países são coordenadas umas com as outras". Para ser internacionalmente competitiva, uma empresa tem de saber como distribuir as suas actividades na cadeia de valor, por entre vários países e como coordená-las.

Actividades tradicionalmente desenvolvidas dentro de uma empresa, podem passar a ser realizadas por empresas independentes, que trabalham em conjunto, para obter fluxos de bens e serviços, ao longo da cadeia de valor, criando parcerias que acrescentam valor e permitem que, as pequenas e médias empresas concorram com sucesso com as grandes. Para ser competitiva, uma empresa tem que procurar vantagens competitivas, para além das suas próprias operações, tem de procurá-las, também, na cadeia de valor dos seus fornecedores, distribuidores, clientes, e para ser internacionalmente competitiva tem de saber como procurá-las no mercado internacional, desenvolvendo *networks* internacionais.

Na perspectiva da gestão internacional, o desafio não é só a escolha da implementação de operações locais em lugares estratégicos, é também a criação de estruturas e sistemas organizacionais, que permitam a exploração de oportunidades inerentes a operar nos meios envolventes de diferentes países.

Actividades descendentes na cadeia de valor, próximas do consumidor, criam vantagens competitivas que são largamente próprias do país, actividades ascendentes, próximas da produção e actividades de suporte são obtidas no *network* de actividades espalhado no mundo. A configuração de actividades descendentes é normalmente desempenhada pelas subsidiárias e a de actividades ascendentes pela sede.

Esta perspectiva, coloca uma ênfase grande nas pessoas como recursos, a especialização e a integração social são muitas vezes mais pessoais do que específicos da empresa. A criação de conhecimento organizacional acontece numa espiral de conhecimento, quando o conhecimento individual é convertido em conhecimento explícito e depois em conhecimento organizacional, só então pode a organização como um todo beneficiar do conhecimento adquirido no mercado, (Karlsen *et al.*, 2003).

As organizações do futuro, provavelmente serão desagregadas, com muitas das suas funções a serem desempenhadas por um *network* de organizações especializadas independentes, ligadas e coordenadas por organizações dirigidas pelo mercado. Podemos hoje observar, a emergência de mercados globais para bens de consumo estandardizados, como previsto por Levitt (1983), a coexistir com soluções tecnológicas, para responder a preferências fragmentadas dos gostos dos consumidores, criando uma oportunidade para customização em massa (Kotler, 2003).

As dificuldades nascidas do problema de criar, gerir e controlar uma multiplicidade de estruturas de produção e canais de distribuição, espalhadas à volta do mundo, podem ser minimizadas com a ajuda do conceito de organização de *network*, que oferece alternativas entre acordos de mercado e canais estruturados hierarquicamente, como o *franchising*, que é claramente uma opção de *network* contratual.

Estamos em presença da substituição progressiva, das clássicas empresas integradas verticalmente, onde uma grande dimensão é um requisito para um sucesso multinacional, por novas formas de organização em *network*, de empresas especializadas, ligadas por objectivos comuns e sofisticados relacionamentos de troca, beneficiando das novas tecnologias de informação. Peng e Heath (1996, p.493) concluíram, que tradicionalmente as empresas ocidentais "crescem através de uma ou duas escolhas estratégicas básicas: crescimento genérico e aquisições", mas recentemente, estão cada vez mais interessadas em utilizar "uma estratégia híbrida ou *network* para conseguir crescer".

Ayal e Izraeli (1997, p.108) defendem, que um gestor "no seu planeamento estratégico não deve somente guardar uma, mesmo várias teorias sobre as empresas na sua mente, deve também pensar em termos de *network* para abrir novas perspectivas de estrutura, estratégia e desempenho...o *network* pode ser visto... como um instrumento para alcançar novos clientes e/ou países adicionais".

Networks, alianças e outras parcerias estratégicas, estão a substituir as formas de organização hierárquica, facilitando as transacções com o estrangeiro e fornecendo vantagens competitivas, até para as empresas mais pequenas. De facto ao participar nos *networks* internacionais, as PMEs criam condições, de fluxos de informação e formação de conhecimento, que ajudam a acelerar a curva de aprendizagem internacional da empresa (Peng, 2001).

Se uma empresa não possui as capacidades e recursos necessários para enfrentar os novos desafios globais, formar cooperação estratégica e alianças é muitas vezes o caminho a seguir para gerir o processo de globalização. Também a maioria das pequenas empresas necessitam de permanecer flexíveis, visto que, as competências e capacidades para entrar nos mercados internacionais, são construídas gradualmente e a cooperação estratégica é muitas vezes o caminho, para aumentar a capacidade para ultrapassar os problemas da internacionalização, associados à dimensão (Johanson e Mattsson, 1988; Elg e Johansson, 2001).

3.2. A Importância do Empreendedorismo Internacional na Internacionalização das PMEs

Historicamente, as actividades de NI, parecem ser interessantes apenas para as grandes empresas, nomeadamente para as empresas multinacionais (EMNs), mas isto pode estar a mudar, porque nos anos mais recentes, um desenvolvimento interessante no âmbito das tendências da internacionalização, tem sido o papel, cada vez mais activo, desempenhado pelas pequenas e médias empresas (PMEs), "com os avanços nas tecnologias de informação e comunicação, a globalização de mercados e outros factores facilitadores, cada vez mais PMEs se estão a aventurar no estrangeiro" (Liesch e Knight, 1999, p.383). Como consequência, regista-se um número cada vez maior de trabalhos no empreendedorismo internacional, que começa agora, a chamar a atenção da comunidade científica (Oviatt e McDougall, 1994; McDougall e Oviatt, 2000).

De facto, a pesquisa em NI, têm-se focado principalmente nas multinacionais, mas ultimamente os académicos têm observado empiricamente, que algumas PMEs (empresas individuais com menos de 500 empregados pela American Small Business Administration e micro, pequenas e médias empresas com menos de 250 empregados, um volume de vendas não superior a €50 milhões e um Balanço não superior a €43 milhões, pela recomendação n.º 2003/361/CE da UE) são capazes de se internacionalizar muito rapidamente com sucesso, desafiando o clássico e demorado modelo sequencial, da escola de Uppsala, em que este processo é feito num demorada modelo estádio a estádio (Johanson e Vahlne, 1977; Lu e Beamish, 2001).

Os estudos de empreendedorismo concentram-se nas PMEs, normalmente no contexto do mercado interno, mas a internacionalização "processo evolutivo pelo qual as empresas se envolvem nos negócios internacionais" (Knigth, 2000, p.19), é um acto de empreendedorismo, porque é uma estratégia para o crescimento da empresa, pela procura de oportunidades e expansão além fronteiras, "entrar em novos mercados geográficos tem sido essencialmente visto como um acto de empreendedorismo" (Lu e Beamish, 2001, p.565).

O empreendedorismo internacional foi definido por McDougall e Oviatt (2000, p. 903), como "uma combinação de comportamento inovador, pró-activo e arriscado, que atravessa as fronteiras nacionais com objectivo de criar valor nas organizações", e esse comportamento, pode ser analisado "individualmente, em grupo ou por níveis organizacionais". Como resultado, a demarcação académica entre NI e empreenderorismo tem começado a esboroar-se, ao mesmo tempo que um novo campo de pesquisa começa a emergir, o empreendedorismo internacional.

A teoria e modelos VBR, tem também jogado um papel importante na emergência do empreendedorismo internacional, ao pesquisar a resposta à questão, como é que as PMEs podem ter sucesso no estrangeiro, sem passarem pelos diferentes estádios, sugeridos pelo modelo da escola Uppsala? A resposta pode ser obtida na teoria VBR, uma vez que como mencionado, a competitividade de uma empresa é uma função dos seus recursos valiosos, raros e inimitáveis, e esses recursos são muitas vezes intangíveis como por exemplo o conhecimento tácito das oportunidades globais.

3.3. Obstáculos ao Processo de Internacionalização das PMEs

Por definição, as PMEs são confrontadas internamente, com escassez de informação, capital, experiência de gestão e, externamente, enfrentam obstáculos ligadas às mudanças do meio envolvente. Quanto maior a diferença, entre o meio envolvente do país de origem e o meio envolvente do país estrangeiro, em que a empresa se propõe entrar, em termos culturais, linguísticos e sociais, mais difícil será a experiência empresarial. Devido aos seus recursos limitados, estas restrições, tornam os custos de internacionalização para as PMEs, mais difíceis de suportar, do que para as grandes empresas (Lu e Beamish, 2001).

De acordo com as conclusões de Liesch e Knight (1999), a informação e o conhecimento, são factores críticos para a expansão das PMEs nos mercados estrangeiros, "de todos os recursos, a informação e o conhecimento são talvez os mais críticos para a expansão das PMEs nos mercados estrangeiros" assim, a anteceder a internacionalização de mercados, deverá estar um processo de recolha e análise de informação, através do qual a gestão determina a melhor aproximação à expansão no estrangeiro, sendo que a "aquisição de conhecimento apropriado é fundamental para uma entrada no mercado externo com sucesso, principalmente nas PMEs com limitações de recursos", ver p.384.

Também Leonidou e Katsikeas (1997, p.66) consideraram, que a "informação pode ajudar as empresas a melhorar a sua capacidade de marketing, desenvolvendo a orientação para o cliente internacional, adoptando estratégias impulsionadas pelo mercado e finalmente conseguindo vantagem de posicionamento competitivo".

O novo meio envolvente global está a transformar as condições de competitividade para as PMEs, elas necessitam de ter uma eficiência ao nível mundial para competir nos mercados internacionais, e não lhes é dado tempo, para esperar conseguir essa eficiência, através de uma evolução sequencial com os seus próprios recursos, terão de o fazer num período de tempo muito pequeno, o que só será possível se comprarem e internalizarem os recursos necessários para enfrentar esse novo meio envolvente competitivo, caracterizado pela sua dinâmica e turbulência (Etemad e Wright, 2000).

Sendo tradicionalmente difícil obter, o conhecimento tácito necessário para a internacionalização, é pouco provável, que as PMEs com recursos escassos possam adquiri-lo e apresentar uma vantagem competitiva nos mercados externos, mas as melhorias revolucionárias nas tecnologias de informação e comunicação, tornam a aquisição do conhecimento crítico, possível até para as empresas mais pequenas, permitindo o seu sucesso no estrangeiro. As PMEs são normalmente organizações menos burocráticas e hierarquizadas do que as EMNs, permitindo a circulação de informação, através de diferentes níveis hierárquicos da gestão da empresa, facilitando a adaptação criativa às exigências do consumidor, com mais facilidade.

Nas suas conclusões empíricas, Leonidou e Katsikeas (1997) e Peng e York (2001) enumeram, como fontes mais frequentes de informação, os agentes, distribuidores ou representantes das próprias empresas, numa palavra os intermediários no exterior das empresas.

Tem sido, também apontada, como uma solução para ultrapassar a escassez de recursos das PMEs, sentida na expansão internacional, o uso de alianças com empresas que têm um conhecimento local, nomeadamente as alianças com parceiros locais, podem diminuir essa lacuna de conhecimento das PMEs, como referem Lu e Beamish (2001, p.570), "parceiros de alianças representam uma fonte importante de conhecimento do país anfitrião para as PMEs", assim, esta estratégia tem sido considerada, um modo eficaz, de entrar em novos países.

As alianças são também um meio importante para ultrapassar outras deficiências de recursos, tais como, capital, equipamento e outros activos tangíveis, através da partilha de recursos entre parceiros da aliança.

Referimos acima, o papel crescente dos *networks* internacionais e a sua importância na competitividade das PMEs. Os negócios internacionais, hoje em dia, estão altamente facilitados, através de parcerias formais ou informais com distribuidores estrangeiros, empresas *trading*, indústrias complementares, empresas especializadas, assim como fornecedores e clientes. Então, para as PMEs, os *networks* são considerados fontes chave de informação, que ajudam a acelerar a sua curva de aprendizagem internacional "ao participar nos *networks* internacionais, as PMEs criam canais de fluxos de informação e formação de conhecimento" (Liesch e Knight, 1999, p.386).

Também, em Achrol (1991) se concluiu, que o meio envolvente dos mercados orienta presentemente as empresas, para formas alternativas de organização, numa visão baseada nos recursos, tais como *networks*, alianças e outras parcerias estratégicas, que, cada vez mais, substituem as grandes EMNs muito hierarquizadas, facilitando as transacções internacionais e criando vantagens competitivas para as PMEs.

De acordo com a definição de PMEs, acima referida, adoptada pela Comissão Europeia em 6 de Maio de 2003 e aplicada em Portugal a 1 de Janeiro de 2005, cerca de 98% das empresas em Portugal são micro ou pequenas e médias empresas, conforme informação do Instituto de Apoio às Pequenas e Médias Empresas – IAPMEI.

Assim sendo, considera-se pertinente analisar teorias e modelos que foquem particularmente o processo de internacionalização das PMEs, e que possam condicionar os comportamentos e estratégias de marketing no mercado internacional dessas empresas.

3.4. Novas Empresas Internacionais ou Empresas *Start-up* ou *Born Global*

Na última década, vários estudos empíricos identificaram um número crescente de empresas, que se estabelecem no mercado internacional, muito pouco tempo após a sua criação, desafiando o processo de internacionalização estádio a estádio. Estas empresas têm como objectivo, trabalhar no mercado internacional ou mesmo global desde o seu nascimento, e alcançarem uma quota de mercado de vendas no estrangeiro de pelo menos 25%, depois de três anos de actividade. Geralmente produzem produtos de liderança tecnológica, com importantes nichos de mercado em numerosos países, que eles abordam num curto período de tempo, essas empresas têm sido chamadas Novas Empresas Internacionais (NEI), empresas *Start-up* ou empresas *Born Global* (Oviatt e McDougall, 1994; Knight e Cavusgil, 1996; Madsen e Servais, 1997; Iborra *et al.*, 1998; Madsen *et al.*, 2000; Moen e Servais, 2002; Knight e Cavusgil, 2004).

Estes autores chamam a nossa atenção para a existência das NEI, como um novo conceito de organização em *network*, referindo-as como organizações que beneficiam de vantagens competitivas integradas na cadeia de valor internacional. As NEI são definidas por Oviatt e McDougall (1994, p.49), como "organizações de negócio, que, desde o inicio, procuram retirar significativas vantagens competitivas do uso de recursos e da venda de *outputs* em múltiplos países", estas empresas, fazem o *sourcing* de recursos numa base internacional e distribuem os seus produtos ou serviços num destino multi-país.

Estes factores explicam a rápida internacionalização destas organizações, orientadas pela necessidade emergente, de tornar rentável o uso de recursos intangíveis altamente dispendiosos, como as novas tecnologias, inovação e *know-how* nos mercados internacionais.

Muita da teorização sobre a internacionalização destas novas empresas, desafiou o processo tradicional de internacionalização, onde a empresa necessita de tempo para aprender e ajustar-se a novas rotinas internas, tentando ganhar gradualmente conhecimento do mercado para reduzir incerteza e risco.

Muitas destas novas empresas saltam muito cedo para a competição internacional, devido à visão e capacidade empreendedora dos seus líderes (Bell, 1995; Audio *et al.*, 2000).

De acordo com esta perspectiva, "alguns empresários possuem uma constelação de capacidades e conhecimentos que lhes permite ver e explorar janelas de oportunidade, não vistas pelos outros", (Audio *et al.*, 2000 p. 909). O conhecimento continua assim, a ter um papel importante no processo de internacionalização das NEI, na teoria sequencial estádio a estádio, o conhecimento experimental explica a escolha e o compromisso de recursos aos mercados estrangeiros, nesta nova teoria de internacionalização, o conhecimento empreendedor e visão, são apresentados como as chaves, para a rápida e agressiva pesquisa e exploração de oportunidades internacionais.

As empresas necessitam de investir e desenvolver conhecimento para criar vantagens competitivas, e de acordo com Zahra *et al.* (2000, p. 926), o desenvolvimento "de novo conhecimento tecnológico é importante para o sucesso nos mercados internacionais". Este conhecimento ajuda as empresas a adaptarem os seus produtos aos meios envolventes locais e a identificar desafios tecnológicos emergentes, assim como tendências do consumidor, que podem determinar o seu desempenho nos mercados externos.

Para Karsen *et al.* (2003, p. 387) um factor central, que influência o processo de internacionalização de uma empresa, é a "capacidade da organização para aprender e isto é particularmente importante para o desenvolvimento de negócios em mercados turbulentos, tais como os da Europa de Leste e Central" a que se pode acrescentar a China a Índia e a Rússia, "uma vez que a aprendizagem ajuda a reduzir a incerteza percebida"

Isto é particularmente importante entre as empresas de alta tecnologia, onde os custos de P&D são cada vez mais altos e, os ciclos de vida dos produtos cada vez mais curtos, obrigando estas empresas a recuperar estes custos rapidamente, abordando para isso, quase em simultâneo, os maiores mercados internacionais, e ao entrar ou para entrar, nos mercados internacionais, as novas empresas adquirem conhecimento, que pode ser usado, para construir capacidades adicionais para criar valor.

As conclusões de Audio *et al.* (2000, p.919) dizem que, este processo é interactivo e acumulativo "quanto mais conhecimento intensivo a empresa é, mais rapidamente ela cresce em vendas totais e internacionais", e suportam as sugestões de muitos outros investigadores, de que a rapidez é essencial para a sobrevivência das NEI em meios envolventes de alta velocidade, onde as oportunidades não podem ser perdidas, e onde o seu sucesso, pode ser explicado, pela sua capacidade de adaptação e inovação mais rápida, do que aquela que é normalmente verificada, nas empresas tradicionais.

De acordo com Doz *et al.* (2001) o sucesso no futuro, para as empresas internacionais existentes, depende da sua habilidade para aceder ao conhecimento fora das suas subsidiárias e ligá-lo com as capacidades obtidas através do seu *network* internacional.

No negócio internacional, o conhecimento fornece vantagens particulares que facilitam a entrada no mercado externo, Knight e Cavusgil (2004) referem-no, como a capacidade de uma empresa usar relacionamentos como fontes de informação e aprendizagem do conhecimento necessário, para atingir os fins pretendidos. *Networks* de conhecimento efectivo aumentam a inovação, melhoram a eficiência organizacional e podem actuar de uma forma pró-activa, por exemplo, alavancando o conhecimento existente em qualquer lugar e usando-o para explorar novos mercados (Büchel e Raub, 2002).

Como as NEI, são organizações que são criadas, sem limite de fronteiras naturais, o seu âmbito de negócios, produtos e mercados, tem desde o começo, uma estratégia internacional pró-activa. Estas novas organizações, estão concentradas na maximização das cadeias de valor internacionais (Porter, 1985), uma empresa que compete internacionalmente, deve decidir como espalhar as suas actividades entre países, procurando as localizações onde factores estratégicos têm vantagens competitivas.

Estas organizações, podem conseguir alcançar os seus objectivos, através de contratos formais, como por exemplo, licenciamento e *joint ventures*, mas como já referimos, a cooperação pode também ser informal, como no caso dos *networks* sociais chineses, assim ambas as estratégias de cooperação, formal e informal, podem ser seguidas no negócio internacional.

Oviatt e McDougall (1994) apresentaram quatro tipos de novas empresas internacionais, organizadas à volta do número de actividades da cadeia de valor, que elas coordenam e o número de países onde operam. Algumas, coordenam a transferência de recursos de muitas partes do mundo para *outputs*, que são vendidos em mercados, onde esses *outputs* têm mais valor, outras são basicamente empresas exportadoras, que acrescentam valor, por transferir *outputs* de onde eles estão para os locais onde eles são precisos, ver Fig. 3.6.

Figura 3.6 – Tipos de Novas Empresas Internacionais

	Poucos	Muitos
Poucas Actividades coordenadas através de países (Principalmente logísticas)	Start-up - Exportações, Importações (I)	Novos construtores de mercado internacional — Comerciante multinacional (II)
Muitas Actividades coordenadas através de países	Start-up focalizado geográficamente (III)	Start-up Global (IV)

Número de Países envolvidos

Fonte: *Oviatt e McDougall (1994)*.

É importante referir, que nas empresas *Start-ups* geográficas, que servem as necessidades especializadas de uma determinada localidade, através do uso de recursos estrangeiros, a vantagem competitiva é encontrada na coordenação das múltiplas actividades da cadeia de valor, tais como desenvolvimento tecnológico, recursos humanos e produção, e nas *Start-ups* globais, a vantagem competitiva, reside na extensa coordenação entre muitas, quase ilimitadas, localizações das actividades da organização, para responder aos mercados globais, adquirindo recursos e vendendo *outputs* para maximizar as cadeias de valor numa perspectiva mundial.

Existem diferenças chave, entre as empresas já bem estabelecidas e as *Start-ups*, devido à quantidade e fonte de recursos. Este tipo de empresas tem normalmente escassos recursos disponíveis para investimentos dispendiosos, por exemplo, em canais de distribuição, neste caso os empreendedores devem confiar mais em estruturas híbridas para controlar as vendas e as actividades de marketing, a aproximação *network* oferece algumas soluções promissoras para este tipo de empresas.

Madsen e Servais (1997, p.564) referem, que muitas vezes as empresas realizam as suas actividades de distribuição e marketing "num *network* especializado, no qual procuram parceiros que complementem as suas competências próprias, isto é necessário devido aos seus limitados recursos".

As empresas *Start-up*, emergiram primeiro em países com pequenos mercados internos, mas estão agora largamente espalhadas por todo o mundo. A pequena dimensão destas empresas confere-lhes uma espécie de flexibilidade, que fornece benefícios chave para ter sucesso nos mercados externos. A sua flexibilidade, permite-lhes trabalhar de perto com os clientes e adaptar rapidamente os seus produtos à mudança das suas necessidades e desejos.

Para Knight e Cavusgil (2004, p.124), as empresas *Born Global* são "organizações de negócio que praticamente desde a sua fundação, procuram um desempenho superior no negócio internacional, através da aplicação de recursos baseados no conhecimento para venda de *outputs* em múltiplos países". Estas empresas começam a sua actividade com uma visão global dos seus mercados e desenvolvem as capacidades necessárias para atingir os seus objectivos internacionais.

A ascensão das empresas *Born Global* pode ser explicada, pela crescente especialização e consequente aparição de nichos de mercado, de acordo com Madsen e Servais (1997, p.566), "customização especializada e produção de nicho são as alternativas mais viáveis nos mercados de hoje".

Como consequência, muitas empresas estão a produzir produtos, ou componentes e partes muito específicas, que têm que vender em nichos de mercado globais, simplesmente porque o mercado interno para esta oferta é pequeno, mesmo em grandes países, só desta forma operações de pequena escala se tornam rentáveis. A globalização da comunicação tem permitido, que as necessidades e desejos destes clientes de nicho se tornem mais homogéneas, o que favorece esta estratégia. Estas empresas fazem *sourcing* global e utilizam *networks* através das fronteiras, para apressar a entrada dos seus produtos inovadores em muitos mercados estrangeiros, chegando a esses clientes rapidamente.

Podemos concluir, que os termos Novas Empresas Internacionais, empresas *Start-up* e *Born Global* identificam a mesma realidade, e portanto podem ser utilizadas indistintamente.

3.4.1. Capacidades Importantes das Empresas *Born Global*

Em contraste com as empresas mais velhas, que confiam nos recursos tangíveis, para progredir nos mercados externos, as pesquisas de Knight e Cavusgil (2004) concluíram, que as *Born Global* alavancam principalmente capacidades intangíveis, baseadas no conhecimento, para dirigir o processo de internacionalização. Eles referem que, a habilidade para se internacionalizar, cedo, com sucesso, é função das capacidades internas da empresa, onde um papel crítico é jogado pela cultura inovadora e pelo conhecimento. A cultura inovadora da empresa combinada com o conhecimento acumulado suporta o desenvolvimento de produtos e novos métodos de fazer negócio.

Entre os atributos operacionais, cultura empreendedora, domínio de marketing, produtos superiores distintamente posicionados, forte distribuição, são capacidades importantes para as *Born Global* terem sucesso nos mercados internacionais.

Factores como educação, experiência de viver no estrangeiro, conhecimento do mercado, pertença a *networks* de empreendedores ou relacionamentos internacionais são exemplo das características exigidas aos criadores deste tipo de empresas (Madsen e Servais, 1997).

Em geral, as *Born Global* são normalmente formadas por empreendedores, que trabalham os mercados externos com forte orientação de empreendedorismo internacional e forte orientação de marketing internacional.

A orientação de empreendedorismo internacional, reflecte um *mindset* dos gestores, focalizado na inovação, que implica que, as empresas entrem nos mercados internacionais, devido a visão e competências empreendedoras únicas, as quais combinadas com um forte domínio do mercado, lhes permite ver e explorar oportunidades nos mercados externos. Este tipo de *mindset* permite aos empreendedores, liderar as *Born Global* para seguir estratégias traçadas para maximizar o desempenho internacional, nomeadamente para desenvolver ofertas de alta qualidade, que são inovadoras e tecnologicamente avançadas.

A orientação internacional de marketing, identifica um *mindset* de gestores, que pratica a cultura de negócios de marketing, enfatizando a criação de valor para clientes estrangeiros, via elementos chave do marketing, e procuram oferecer produtos e serviços, percebidos por esses clientes como excedendo as suas expectativas, nomeadamente excedendo o valor de exportação de ofertas alternativas. Gestores com esta orientação criam estratégias de marketing específicas, para ultrapassar os desafios da feroz competição internacional nos mercados internacionais, caracterizada pelas mudanças rápidas de tecnologia e ciclos de vida do produto encurtados.

O *mindset* dos empregados, é também uma força orientadora para o crescimento das empresas *Born Global*, uma vez que os recursos humanos têm de ser preparados par explorar as possibilidades criadas pela rápida mudança nas tecnologias de produção, comunicação e transporte nos mercados internacionais. As capacidades crescentes nesta área, devem-se ao facto de hoje em dia, muitas pessoas estarem a ganhar experiência internacional, de acordo com Madsen e Servais (1997, p.566), a "mobilidade através de nações, línguas e culturas cria um número muito maior de potenciais empregados, com competência para comunicar com, compreender e operar em culturas estrangeiras"

3.4.2. Empresas *Born Global* e Comportamento das PMEs nos Mercados Estrangeiros

Liesch e Knight (1999) concluíram, que o sucesso internacional das *Born Global* pode ser uma referência, para o comportamento das PMEs, onde as capacidades para alcançar esse sucesso podem ser mais facilmente encontradas. As PMEs são normalmente mais capazes de adaptar os seus sistemas, rotinas e *mindset* dos empregados ao meio envolvente turbulento da competição internacional. Elas são normalmente mais inovadoras, mais orientadas para o consumidor e têm uma resposta mais rápida, quando se trata de se ajustar aos requisitos dos clientes ou quando é necessário implementar uma nova tecnologia.

Num mundo que se afasta do *mass marketing* virando-se para mercados de nicho, essas capacidades podem muito bem, fazer das empresas mais pequenas, os campeões de exportação do futuro (Kotabe e Czinhota, 1992).

Estas conclusões, contrastam com a ideia clássica, que as pequenas e grandes empresas têm muitas limitações, que não lhes permite ser competitivas nos mercados internacionais, citando Lu e Beamish (2001, p.570), as "PMEs enfrentam internamente faltas de informação, capital, gestão, tempo e experiência, enquanto externamente as PMEs enfrentam limitações provenientes da sua vulnerabilidade às mudanças do meio envolvente".

Os seus gestores, governos, académicos e os fazedores de opinião comuns, tendem a ver principalmente riscos, *gaps* de informação, condições desconhecidas nos mercados, regulamentação de comércio externo difícil, falta de recursos financeiros, ausência de gestores de exportação, em vez das oportunidades, que o mercado internacional pode oferecer (Cavusgil, 1980; Czinhota, 1982).

Mas, os académicos estão também, a observar uma internacionalização acelerada entre as PMEs, mesmo nas empresas mais pequenas e mais recentes (Dougall e Oviatt, 2000), porque essas empresas, podem muito bem, ter importantes vantagens competitivas para oferecer, que podem ser altamente úteis para um desempenho com sucesso, no presente meio envolvente internacional, por exemplo elas podem oferecer aos clientes menor período de resposta, oferta mais directa e customizada, um aumento de estabilidade nos relacionamentos de negócio e a redução do risco e custos.

Os gestores das grandes e bem estabelecidas empresas, com forte envolvência internacional deverão notar, que elas estão cada vez mais, a competir com novas empresas altamente especializadas. Moen (1999) e Moen e Servais (2002) concluíram, que muitas empresas tendem a perder a sua competitividade tecnológica à medida que envelhecem e se tornam maiores.

Países com pequenos mercados internos, têm maior propensão para ter empresas *Born Global*, que países com grandes mercados domésticos, no entanto este tipo de empresas nos pequenos países trabalham com produtos muito diferentes, enquanto nos grandes países se limitam normalmente a indústrias de alta tecnologia (Madsen e Servais, 1997).

Em geral, podemos verificar, que a maioria dos países europeus, independentemente da sua dimensão, desenvolve activamente programas para estimular e aumentar as exportações, que são consideradas essenciais para aumentar o crescimento económico, o emprego e diminuir o défice externo.

Estes programas, têm por alvo, principalmente o apoio a empresas, de pequena e média dimensão, estabelecidas há já muitos anos, mas sem experiência internacional, muitas vezes com um potencial de exportação e não empresas recentemente estabelecidas.

Uma contribuição importante da pesquisa de Moen e Servais (2002) é a recomendação, de que as políticas públicas deveriam ser "desenvolvimento do conhecimento, independentemente da importância da actividade de exportação de empresas recentemente estabelecidas, o que sublinha a necessidade da sua inclusão no desenvolvimento de programas públicos", ver p.67.

O seu estudo, também demonstra, que o estabelecimento de novas empresas, com potencial de marketing internacional, é importante para o desenvolvimento das exportações de um país, e por isso, eles sugerem uma coordenação entre os programas de promoção de exportações e os programas *Start-up*.

3.5. Metodologia de Análise do Processo de Internacionalização

Esquematizando a metodologia de análise do processo de internacionalização, Fig.3.7, podem colocar-se as seguintes questões;

1 – Para onde deverão as empresas internacionalizar-se? – Escolha do meio envolvente onde as empresas vão operar no estrangeiro,
2 – Como entrar nos mercados estrangeiros? – Escolha dos modos de entrar no meio envolvente escolhido,
3 – Que produtos e serviços oferecer a esses mercados estrangeiros? – Escolha da estratégia de *"marketing-mix"* internacional.

Figura 3.7 – Metodologia de Análise do Processo de Internacionalização

O Quê ?
Escolha do Marketing Mix

Bibliografia

ACHROL, R.S. (1991), Evolution of the Marketing Organization: New Forms for Turbulent Environments, *Journal of Marketing*, Vol. 55 (October), pp. 77-93.

ACHROL, R.S. (1997), Changes in the Theory of Inter Organizational Relations in Marketing: Toward a Network Paradigm, *Journal of the Academy of Marketing Science*, Vol. 25 (1), pp.56-71.

ACHROL, R.S. (1999), Forms *of Network Organization, in Business Networks in Asia, Promises, Doubts and Perspectives*, Richter, Frank-Jürgen, Westport, Quorum Books, pp.3-37.

ACHROL, R.S. e KOTLER P. (1999), Marketing in the Network Economy, *Journal of Marketing*, Vol.63, Special Issue, pp.146-163.

ANDERSON, J. C.; HÄKANSSON, H. e JOHANSON J. (1994), Dyadic Business Relationships within a Business Network Context, *Journal of Marketing*, Vol. 58, pp.1-15.

ALVAREZ, R.E. (2004), Sources of export success in small – and – medium-sized enterprises: The impact of public programs, *International Business Review*, 28(3), Pg.445-65.

AUTIO, E.; SAPIENZA H.J. e ALMEIDA J.G. (2000), Effects of Age at Entry, Knowledge Intensity, and Imitability on International Growth, *Academy of Management Journal*, Vol. 43, Nº 5, pp.909-924.

AYAL, I. e IZRAELI D. (1997), *International Marketing Expansion of High-Technology Firms*, in Strategic Management in a Global Economy, Wortzel, H.V. and L.H. Wortzel, John Wiley and Sons, Inc., pp.102-109.

BARTLETT, C.A. e GLOSHAL, S. (1991), Global Stategic Management: Impact on the New Frontiers of Strategy Research, *Strategic Management Journal*, Vol. 12, pp.5-16.

BARNEY, J. (1991), Firm Resources and Sustained Competitive Advantage, *Journal of Management*, Vol. 17, Nº 1, pp.99-120.

BELL, J. (1995), The Internationalization of Small Computer Software Firms; A Further Challenge to "Stage", Theories, *European Journal of Marketing*, Vol. 29, Nº 8, pp.60-75.

BRADLEY, F. (2002), *International Marketing Strategy* 4th, FT Prentice Hall.

BÜCHEL, B. e RAUB, S. (2002), Building Knowledge-Creating Value Networks, *European Management Journal*, Vol. 20, Nº 6, pp.587-596.

CAVUSGIL, S.T. (1980), On the Internationalization Process of Firms, *European Research Journal*, 8 (November), pp.273-81.

CONNER, K.R. (1991), A Historical Comparison of Resource-Based Theory and Five Schools of Thought within Industrial Organization Economics: Do We Have a New Theory of the Firm? *Journal of Management*, Vol.17, Nº 1, pp.121-154.

COVIELLO, N.E. e MUNRO H. J. (1995), Growing the Entrepreneurial Firm: Networking for International Market Development, *European Journal of Marketing*, Vol. 29, Nº 7, pp.49-61.

CZINKOTA, R.M. (1982), *Export Development Strategies*: Us Promotion Policies, New York Praeger.

DANIELS, J.D. e RADEBAUGH L. H. (1992), *International Business: Environments and Operations* 6th, Canada: Addison Wesley.

Dunning, J. H. (1988), The Eclectic Paradigm of International Production, a Restatement and Some Possible Extensions, *Journal of International Business Studies*, Spring, pp.1-31.

Doz, Y.; Santos J. e Willimson, P. (2001), *From Global to Metanational*, Harvard Business School Press.

Easton, G. (1992), *Industrial Networks: a Review, in Industrial Networks: A New View of Reality*, Axelsson, B and G. Easton, London Routledge, pp.3-27.

Elg, U. e Johansson U. (2001), International Alliances: How They Contribute to Managing the Interorganizational Challenges of Globalization, *Journal of Strategic Marketing*, 9, pp.93-110.

Etemad, H. e Wright R. W. (2000), From Guest Editors, *Journal of International Marketing*, Vol. 8, Nº 2, pp.4-7.

Fladmoe-Lindquist, K. e Tallman S. (1997), in *Strategic Management in a Global Economy*, Wortzel, H.V. and L. H. Wortzel, John Wiley and Sons, Inc., pp.149-167.

Fontagné F.; Gaulier G. e Zignago S. (2008), *Specialization Across Varieties and North-South Competiton*, Economy Policy 23(53), pp.51-91.

Fukuyama, F. (1995), *Trust*, New York: Free Press.

Häkansson, H. e Johanson, J. (1988), *Formal and Informal Cooperation Strategies*, in *Cooperative Strategies in International Business*, F. J. Contractor and P. Lorange, Lexington, MA: Lexington Books, pp.369-379.

Häkansson, H. e Snehota I. (1995), *Developing Relationships in Business Networks*, Routledge, London.

Holm, D. B., Eriksson K. e Johanson, J. (1996), Business Networks and Cooperation in International Business Relationships, *Journal of International Business Studies*, Special Issue, pp.1033-1053.

Iborra, M.; Menguzzato M. e Ripollés M. (1998), Creation de Empresas Internationales: Redes Informales y Obtención de Recursos, *Revista Europea de Dirección y Economía de la Empresa*, Vol. 7 (3), pp.147-160.

JARILLO, J. C. (1988), On Strategic Networks, *Strategic Management Journal*, Vol. 9. pp. 31-41.

JOHANSON, J. e VAHLNE J.E. (1977), The Internationalization Process of the Firm-a Model of Knowledge Development and Increasing Foreign Market Commitments, *Journal of International Business Studies*, 8(1), pp.23-32.

JOHANSON, J. e Mattsson L.G. (1988), *Internationalization in Industrial Systems: A Network Approach, in Strategies in Global Competition*, N Hood & J.E. Vahlne, New York; Croom Helm, pp.287-314.

KAO, J. (1993), The Worldwide Web of Chinese Business, *Harvard Business Review*, March-April, pp.24-36.

KARLSEN, T.; SILSETH P. R., BENITO G. R.G., e WELCH L. S. (2003), Knowledge, Internationalization of the Firm, and Inward--Outward Connections, *Industrial Marketing Management*, 32, pp.385-396.

KNIGHT, A.G. (2000), Entrepreneurship and Marketing Strategy: The SME Under Globalization, *Journal of International Marketing*, Vol. 8, N.º 2, pp.12-32.

KNIGHT, A.G. e CAVUSGIL S. T. (1996), The Born Global Firm: A Challenge to Traditional Internationalization Theory, *Advances in International Marketing*, 8, S. Tamer Cavusgil, ed Greewich, CT: JAI Press, pp.11-26.

KNIGHT, A.G. e S. CAVUSGIL, T. (2004), Innovation, Organizational Capabilities, and the Born-Global Firm, *Journal of International Business Studies*, Online Publication 8 January, pp.124-141.

KOTABE, M. e CZINKOTA M. R. (1992), State Government Promotion of Manufacturing Exports: A Gap Analysis, *Journal of International Business Studies*, Fourth Quarter, pp.637-658.

KOLTER, P. (2003), *Marketing Management* 11th Edition, Prentice-Hall International Inc.

LEONIDOU, L.C. e KATSIKEAS C.S. (1997), Export Information Sources: The Role of Organizational and Internationalization Influences, *Journal of Strategic Marketing*, 5, pp.65-87.

LEVITT, T. (1983), The Globalization of Markets, *Harvard Business Review*, May-June, p.92-102.
LIESCH, P. W. e KNIGHT G. A. (1999), Information Internationalization and Hurdle Rates in Small and Medium Enterprise Internationalization, *Journal of International Business Studies*, 30(2), pp.383-394.
LU, J. W. e BEAMISH P. W. (2001), The Internationalization and Performance of SMEs, *Strategic Management Journal*, 22, pp.565-586.
MADSEN, T.K. e SERVAIS, P. (1997), The Internationalization of Born Globals: an Evolutionary Process? *International Business Review*, Vol.6, N.º 6, pp.561-583.
MADSEN, T.K.; RASMUSSEN E. e SERVAIS P. (2000), Differences and Similarities between Born Globals and Other Types of Exporters. *Advances in International Marketing*, Nº 10, pp.247-265.
MCDOUGALL, P.P. e OVIATT B.M. (2000), International Entrepreneurship: The Intersection of Two Research Paths, *Academy of Management Journal*, Vol. 43, Nº 5, pp.902-906.
MCLOUGHLIN, D. e HORAN C. (2000), The Production and Distribution of Knowledge in Markets as Networks Tradition, *Journal of Strategic Marketing*, 8, pp.89-103.
MELIN, L. (1997), *Internationalization as a Strategy Process*, in *Strategic Management in a Global Economy*, Wortzel, H.V. and L. H. Wortzel, John Wiley and Sons, Inc., pp.72-93.
MINTZBERG, H.; AHLSTRAND B., e LAMPEL J. (1998), *Strategy Safari*, FT Prentice Hall.
MOEN, O. (1999), The Relationship Between Firm Size, Competitive Advantages and Export Performance Revisited, *International Small Business Journal*, 18, (1), pp.53-71.
MOEN, O. e SERVAIS P. (2002), Born Global or Gradual Born? Examining the Export Behavior of Small and Medium-Sized Enterprises, *Journal of International Marketing*, 10, 3, pp.49-72.
OVIATT, B.M. e MCDOUGALL P.P. (1994), Toward a Theory of International New Ventures, *Journal of International Business Studies*, 1st Q, pp.45-64.

PALIWODA, S. (1993), *International Marketing* 2nd, Oxford: Butterworth-Heinemann Asia.
PENG, M.W. e HEATH P.S. (1996), The Growth of the Firm in Planned Economies in Transition: Institutions, Organizations and Strategic Choice, *Academy of Management Review*, N.º 21, (2), pp.492-528.
PENG, M.W. (2001), The Resource-Based View and International Business, *Journal of Management*, (27), pp.803-829.
PENG, M.W. (2006), *Global Strategy*, South-Western, Thomson Learning.
PENG, M.W. e YORK A.S. (2001), Behind Intermediary Performance in Export Trade: Transactions, Agents, and Resources, *Journal of International Business Studies*, 32 (2), pp.327-346.
PORTER, M.E. (1980), *Competitive Strategy: Techniques for Analyzing Industries and Competitors*, New York: Free Press.
PORTER, M.E. (1985), *Competitive Advantage, Creating and Sustaining Superior Performance*, Free Press.
PORTER, M.E. (1990), *The Competitive Advantage of Nations*, Macmillan, London.
PORTER, M.E. (1992), *Changing Patterns of International Competition, in International Strategic Management, Challenges and Opportunities*, Root, F. R. and K. Visudtibhan, Eds, Taylor & Francis, Inc. pp.61-85.
RICARDO, D. (1817), *Principles of Political Economy and Taxation*.
RICHTER, F. (1999), *Business Networks in Asia, Promises, Doubts and Perspectives, Westport*, Quorum Books.
RODRÍGUEZ, C.M. e WILSON D.T. (2002), Relationship Bonding and Trust as a Foundation for Commitment in U.S.-Mexican Strategic Alliances: A Structural Equation Modeling Approach, *Journal of International Marketing*, Vol. 10, N.º 4, pp.53-76.
RUGMAN, A.M.; LECRAW, D.J. e BOOTH L.D. (1986), *International Business: Firms and the Environment*, N.Y McGraw-Hill.
SCHOTT, P.K. (2004), Across-product Versus Within-product Specialization in International Trade, *Quarterly Journal of Economics*, 119 (2), pp.646-677.

SCRIVASTAVA, R.K.; LIAM F. e CHRISTENSEn H.K. (2001), The Resource--Based View and Marketing: The Role of Market-Based Assets in Gaining Competitive Advantage, *Journal of Management*, (27), pp.777-802.

SMITH A. (1776), *The Wealth of Nations*, ed. Edwin Cannan, University of Chicago Press.

SÖDERSON, B. (1980), *International Economics* 2nd, London: The Macmillan Press Ltd.

TALLMAN, S. (1992), A Strategic Management Perspective on Host Country Structure of Multinational Enterprises, *Journal of Management*, Vol. 18, N.º 3, pp.455-471.

TALLMAN, S. e SHENKAR, O. (1994), A Managerial Decision Model of International Cooperative Venture Formation, *Journal of International Business Studies*, Fist Quarter, pp.91-113.

VERNON R. (1966), *Quarterly Journal of Economics*, May, pp.190-209.

VERNON R. e WELLS Jr, L. T. (1986), *Manager in the International Economy*, 5th, Engleword Cliffs, New Jersey: Prentice-Hall Inc.

WELLS, L.T., Jr, (1968), *Journal of Marketing*, 32, pp 1-6.

WILLIAMSON, P.J. (1997), Asia's New Competitive Game, *Harvard Business Review*, 75th Anniversary Issue, September-October, pp.55-67.

YEUNG, H.W. (1997), *Transnational Corporations from Asian Developing countries: Their Characteristics and Competitive Edge*, in *Strategic Management, in a Global Economy*, Wortzel, H.V. and L. H. Wortzel, John Wiley and Sons, Inc., pp.22-45.

ZAHRA, S.A.; GEORGE G.G. e GARVIS D.M. (1999), *Networks and Entrepreneurship in Southeast Asia: The Role of Social Capital and Membership Commitment*, in *Business Networks in Asia, Promises, Doubts and Perspectives*, Richter, F., Westport, Quorum Books, pp.39-60.

ZAHRA, S.A.; IRELAND R. D. e HITT M. A. (2000), International Expansion by New Venture Firms: International Diversity, Mode of Market Entry, Technological Learning, and Performance, *Academy of Management Journal*, Vol. 43, N.º 5, pp.925-950.

Capítulo IV

Escolha dos países para onde internacionalizar

A primeira questão que se coloca às empresas, que iniciam um processo de internacionalização, é como escolher os países para onde as empresas se deverão expandir, como escolher o meio envolvente externo onde as empresas poderão operar com sucesso. A visão da maioria das empresas nessa situação, é encontrar um país ou países, onde possam vender os produtos ou serviços que produzem, em resumo para onde exportar. Para responder a esta questão, deveremos considerar algumas teorias do comportamento das exportações no processo de internacionalização, baseadas em diferentes pesquisas, que tentam explicar o processo de decisão da escolha de um mercado estrangeiro para exportar.

4.1. Modelos Sequenciais Estádio a Estádio

Andersen (1993) distingue entre o Modelo de Internacionalização de Uppsala (U-M), desenvolvido por Johanson e Wiedersheim-Paul (1975) e Johanson e Vahlne (1977), e o Modelo de Inovação-Internacionalização (I-M), desenvolvido por Bilkey e Tesar (1977), Cavusgil (1980, 1984), Cavusgil e Nevin (1980), Czinkota (1982), Reid, (1981, 1983).

Estes modelos têm uma abordagem a este comportamento semelhante e consideram a componente conhecimento experimental, como um factor decisivo no processo de internacionalização. Para Andersen (1993, p.216) o "Modelo-U com a sua ênfase na teoria do conhecimento é apresentado como um modelo dinâmico, enquanto o Modelo-I, retrata o processo de internacionalização como um desenvolvimento estádio a estádio".

O Modelo-U é assumido como válido, para empresas de qualquer dimensão, enquanto o Modelo-I, só pode se aplicado em pequenas empresas. Reid (1981) introduz uma distinção entre o processo de expansão nos mercados externos das pequenas e das grandes empresas, considerando que nas pequenas empresas, o comportamento exportador é muito influenciado pela personalidade de quem decide, enquanto nas grandes empresas, é sobretudo determinado pela estrutura. Também Cavusgil (1982) concluiu, que a forma sequencial do processo de internacionalização é principalmente apropriada para as pequenas empresas.

4.1.1. Modelo de Internacionalização Uppsala

O modelo da escola Uppsala, apresentado por Johanson e Wiedersheim-Paul (1975) e Johanson e Vahlne (1977) é teoricamente baseado na teoria de comportamento da empresa. Este modelo enfatiza o conhecimento, por exemplo, familiarização com a cultura nacional dos países estrangeiros, como uma força motora, por detrás do processo de internacionalização das empresas (Barkema, *et al.*, 1996).

O Modelo U considera dois aspectos;

A – O aumento de compromisso a um país, desenvolve-se através de quatro estádios sucessivos, que formam uma *"cadeia de estabelecimento"*, nomeadamente:

    1º Estádio – no início nenhuma actividade exportadora é realizada pela empresa,

2º Estádio – a empresa começa a exportar através de agentes ou representantes independentes,
3º Estádio – mais tarde, a empresa estabelece-se no estrangeiro, através de uma subsidiária de vendas,
4º Estádio – finalmente a empresa estabelece uma unidade de produção no país anfitrião.

B – As empresas movem-se para países distantes, só depois de terem estabelecido uma presença nos países próximos.

A evolução através destes quatro estádios representa um progressivo grau de envolvimento no mercado internacional. Johanson e Wierdersheim-Paul (1975) referem, que alguns passos, feitos fora do mercado interno, mas dentro da região geográfica da empresa, precedem o processo de internacionalização e que este processo é muitas vezes desenvolvido em pequenos passos.

Muitas empresas experimentam um grande grau de incerteza, quando operam internacionalmente e, para reduzir essa incerteza, relacionada com a necessária adaptação aos hábitos e práticas de negócio locais, preferências de clientes e estrutura de mercado, os passos sequenciais são pequenos.

As empresas, inicialmente escolhem países próximos e subsequentemente, irão entrar sucessivamente, em países com maiores distâncias, não só geográficas, mas também, psíquicas em termos de diferenças culturais, económicas e políticas.

Ao exportar primeiro, por exemplo, para países vizinhos, a empresa pode reduzir o risco percebido e a incerteza global de exportar. Citando Paliwoda (1993, p.30), "era expansão, mas dentro de uma região onde os valores da língua e cultura eram consistentes com os seus próprios", e ainda "a questão da expansão regional é afectada pela percepção pessoal, características individuais e experiência do decisor".

Johanson e Vahlne (1977) no desenvolvimento do Modelo Uppsala investigaram o estabelecimento sucessivo de operações no estrangeiro e concluíram que, a sequência temporal desses estabelecimentos, parece estar relacionada com a distância psíquica, entre o país da empresa e o país importador/anfitrião. A distância psíquica foi definida como a soma dos factores, que impedem o fluxo de informação, de e para o mercado, como exemplos, podem referir-se diferenças na língua, na educação, nas práticas de negócio, na cultura e no desenvolvimento industrial.

A distância psíquica de um mercado, é função da incerteza, que o mercado representa para a empresa que nele quer entrar, quanto mais psicologicamente distante estiver o mercado, maior a incerteza que a empresa tem de enfrentar (Liesch e Knight, 1999).

De acordo com a investigação de Bell (1995) a "distância psíquica" é um factor chave na selecção de um mercado de exportação, mas tornou-se muito menos relevante, à medida que, as comunicações globais e as infra-estruturas de transportes melhoraram e os mercados se tornaram cada vez mais homogéneos.

No Modelo-U, o processo de internacionalização é um processo contínuo de ajustamentos incrementais com duas palavras-chave: "conhecimento" e "compromisso" (Johanson e Vahlne, 1977, p. 26).

O conhecimento divide-se em conhecimento objectivo e conhecimento experimental. O conhecimento objectivo é obtido através da recolha e tratamento de informação, dentro de um projecto de pesquisa de mercado e o conhecimento experimental é o resultado de operações específicas no mercado e, não pode ser transferido entre empresas, por outras palavras, o conhecimento necessário pode principalmente ser obtido através da experiência no estrangeiro, no país alvo (Andersen, 1993).

O conhecimento integra dimensões implícitas e tácitas, em conjunto com as que são explícitas, e codificáveis, o conhecimento tácito é adquirido através de experiência e pode considerado um activo estratégico intangível (Tallman e Shenkar, 1994; Luo e Peng, 1999). Além disso, o conhecimento compreende, conhecimento geral quer dizer informação, no meio envolvente de negócios, e conhecimento localizado que se refere a informação, sobre a envolvente de negócios em determinados países específicos.

Algumas formas de conhecimento localizado, são praticamente impossíveis de internalizar através de um projecto de pesquisa, uma vez que objectivamente não podem ser adquiridas, são activos intangíveis enraizados localmente, e a sua obtenção resulta exclusivamente da experiência com operações locais, exemplos desse tipo de conhecimento são: as capacidades e a proficiência das empresas locais para negociar com os governos e comunidade de negócios locais, a sua habilidade para gerir a mão-de-obra local e a sua competência para entrar no mercado local e assim por diante.

Os Modelos VBR referem que, a vantagem competitiva da empresa depende da rapidez e eficiência da empresa em desenvolver ou adquirir conhecimento inimitável, e isto numa perspectiva localizada só é possível com experiência (Makino e Delios, 1996).

Experiência pode ser definida, quer como a intensidade da exposição ao meio envolvente de um determinado país anfitrião, isto é medido pela longevidade das operações de uma empresa nesse país, quer pela diversidade da exposição, avaliada pela diversidade de linhas de negócio desenvolvidas pela empresa no país em consideração.

O conceito de compromisso de marketing tem de considerar dois factores, o valor dos recursos comprometidos num mercado e o grau de compromisso. O grau de compromisso reflecte a decisão de desviar recursos de um mercado para outro.

Conhecimento e compromisso interagem em forma de espiral positiva, "conhecimento – compromisso – conhecimento". A obtenção de conhecimento de determinados mercados externos, leva à decisão de comprometer mais recursos a esses mercados, e o aumento de compromisso, habilita a empresa a continuar a obter um melhor conhecimento, que possibilita a decisão de comprometer mais recursos a esses mercados e assim por diante.

A falta de conhecimento é um obstáculo ao desenvolvimento dos mercados externos, através da falta de compromisso de recursos a esses mercados (Johanson e Vahlne, 1977). Assim, o conhecimento das oportunidades e riscos é assumidamente uma condição para iniciar a decisão, de comprometer recursos a esses mercados externos e a decisão de comprometer recursos a mercados no estrangeiro, é baseada no conhecimento acerca de aspectos relevantes do meio ambiente de negócios desses mercados.

A decisão de compromisso internacional deverá ser baseada em algumas razões para entrar nos mercados externos, na avaliação das oportunidades que se oferecem a essa empresa no meio envolvente internacional, *"vis-à-vis"* das capacidades da empresa, dos seus recursos próprios, assim como dos seus objectivos e filosofia.

É também essencial, realizar uma análise preliminar das várias escolhas possíveis como mercados alvo, estudando a atracção e o risco de cada uma delas, assim como o tipo e a dimensão do compromisso a ser realizado em cada um desses mercados.

O modelo de internacionalização de Johanson e Vahlne (1977) é ainda base para muitos trabalhos de pesquisa dentro deste paradigma, por exemplo Yip *et al.* (2000) apresentaram o seu próprio modelo que ficou conhecido pelo Modelo *"Way Station"*.

Este modelo considera 6 estádios para conseguir uma internacionalização bem sucedida. Primeiro, todas as empresas necessitam de estímulos para ir para o estrangeiro, podendo estes, ser vantagens competitivas próprias, seguir os movimentos de internacionalização dos concorrentes ou um mercado potencial maior. Mas a motivação não surge do nada, a empresa deve obter informação relevante que lhe indique quando se deve internacionalizar.

O estádio seguinte é realizar uma pesquisa de mercado, que enquadrada pelos objectivos da empresa, determine a selecção dos mercados estrangeiros onde entrar. A consideração mais relevante no estádio da selecção de mercados é a análise das características dos países, *vis-à-vis* das capacidades da empresa, a possibilidade de se gerarem sinergias e as características da procura no mercado externo. A atracção de um país, como mercado potencial para a empresa entrar, tem de ser contrabalançada com as capacidades da empresa, isto obriga a um estádio diferente na pesquisa de mercado. No modelo *"Way Station"*, a decisão de compromisso inclui três estádios na selecção do mercado, a selecção do modo de entrada, o planeamento de contingências e os problemas específicos do mercado do país onde entrar.

No último estádio, o modelo considera, a estratégia de compromisso de pós-entrada, isto inclui um acompanhamento cuidadoso da estratégia de competitividade, neste estádio, a questão é saber qual é a melhor estratégia? Yip *et al.* (2000, p.16) referem, que "diferentes estratégias podem ser apropriadas para diferentes meios envolventes, mas todas estas estratégias possíveis devem partilhar um compromisso importante" e "esse compromisso manifestar-se-á em vários aspectos da empresa: recursos humanos, estrutura da organização e estratégias de marketing".

Uma consideração importante deste modelo é a selecção do modo de entrada, que não foi analisada no modelo de Johanson e Vahlne´s Model (1977).

4.1.2. Modelo Inovação-Internacionalização versus Modelo Uppsala

Bilkey e Tesar (1977) pesquisaram o comportamento empírico de 6 exportadores de Wisconsin e introduziram algum desenvolvimento ao modelo de Johanson e Widersheim-Paul (1975), onde os sucessivos estádios representam um maior grau de envolvimento internacional.

Posteriores desenvolvimentos deste modelo foram também apresentados por Cavusgil (1980), Reid (1981) e Czinkota (1982), que conceberam modelos de desenvolvimento de exportação, que se sobrepunham aos anteriores, Fig. 4.1, regista-se uma análise comparativa das diferenças e semelhanças entre eles.

Figura 4.1 – Comparação de Modelos de Desenvolvimento da Exportação

Johanson e Wiedersheim-Paul 1975 Modelo - U	Bilkey e Tesar 1977 Modelo - I	Cavusgil 1980 Modelo - I	Czinkota 1982 Modelo - I	Reid 1981 Modelo - I
	Estádio 1 A gestão não está interessada na exportação	Estádio 1 Mercado Interno: A empresa vende só para o mercado interno	Estádio 1 Desinteresse completo da empresa	Estádio 1 Consciência da oportunidade de exportação, crescimento do interesse
Estádio 1 Não existem actividades regulares de exportação	Estádio 2 A gestão quer satisfazer as encomendas recebidas do estrangeiro, mas não faz esforço para explorar a viabilidade de uma exportação activa	Estádio 2 Fase de pré-exportação: A empresa procura informação e analisa a viabilidade de exportar	Estádio 2 Interesse parcial da empresa	Estádio 2 Intenção de exportar: motivação, atitude, credos e expectativas acerca da exportação
Estádio 2 Exportação via agentes no estrangeiro	Estádio 3 A gestão activamente estuda a viabilidade de uma exportação activa		Estádio 2 A empresa estuda o mercado	Estádio 3 Exportação experimental: experiência pessoal de exportação limitada
	Estádio 4 A empresa exporta numa base experimental para países psicologicamente perto	Estádio 3 Envolvimento experimental: a empresa começa a exportar numa base limitada para alguns países psicologicamente perto	Estádio 4 Exportador experimental	Estádio 4 Avaliação da exportação: resultados da actividade exportadora
Estádio 3 Estabelecimento de uma sucursal de vendas no estrangeiro	Estádio 5 A empresa é um exportador com experiência	Estádio 4 Envolvimento activo: Exportação para mais países novos – exportação directa – aumento no volume de vendas	Estádio 5 Pequeno exportador com experiência	Estádio 5 Aceitação da exportação: Adopção ou rejeição da exportação
	Estádio 6 A gestão explora a viabilidade de exportar para outros países psicologicamente distantes	Estádio 5 Envolvimento comprometido: A gestão constantemente faz escolhas na aplicação de recursos limitados entre o mercado interno e mercados estrangeiros	Estádio 6 Grande exportador com experiência	
Estádio 4 Estabelecimento de unidades de produção no estrangeiro				

Fonte: Ford I. D. Leonidou, L. C. (1991); Reid, (1981).

Os modelos de Inovação-Internacionalização de Bilkey e Tesar (1977), Cavusgil, (1980, 1984), Reid (1981, 1983) e Czinkota (1982) são modelos bem conhecidos por explicarem o processo de internacionalização através de uma perspectiva relacionada com a inovação, até porque a própria decisão de internacionalização é considerada por si só uma inovação na empresa.

O modelo de Inovação-Internacionalização é semelhante ao modelo Uppsala, e sugere que a "internacionalização resulta de uma série de inovações de gestão dentro da empresa, que evoluem como estádios de aprendizagem" (Liesch e Knight, 1999, p.384).

Ambos os modelos de estádios enfatizam que as empresas se tornam internacionais de uma forma lenta e incremental, como "círculos na água", o que pode ser devido à falta de conhecimento acerca dos mercados estrangeiros, alta aversão ao risco, alta percepção de incerteza ou factores semelhantes (Madson e Servais, 1997).

Basicamente é concluído que, o processo de internacionalização é um "processo gradual que ocorre por estádios "em vez de uma só decisão. O número de estádios e a sua caracterização, difere de modelo para modelo, mas todos estes modelos preocuparam-se apenas com a escolha de os países para onde exportar e ignoraram qualquer outro tipo de compromisso no mercado internacional. As principais diferenças entre modelos, são o número de estádios e a descrição de cada estádio, também os incentivos para iniciar a exportação são interpretados diferentemente. Bell (1995) chama a nossa atenção, para o facto das empresas dentro desta evolução gradual poderem acelerar o processo omitindo estádios.

4.1.3. Modelo do Processo de Internacionalização Incremental da Empresa

No modelo de Bilkey e Tesar (1977), o conceito de uma empresa exportar experimentalmente para alguns países psicologicamente próximos, é formalmente introduzido, e este conceito é depois retomado e desenvolvido, no modelo de Cavusgil e Nevin (1980), que referem que, as empresas precisam de estímulos para começar a sua actividade de exportação e identificam dois tipos de estímulos; externos e internos.

Estímulos externos ou razões orientadas pelo mercado surgem na forma de contactos inesperados com exportadores domésticos, importadores ou distribuidores estrangeiros, empresas *trading*, ou ao receber pedidos do estrangeiro. Estas empresas, que iniciam as suas actividades de exportação de uma forma passiva, normalmente começam por ter uma actividade internacional marginal e não consistente, e podem mais tarde ser motivadas a ter um envolvimento internacional activo.

A empresa começa então, a desenvolver uma organização sistemática para trabalhar as oportunidades de mercado e desenvolver uma estratégia de marketing orientada para a satisfação dos mercados internacionais que lhe permita a obtenção de lucros a longo prazo, investindo em recursos físicos, financeiros e de gestão, deixando assim, para trás, a simples realização de actividade exportadora baseada no aproveitamento de oportunidades de curto prazo. De acordo com Cavusgil (1976) estes estímulos externos representam cerca de 54-84% de todos os estímulos.

Sistematizando, várias razões para entrar nos mercados externos devem ser consideradas, como estímulos externos ou razões orientadas pelo mercado, nomeadamente;
* Pedidos recebidos de países estrangeiros,
* Saturação do mercado interno (seguir o Ciclo de Vida Internacional do Produto),
* Esvaziar a concorrência,
* Estratégia de crescimento do mercado – diversificação do mercado *versus* diversificação do produto.

Nas razões para internacionalização orientadas pelo mercado, Garcia (2000, pp.17-18), também enfatiza;
* Novos concorrentes estrangeiros no mercado interno,
* A emergência de novos mercados altamente atractivos,

* Seguir um cliente importante no seu processo de internacionalização.

Estas três razões são muito abrangentes e estão relacionadas sobretudo com a emergência dos BRICs e também, de mercados como, Taiwan, Singapura, México, Coreia do Sul, Indonésia, etc.

De facto, os mercados saturados dos países do mundo desenvolvido, obrigam as empresas com estratégias de crescimento, a olhar para os mercados emergentes em busca de oportunidades. Govindarajan (1999) dá disso um bom exemplo, referindo que o consumo anual *per capita* de papel nos EUA e na Europa Ocidental é cerca de 600 libras e na Índia e China é de 30 libras. Um fabricante de papel não pode ignorar, que se o consumo *per capita* nestes dois países, aumentar apenas de uma libra, nos próximos cinco anos a procura aumentará 2,2 bilião de libras, o que é um número enorme para ser perdido.

Outra importante razão para internacionalização, orientada pelo mercado, é encontrada pelas empresas que dependem de poucos compradores, como por exemplo no mercado industrial. Este tipo de empresas tem de praticar a estratégia de "seguir o cliente" e entrar em novos mercados, como resultado das estratégias de internacionalização dos seus clientes, e isto pode encorajar as empresas a começar a exportar, ou escolher mercados estrangeiros para a produção, assim como o modo de entrar nesses mercados.

Entre outros, pode ser mencionado, o caso da indústria dos moldes de plástico portuguesas, onde os compradores, principalmente os fabricantes de automóveis, estão a investir em fábricas na China, e isso nalguns casos irá obrigar as empresas portuguesas que querem manter os seus clientes, a produzir na China, para serem competitivas no mercado chinês para esses fornecimentos. Nesta linha, Maria Hèléne Antolín, directora do grupo espanhol Antolín, que produz componentes para automóveis, afirmava na IV Conferência Ibérica de Negócios Internacionais, que teve lugar em Burgos de 17 a 18 de Novembro, 2008, que "a empresa não se estava a deslocalizar, mas a seguir os clientes, porque era estrategicamente impensável, neste tipo de indústria, os fornecedores estarem a milhares de quilómetros de distância dos clientes".

Outras razões para ir para o estrangeiro deverão ser estudadas nos motivos relacionados com estímulos internos ou razões encontradas na própria empresa, factores como; competências de marketing, conhecimento dos mercados internacionais, orientação internacional da gestão, vantagens especiais das características da empresa, informação e características pessoais do gestor, motivações e aspirações dos decisores, podem dar um empurrão para a internacionalização da empresa.

Os estímulos internos ou razões da empresa podem ser sistematizados da seguinte forma;
* Objectivos da empresa, quota de mercado, ROI, período *pay back*,
* Custos de oportunidade (capital, trabalho, matérias-primas),
* Maior rendibilidade (margens maiores/ou maior procura),
* Aplicação de excesso de liquidez,
* Excesso de capacidade de produção,
* Garantia de fontes de abastecimento,
* Exposição ao risco,
* Integração a montante e a jusante para reduzir custos e aumentar o controlo.

Garcia (2000, p.17) chama a nossa atenção, para a importância de uma outra razão forte, para realizar um compromisso internacional, que é o estímulo interno constituído pelos;
* Incentivos do governo.

Neste estímulo particular, deveremos também lembrar, que Porter (1990, p.68) afirmava, que "as nações têm sucesso em indústrias onde as empresas domésticas são empurradas (ou encorajadas) a competir globalmente" e isso é principalmente feito pelos governos ou através de incentivos governamentais.

É também nas próprias empresas, que se encontram os principais impedimentos ao processo de internacionalização, Garcia (2000, pp.20-22) refere;
* Activos financeiros insuficientes,
* Falta de pacotes financeiros e créditos de exportação apropriados,
* Atitude de gestão negativa,
* Informação insuficiente para identificar oportunidades de mercado,
* Dificuldade da gestão em lidar com diferença cultural,
* Falta de conhecimento, experiência e contactos no mercado internacional,
* Falta de um meio envolvente de negócios competitivo no seu país,
* Falta de curva de experiência nos mercados internacionais,
* Falta de produtos aceites pelo mercado,
* Falta de dimensão.

Bradley (2002, p.58) concluiu, que "a pequena empresa normalmente tem menos conhecimento e informação acerca dos mercados do que as grandes empresas com actividades de estudos de mercado".

A dimensão da empresa é classicamente apontada como um obstáculo para ter sucesso no marketing internacional, porque as pequenas empresas têm menos conhecimento das potencialidades dos mercados externos, menos *"know-how"* para exportar e consideram os riscos e a exigências financeiras demasiado elevadas. Mas Bradley, também considera, que isso pode ser minorado, se a empresa está posicionada, num meio envolvente doméstico, favorável às empresas. Também defende, que as novas tecnologias de comunicação e transporte, a desregulamentação dos mercados externos e as características actuais dos mercados financeiros permitem que as pequenas empresas participem no mercado internacional.

Isto verifica-se particularmente entre as empresas de alta tecnologia, onde os custos de P&D, ciclos de vida do produto cada vez mais pequenos e o aumento mundial de produtos de alta tecnologia aceleram o ritmo da internacionalização.

Estímulos externos e internos justificam um compromisso progressivo aos mercados internacionais, desde a fase de pré--exportação, até compromissos de longo prazo nos mercados internacionais, como no "Modelo do Processo de Internacionalização Incremental de uma Empresa" de Cavusgil e Nevin (1980), detalhado na Fig. 4.2.

Figura 4.2 – Modelo do Processo de Internacionalização Incremental de uma Empresa

Determinantes externas e internas.	Características inibidoras da empresa. Barreiras de comportamento.	Estímulos externos: encomendas do exterior espontâneas, contactos com agentes e outros intermediários... Estímulos internos: objectivos da gestão, orientação internacional, vantagens competitivas e características da empresa...	Disponibilidade de recursos. Decisão de comprometer recursos. Expectativas baseadas na experiência.	Realização de *Marketing-mix* Constrangimentos no marketing international.
	↓	↓	↓	↓
Actividade crítica.	Venda somente no mercado interno.	Avaliação preliminar da viabilidade de exportação.	Trabalho sistemático da expansão da actividade de marketing internacional.	Compromisso de longo prazo nos mercados internacionais.
Fases no processo	Marketing doméstico	Envolvimento experimental	Envolvimento activo	Envolvimento comprometido

Fonte: *Cavusgil, S. T., e Nevin, J. R., (1980).*

Este modelo vê o desenvolvimento da "curva de experiência" da exportação, como sendo influenciada por estímulos "suscitados externamente", tais como: encomendas espontâneas ou "seguir o cliente" e por estímulos internos tais como: excesso de capacidade ou visão da gestão.

As diferenças, entre este modelo e os outros previamente analisados, são mais semânticas, do que reais na natureza do processo de internacionalização. A ênfase no processo de internacionalização, utilizando a aprendizagem pela experiência na introdução ao comportamento exportador, feito numa forma incremental por fases, parece ser a conclusão mais importante deste enquadramento teórico.

4.2. Abordagem Oportunística de Mercados *versus* Abordagem Sistematizada

Bradley (2002, p.155) refere, que "em vez de responder meramente às oportunidades dos mercados estrangeiros quando elas surgem, a empresa deve adaptar um procedimento sistemático, lógico, da selecção de mercado", ver Fig 4.3 e Fig. 4.4.

A evolução de uma abordagem oportunística para uma selecção sistemática dos mercados internacionais é uma possibilidade que ocorre muitas vezes na prática, permitindo à empresa obter o melhor das duas abordagens.

Figura 4.3 – Abordagem Oportunística dos Mercados Internacionais

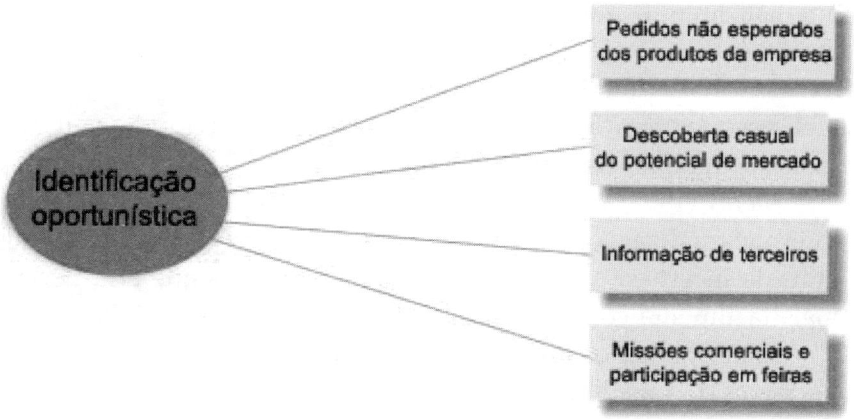

Fonte: *Bradley, (2002)*.

Figura 4.4 – Selecção Sistemática dos Mercados Internacionais

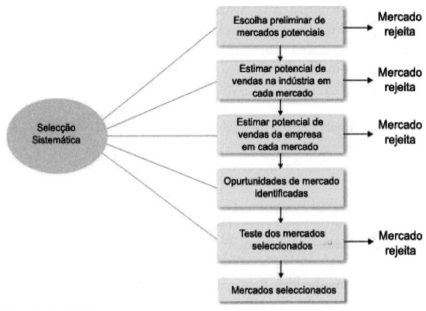

Fonte: *Bradley, (2002)*.

Luo e Peng (1999, p.386) concluíram, que as "PMEs podem conseguir resultados na internacionalização semelhantes aos que são tradicionalmente atribuídos às grandes empresas não por internalizarem os mercados externos mas por internalizarem informação sobre os mercados externos" e consequentemente, um dos recursos mais valiosos de uma empresa, é o conhecimento, que os seus gestores têm dos mercados externos, conclusão também retirada do trabalho de Liesch e Knight (1999).

Melin (1997) refere, que as empresas tendem a iniciar a sua internacionalização para mercados onde percebem um menor grau de incerteza, por outras palavras, mercados que elas podem mais facilmente conhecer, muitas vezes nos países vizinhos.

Então podemos afirmar, que um dos investimentos mais importantes a considerar é o custo de uma recolha sistematizada e tratamento de informação, assim como a aprendizagem através de desenvolvimento experimental acerca dos mercados externos.

O resultado do processo referido acima será uma pequena lista de mercados potencialmente atractivos, dos quais um ou dois irá ser escolhido pela empresa para entrar, em função da investigação desenvolvida. Isto é um processo dinâmico e um mercado não atractivo, pode passar a ser uma escolha muito boa com o tempo e a evolução da sua condição económica.

Também de acordo com Govindarajan e Gupta (2001, p.28), "ir atrás de um mercado estratégico sem capacidade para o explorar é geralmente uma via rápida para o desastre". Para identificar a "importância estratégica do mercado" eles referem-se à sua atracção presente e futura em termos de dimensão e oportunidades de aprendizagem, sendo a dimensão do mercado, a economia do país e a dimensão potencial do seu mercado, e por oportunidades de aprendizagem, o aumento dos padrões de competitividade da empresa e aprendizagem há cerca das necessidades futuras do mercado internacional.

A outra dimensão a considerar, é a "capacidade de explorar o mercado" e aqui eles consideram, que essa capacidade depende da altura das barreiras de entrada e da intensidade da concorrência no mercado. Nas barreiras de entrada, são consideradas não só, as limitações ao comércio e investimento, mas também, as distâncias geográficas, culturais e linguísticas.

Estas duas dimensões combinadas dão um outro enquadramento conceptual, que pode ser utilizado como uma orientação estratégica para abordar um mercado escolhido. Por exemplo, num mercado que se considera ter uma alta importância estratégica, mas difícil de explorar, é recomendada uma abordagem incremental de forma a fortalecer as necessárias capacidades e perícias, devendo a empresa, entrar primeiro num mercado porta de entrada, quer dizer um mercado perto e muito semelhante ao mercado alvo, mas com menor risco, que lhe permita aprender como entrar e gerir no mercado escolhido. Godindarajan e Gupta (2001, p. 30) referem como exemplos de mercados porta de entrada "Suíça ou Áustria para a Alemanha, Canada para os Estados Unidos e Hong Kong ou Taiwan para a China".

É recomendada a entrada rápida num mercado, que tenha uma elevada importância estratégica e que a empresa tenha alta capacidade para explorar, e deverá ser evitada a entrada em mercados que não são nem estratégicos nem fáceis de explorar. Uma entrada oportunística é chamada a entrada em mercados fáceis de explorar, mas com pouca importância estratégica.

4.2.1. Principais Critérios para a Escolha dos Mercados Estrangeiros

Na prática, supondo que a empresa ouviu falar do potencial de alguns mercados estrangeiros, em que poderá entrar, a questão que se coloca é como escolher entre eles? A metodologia da selecção sistemática proposta por Bradley (2002) poderá ser seguida, no entanto existem outras metodologias.

Por exemplo Becker e Thorelli (1980, p.7) sugerem a elaboração de uma lista de indicadores que ajudem a decidir da escolha de um país alvo para internacionalização, em que recomendam que sejam analisados elementos, como; meio envolvente internacional, meio envolvente local, cultura e negócios no país em análise, infra-estruturas de marketing, estrutura de mercado e análise da procura nesse país, e previsões financeiras, ver Anexo 1.

Como mencionamos antes, este processo é dinâmico e um mercado não atractivo, pode vir a ser uma escolha muito boa posteriormente, com a evolução dos indicadores acima referidos, pelo que se recomenda, que esta análise seja periodicamente actualizada.

Kotler (1994) apresentou três critérios principais, para facilitar o processo de decisão de escolher em que mercados entrar; a atracção do mercado, o risco e as vantagens competitivas.

A atracção do mercado de cada país pode ser avaliada por indicadores tais como: PIB *per capita*, taxa de crescimento do PIB, distribuição do rendimento, paridade do poder de compra, força de trabalho no sector de actividade, importação da maquinaria a ser instalada no sector, dimensão, densidade, distribuição e taxa de crescimento da população, estimativa do mercado real e potencial, desenvolvimento económico do país, política de substituição das importações, política económica do governo e as suas atitudes em relação aos empresários estrangeiros e regulamentos que se lhes aplicam, uma vez que os governos muitas vezes usam impostos e legislação para afastar as empresas estrangeiras, recursos físicos, natureza da actividade económica e características das infra-estruturas disponíveis do país.

Os factores geográficos, clima político e outros factores também influenciam a atracção de um país. Alguns países em particular podem ser escolhidos por preferências históricas, proximidade física ou por razões psicológicas ou culturais. Muitas empresas preferem vender em países vizinhos, porque elas percebem esses países melhor e, a proximidade permite um melhor custo de controlo.

Para outras empresas, a proximidade psicológica mais do que a física, determina as escolhas, a compatibilidade linguística e cultural, assim como os laços históricos, são muitas vezes mais importantes.

A atracção do mercado pelas oportunidades de exportação é muitas vezes determinada pelo papel do governo, principalmente nos países LDCs (Países Menos Desenvolvidos).

Um dos indicadores mais importantes do critério de atracção é o mercado potencial do país. As empresas preferem países que crescem muito rapidamente, onde quotas de mercado significativas podem ser alcançadas, e onde os consumidores não estão ainda muito fidelizados às marcas, situação que normalmente acontece na fase introdutória e de crescimento do CVIP, por exemplo os Japoneses preferem mercados que estão numa fase de evolução tecnológica e onde os consumidores ainda não estão satisfeitos.

Um esquema para fazer esta análise, utilizando a metodologia da teoria do CVPI, foi desenvolvido por Gillespie e Alden (1989), ver Fig. 2.11.

Figura 4.5 – Abordagem CVIP
– Oportunidades de Exportação para LDCs em Liberalização

Fase	Políticas do Governo	Características do Mercado	Oportunidades para os Exportadores Estrangeiros
Pré liberalização	Encorajamento da substituição de importações	Mercado de vendedores	Muito limitadas
	Restrições severas na importação de bens de consumo	Concorrência limitada	
	Possíveis limitações na produção de bens de consumo	Repressão da procura de consumo	
	Impostos altos no consumo e/ou rendimentos altos, desencorajamento do consumo de bens supérfluos.		
Liberalização	Maior encorajamento da iniciativa empresarial e concorrência	Maior disponibilidade de bens de consumo	Substancialmente aumentadas
	Encorajamento da orientação da produção para as exportações	Vasta escolha de produtos	
	Permissão de maiores disparidades de rendimentos	Aumento do consumo de bens de consumo	
Restrição Parcial	Restabelecimento de impostos altos, quotas e/ou diminuição do acesso às divisas estrangeiras	Crescimento do consumo lento	Ameaça de redução
	Restabelecimento da substituição da importação	Concorrência da produção local	Pode ser possível o acesso ao mercado via IDE

Fonte: *Gillespie e Alden (1989).*

Podemos dizer, que os LDC's numa fase de liberalização, são aqueles onde as oportunidades de exportação são maiores e assim, é maior a atracção desses países quando comparada com a de outros países também LDC's.

Ao avaliar os riscos de um país, duas espécies de riscos, muitas vezes interrelacionados, têm de ser analisados, o risco político e o risco económico. Agarwal e Ramaswami (1992) concluíram, que o risco de investimento num país anfitrião reflecte a incerteza das políticas governamentais e as condições económicas, que são críticas para a sobrevivência e rendibilidade das operações das empresas nesses países.

O risco político, resulta de acções tomadas pelos governos locais ou pelos seus populares, que podem destruir ou por qualquer forma danificar os activos das empresas e a recuperação do investimento, as políticas governamentais mais dramáticas que podem acontecer, são as limitações de actividade no país e as expropriações. O risco político, também inclui o risco do governo anfitrião interferir na repatriação dos lucros e o controlo de bens estrangeiros.

Os riscos económicos são muitas vezes verificados em países com problemas económicos estruturais, muito dependentes de um número restrito de actividades económicas e mercados, facilmente sofrendo de crises económicas, depreciação da moeda e conflitos laborais.

O terceiro critério normalmente usado é a avaliação do potencial das vantagens competitivas da empresa no mercado mundial. Em cada país alvo, deverá em particular, ser considerado o desempenho dos negócios da empresa nesse país, e os seus relacionamentos de negócios no mercado.

Uma empresa pode ter uma vantagem competitiva, porque tem uma liderança de custos, ter uma posição de baixo custo permite à empresa obter retornos acima da média na indústria apesar de poderem existir forças competitivas fortes.

Outra vantagem estratégica, que uma empresa pode ter no mercado mundial e potencialmente num país particular, é a diferenciação do produto ou serviço, é dispor de uma oferta que possa ser reconhecida pelos consumidores desse país como sendo especial. As maneiras de obter essa diferenciação são muitas, através do design e imagem de marca, tecnologia *state-of-art*, atributos especiais, serviços ao cliente, controlo dos canais de distribuição.

Se uma empresa, não tem vantagens competitivas em liderança de custos ou diferenciação do produto, pode sempre procurar fornecer um grupo particular de clientes com características especiais, segmentando a linha de produto ou focalizando-se numa área geográfica específica.

Estes três critérios podem ser trabalhados com índices e pesos e combinados, de forma a construir uma matriz de análise comparativa. As melhores escolhas recairão na escolha dos países com as mais altas taxas de atracção de mercado, os níveis de risco mais baixos e onde a empresa tenha vantagens competitivas mais elevadas.

Tendo feito uma selecção de países onde entrar, escolhendo aqueles que são mais atractivos e menos arriscados e onde a empresa tem boas vantagens competitivas, uma decisão de entrada no mercado deverá ser feita, ponderando o previsível potencial de mercado com a força dos concorrentes, para isso auditorias de competitividade têm de ser realizadas.

Os resultados dessas auditorias serão confrontados com as previsões do potencial de mercado, indicando a quota de mercado que a empresa pode esperar alcançar e ajudando quem decide a avaliar se um determinado país oferece uma boa oportunidade de entrada, de acordo com os objectivos fixados pela empresa.

Outra abordagem metodológica para escolher os mercados onde entrar é baseada no trabalho de Dunning (1988), que estudou entre 1970 e 1990, que variáveis influenciavam as escolhas para a localização das actividades de valor acrescentado das EMNs. Peng (2006) prosseguiu essa análise, tendo estudado as vantagens específicas locais, que constituem factores de atracção para uma empresa escolher um mercado onde entrar, como por exemplo a existência de características geográficas únicas, como são os casos de Miami, Hong Kong, Dubai, Singapura, a existência de um cluster de actividades económicas, com conhecimento de um determinado sector empresarial, com sinergias entre empresas, força de trabalho qualificada e experiente, *network* de fornecedores e clientes, a existência de integração económica em grandes blocos regionais, zonas de comércio livre, zonas de mercado comum etc.

A escolha será feita em função dos objectivos estratégicos da empresa, mais precisamente daquilo que a empresa procura no mercado externo, que podemos tipificar em procura de matérias-primas, procura de mercado, procura de eficiência e procura de inovação, ver Fig. 4.6.

Figura 4.6 – Procura de Vantagens Específicas Locais

Objectivos estratégicos	Vantagens específicas locais	Exemplos
Procura de matérias primas	Posse de recursos naturais e infra-estruturas de transportes e comunicação	Petróleo em Angola, Rússia e Médio Oriente Bananas na América Central
Procura de mercado	Abundância de uma procura de mercado forte e consumidores com disponibilidade para comprar.	Marisco no Japão, barbatanas de tubarão em Hong Kong, bacalhau em Portugal
Procura de eficiência	Economias de escala e abundância de factores de produção de baixo custo.	Fabrico na China, IT na Índia
Procura de inovação	Abundância de empresas, universidades e indivíduos inovadores.	IT em Silicom Valey e Índia, serviços financeiros em Nova Iorque, Londres, Hong Kong, cosméticos em França, químicos na Alemanha

Fonte: *Dunning (1998); Peng, (2006).*

4.3. Escolha de Países com Economias em Transição. Importância do Conhecimento Experimental

Este conceito é particularmente importante quando estudamos a entrada em mercados de países com economias em transição, de um sistema económico planeado centralmente para um sistema de economia de mercado, como por exemplo entre outras, as economias da China, Índia, Angola, Rússia e Países da Europa de Leste, que oferecem mercados emergentes com grande potencial de crescimento.

A experiência possibilita o conhecimento específico do país e esse conhecimento melhora o desempenho das operações da empresa nesse país, e esta correlação positiva é ainda maior, quando se está em presença de um meio envolvente hostil e dinâmico.

Estas economias em transição são caracterizadas por mercados fragmentados, formas de organização pouco conhecidas, regulamentação inconsistente e pouco transparente e, apresentam meios envolventes altamente turbulentos, o que torna a expansão internacional para esses países mais difícil e a necessitar de maiores esforços em aprendizagem organizacional. Tornando, a intensidade das operações nesses países, um factor crítico de sucesso, como referem Luo e Peng (1999, p.273), "uma longa presença numa economia em transição como a China, muitas vezes resulta numa imagem favorável percebida pelos clientes, fornecedores, concorrentes e governos locais".

Neste tipo de meio envolvente, as empresas que têm uma elevada intensidade de experiência, terão provavelmente um desempenho superior, porque aquelas que permanecem mais tempo têm mais oportunidades para cultivar fortes relacionamentos com a comunidade de negócios e com as entidades governamentais locais, uma vez que o meio envolvente cultural destes países é orientado pelo grupo, requerendo bons relacionamentos e a aceitação de um grupo influente para obter sucesso nos negócios.

Achrol (1991, p.77) previu que o meio envolvente macroeconómico mundial será muito provavelmente caracterizado por, "improcedentes níveis de diversidade, conhecimento, riqueza e turbulência". Meios envolventes turbulentos com fracos regimes jurídicos, infra-estruturas de marketing pouco desenvolvidas e direitos de protecção de propriedade pobres, são tipicamente hostis. A experiência nestas condições de ambiente de negócios é ainda mais importante, porque essa experiência permitirá à empresa ultrapassar as incertezas, e portanto o efeito da experiência no desempenho será ainda mais forte.

O dinamismo é uma dimensão importante nestas economias em transição, uma vez que um meio envolvente dinâmico oferece às empresas mais oportunidades de exploração de novos negócios e isso requer conhecimento experimental. A experiência num meio envolvente dinâmico aumenta a capacidade da empresa detectar, analisar e aproveitar oportunidades no meio envolvente externo e isso contribui para um melhor desempenho. A experiência neste tipo de meio envolvente provavelmente irá contribuir para a sobrevivência e crescimento da empresa.

A complexidade das economias em transição é outra dimensão crítica do meio envolvente, porque determina a diversidade dos segmentos de mercado e a heterogeneidade dentro de cada segmento.

A experiência de uma empresa, num meio envolvente altamente complexo, constitui conhecimento tácito, que não pode facilmente ser aprendido ou imitado pelos concorrentes. Uma presença crescente nos mercados internacionais pode ser atribuída ao conhecimento acumulado da empresa em mercados de países específicos, que é chamada conhecimento experimental. Este tipo de conhecimento é "um recurso crítico uma vez que, o conhecimento necessário para operar em qualquer país, não pode ser adquirido facilmente" (Barkema *et al.* 1996, p.153).

Pode concluir-se, que o conhecimento experimental acumulado, ajuda a empresa, a reduzir as incerteza operacionais e, como resultado contribui para um melhor desempenho, e ele actua como uma força orientadora por detrás do desempenho da expansão internacional, porque esse conhecimento não pode ser facilmente obtido, (Makino e Delios, 1996; Luo e Peng, 1999).

Conhecimento e experiência são activos específicos próprios e os estudos de Dunning (1988) encontraram uma correlação positiva entre activos específicos próprios e o sucesso empresarial.

Estas conclusões são também consistentes com o modelo Uppsala para o processo de internacionalização e com a mais recente teoria VBR, que coloca ênfase no conhecimento e nas capacidades de aprendizagem da empresa.

4.4. Selecção de Mercados Estrangeiros e os *Networks*

Em vez de abordar a internacionalização, como um processo incremental entre a empresa e o mercado internacional, a teoria *network* foca o relacionamento entre empresas independentes de países diferentes, esse tipo de relacionamentos muitas vezes precisa de tempo para se estabelecer e desenvolver, especialmente nos relacionamentos com empresas de países orientados pelo longo prazo e, o desenvolvimento da confiança mútua e o conhecimento recíproco implicam alto grau de conectividade e compromisso, entre os diferentes actores (Johanson e Mattsson 1988; Madsen e Servais, 1997).

A teoria *network*, não implica necessariamente a recusa da noção de distância psíquica ou desafia a visões existentes sobre a natureza incremental da internacionalização, no entanto, sugere que todo o processo é muito mais complexo e menos estruturado, que os modelos anteriores (Bell, 1995). A criação e o desenvolvimento de *network*s de negócios internacionais é um acto voluntário, que assenta na confiança entre parceiros e depende da sua habilidade e vontade para coordenar actividades em países diferentes, diminuindo a distância psíquica.

Os *networks* são mais adaptáveis e flexíveis, porque trabalham numa rede larga de relacionamentos interpessoais, densos, entre os seus membros com diferentes bases de conhecimentos, cada um deles, transmite informações novas e diferentes e para o *network* no seu conjunto, isso quer dizer, superior assimilação de conhecimento.

De acordo com Coviello e Munro (1995, p.57), a internacionalização é largamente orientada pelos relacionamentos em *network* e eles têm muita influência, quer em termos de selecção de um mercado, quer em termos do modo de entrada e são percebidos como veículos importantes, para "ter acesso ao conhecimento do mercado local, aos canais de distribuição assim como para reduzir os custos de entrada no mercado, riscos e tempo".

Ao participar em *networks* internacionais, as PMEs criam condições de fluxos de informação e conhecimento, que as ajuda a acelerar a sua curva de experiência internacional. Se uma empresa não possui as capacidades e recursos para enfrentar os novos desafios globais, a cooperação estratégica é, muitas vezes, uma forma de ultrapassar os problemas de internacionalização associados à dimensão da empresa. Os *networks* são considerados fontes chave de informação para as PMEs, que ajudam a acelerar a curva de aprendizagem internacional das empresas.

De acordo com a perspectiva *network*, o processo de internacionalização, exige que a empresa crie e desenvolva posições em *networks* nos mercados externos. Isto pode ser feito de várias maneiras, nomeadamente, ao seguir a expansão internacional dos *networks* baseados no país ou ao estabelecer relacionamentos com parceiros em países que são novos para a empresa (extensão internacional). Nesta óptica, a escolha de mercados é feita, em função dos relacionamentos, que foi possível estabelecer, mormente, em função dos já existentes domesticamente. O desenvolvimento da expansão internacional, pode ser feita pelo reforço do compromisso em *networks* no estrangeiro, onde a empresa já tem uma posição (penetração internacional) e também, aumentando a coordenação das suas posições em *networks* em diferentes países (integração internacional), (Johanson e Mattsson, 1988; Axelsson e Johanson, 1992).

Uma abordagem de um mercado externo via *network* pode ajudar a empresa a aproveitar as novas oportunidades, aprender com as experiências e beneficiar dos efeitos de sinergia dos seus parceiros de *network*.

Bibliografia

ACHROL, R.S. (1991), Evolution of the Marketing Organization: New Forms for Turbulent Environments, *Journal of Marketing*, Vol. 55 (October), pp. 77-93.

AGARWAL, S. e RAMASWAMI S.N. (1992), Choice of Foreign Market Entry Mode: Impact of Ownership Location and Internationalization Factors, *Journal of International Business Studies*, Vol. 23 (1), pp.1-27.

ANDERSEN, O. (1993), On the Internationalization Process of Firms. A Critical Analysis, *Journal of International Business Studies*, 24 (2), pp.209-232.

AXELSSON, B. e JOHANSON J. (1992), *Foreign Market Entry: the Text View vs the Network View*, in *Industrial Networks. A New View of Reality*, Axelsson, B and G. Easton, London Routledge, pp.218-34.

BARKEMAN, H.G.; BELL J.H.J. e PENNING, J.M. (1996), Foreign Entry, Cultural Barriers and Learning, *Strategic Management Journal*, Vol. 17, pp.151-166.

BECKER, H. e THORELLI, H. (1980), *Strategic Planning in International Marketing*, Pergamon Policy Studies, pp.5-6.

BELL, J. (1995), The Internationalization of Small Computer Software Firms; A Further Challenge to "Stage", Theories, *European Journal of Marketing*, Vol. 29, Nº 8, pp.60-75.

BILKEY e TESAR G. (1977), The Export Behavior of Smaller Sized Wisconsin Manufacturing Firms. *Journal of International Business Studies*, 8(1), pp.93-98.

BRADLEY, F. (2002), *International Marketing Strategy* 4th, FT Prentice Hall.

CAVUSGIL, S.T. (1976), *Organizational Determinants of Firm's Export Behaviors, an Empirical Analysis*, Ph.D. Dissertation, the University of Wisconsin.

CAVUSGIL, S.T. (1980), On the Internationalization Process of Firms, *European Research Journal*, 8 (November), pp.273-81.

CAVUSGIL, S.T. (1982), *Some Observations on the Relevance of Critical Variables of Internationalization Stages, Export Management: An International Context*, New York, Praeger.

CAVUSGIL, S.T. (1984), Organizational Characteristics Associated with Export Activity, *Journal of Management Studies*, 21 (1), pp.3-22.

CAVUSGIL, S.T. e NEVIN, Jr. (1980), *Conceptualizations of the Initial Involvement in International Marketing, in Theoretical Developments in Marketing*, American Marketing Association, Phoenix, April.

COVIELLO, N.E. e MUNRO H.J. (1995), Growing the Entrepreneurial Firm: Networking for International Market Development, *European Journal of Marketing*, Vol. 29, Nº 7, pp.49-61.

CZINKOTA, R.M. (1982), *Export Development Strategies: Us Promotion Policies*, New York Praeger.

DUNNING, J.H. (1988), The Eclectic Paradigm of International Production, a Restatement and Some Possible Extensions, *Journal of International Business Studies*, Spring, pp.1-31.

DUNNING, J.H. (1998), Location and the Multinational Enterprise: A Negleted Factor?, *Journal of International Business Studies*, 29 (1st Quarter), pp.45-66.

FORD, I.D. e LEONIDOU, L.C. (1991), *Research Developments in International Marketing: A European Perspective*, in Stanley J. Paliwoda News Perspectives on International Marketing, Routledge, London.

GARCIA, C.R. (2000), *Marketing International* 3rd, ESIC.

GILLESPIE K. e ALDEN D. (1989), Consumer Product Export Opportunities to Liberalizing LCD's, *Journal of International Business Studies*. Spring, pp.93-112.

GOVINDARAJAN, V. (1999), *Note on the Global Paper Industry*, Tuck School of Business Administration, Dorthmouth College.

GOVINDARAJAN, V. e GUPTA A. (2001), The Quest for Global Dominance, Jossey Bass.

JOHANSON, J. e WIEDERSHEIM-PAUL F. (1975) The Internationalization of the Firm-Four Swedish Cases, *Journal of Management Studies*, 12(3), pp.305-22.

JOHANSON, J. e VAHLNE J.E. (1977), The Internationalization Process of the Firm-a Model of Knowledge Development and Increasing Foreign Market Commitments, *Journal of International Business Studies*, 8(1), pp.23-32.

JOHANSON, J. e MATTSSON L.G. (1988), *Internationalization in Industrial Systems: A Network Approach*, in Strategies in Global Competition, N Hood & J.E. Vahlne, New York; Croom Helm, pp.287-314.

Kotler, P. (1994), *Marketing Management* 8th, Prentice-Hall Series in Marketing, Prentice-Hall International Inc.

Liesch, P.W. e Knight G.A. (1999), Information Internationalization and Hurdle Rates in Small and Medium Enterprise Internationalization, *Journal of International Business Studies, 30(2)*, pp.383-394.

Luo, Y. e Peng M. W. (1999), Learning to Compete in a Transition Economy: Experience, Environment, and Performance, *Journal of International Business Studies*, Vol. 30, (2), pp.269-295.

Madsen, T.K. e Servais, P. (1997), The Internationalization of Born Globals: an Evolutionary Process? *International Business Review*, Vol.6, Nº 6, pp.561-583.

Makino, S. e Delios A. (1996), Local Knowledge and Performance Implications for Alliance Formation in Asia, *Journal of International Business Studies*, Special Issue, pp.905-927.

Melin, L. (1997), *Internationalization as a Strategy Process, in Strategic Management in a Global Economy*, Wortzel, H.V. and L. H. Wortzel, John Wiley and Sons, Inc., pp.72-93.

Paliwoda, S. (1993), *International Marketing* 2nd, Oxford: Butterworth-Heinemann Asia.

Peng, M.W. (2006), *Global Strategy*, South-Western, Thomson Learning.

Reid, S. (1981), The Decision-Maker and Export Entry and Expansion, *Journal of International Business Studies*, fall, pp.101-12.

Reid, S. (1983), Firm Internationalization, Transaction costs and Strategic Choice, *International Marketing Review*, 1(2), pp.44-56.

Tallman, S., e Shenkar O. (1994), A Managerial Decision Model of International Cooperative Venture Formation, *Journal of International Business Studies*, Fist Quarter, pp.91-113.

Yip, G.S.; Biscarri, J.G. e Monti J.A. (2000), The Role of The Internationalization Process in the Performance of Newly International Marketing, *Journal of International Marketing*, Vol. 8, Nº 3, pp.10-35.

ANEXO I

Check List para Selecção do Mercado X

A – Meio Envolvente Internacional
* Relacionamento entre o país de origem e o país X
* Barreiras alfandegárias no país X
* Barreiras não alfandegárias no país X
* Estabilidade cambial e controlo cambial no país X
* Custos de transporte

B – Meio Envolvente Local no País X
* Estabilidade governamental
* Previsibilidade das políticas públicas
* Desenvolvimento económico, taxa de crescimento, políticas de desenvolvimento
* Sensibilidade aos ciclos de negócios, taxa de inflação
* Controlos governamentais e legislação
* Regulação das práticas de concorrência, aplicação de legislação *antitrust*
* Instituições de marketing do governo
* Saúde e segurança
* Exigências de rotulagem do produto, estandardização e informação ao consumidor

C – Cultura de Negócios no País X
* Filosofia de concorrência e cooperação
* Existência de cartelização
* Respeito pelos contratos
* Ética de negócios

D – Infra-estruturas de Marketing
* Disponibilidade e credibilidade de informação

* Agências de pesquisa de mercado
* *Media*
* Grau de literacia
* Agências de publicidade
* Facilidades de armazenagem pública
* Cobertura e credibilidade dos sistemas de correios e telefones
* Rede transportes e custos

E – Estrutura de Mercado e Análise da Procura no País X
* Comportamento consumidor (padrões de compra e utilização, padrões de significado simbólico, estilos de vida, distribuição das despesas nos lares)
* Distribuidores e margens
* Nível de preços
* Variedade de produtos
* Concorrentes por dimensão e tipo
* Estratégias da concorrência
* Concorrência potencial
* Fase local do ciclo de vida do produto
* Potencial do mercado a curto e longo prazo

F – Previsões Financeiras
* Curto prazo
* Necessidades de investimento
* Previsão do volume de vendas
* Rendibilidade estimada, retorno do investimento
* Longo prazo

Fonte: *Becker e Thorelli (1980), p. 7.*

Capítulo V

Como entrar nos mercados externos?

5.1. Escolha dos Modos de Entrada

Depois da decisão de internacionalizar e da escolha dos mercados onde entrar, as empresas enfrentam outra importante decisão estratégica, a selecção do modo de entrada mais apropriado. Esta é uma decisão crítica, uma vez que o modo de entrada inicialmente escolhido afecta significativamente o desempenho e a longitividade das operações da empresa nesse mercado.

A análise de trabalhos de pesquisa existente sobre este tema, sugere que a escolha do modo de entrar num mercado, deve ser baseada nos *trade-offs* entre riscos e retornos, citando Agarwal e Ramaswami (1992, p.3), "espera-se que uma empresa escolha um modo de entrada que ofereça o retorno mais alto do investimento em função do risco".

A evidência comportamental indica que, as escolhas das empresas podem também, ser determinadas pela disponibilidade de recursos e pela necessidade de controlo, o que é consistente com certa teorização, que incorpora o modo de entrada em modelos conceptuais unificados. Por exemplo, o modelo de Hill *et al.* (1990) identifica variáveis do meio envolvente, variáveis transaccionais e variáveis estratégicas, como grupos latos de variáveis, que influenciam as escolhas dos modos de entrada.

De acordo com este modelo, as variáveis do meio envolvente, influenciam o modo de entrada, através do seu impacto no compromisso de recursos, as variáveis transaccionais, influenciam o modo de entrada, através do seu impacto na exposição ao risco e as variáveis estratégicas, influenciam o modo de entrada, através das necessidades de controlo da empresa. O modelo representa uma visão contingencial do modo de entrada e conceptualiza a optimização das escolhas possíveis, como uma resposta pela empresa, à interacção entre a classificação do produto e suas características, o meio envolvente externo e o meio envolvente organizacional.

Sumariamente, a selecção do modo de entrada depende, das características dos produtos e serviços que vão ser internacionalizados, do meio envolvente para onde vão, das variáveis de transacção envolvidas e da estratégia da empresa.

A assunção básica da visão contingencial, é que não existe, um universo de escolhas óptimo para as empresas, mas que, a estratégia óptima está sujeita a certas condições da organização e do meio envolvente. Nesta perspectiva, temos de considerar os factores responsáveis por diferenças nos resultados das estratégias, como variáveis contingenciais, que justificam as variações na escolha dos modos de entrada.

A entrada num mercado, é um problema clássico de estratégia, nos modelos de NI, e a escolha do modo de entrada, uma preocupação de pesquisa chave, tendo em consideração a heterogeneidade dos recursos da empresa (Peng, 2001). Além disso, a estratégia de entrada de uma empresa num mercado não pode ser vista isoladamente, antes deve ter sempre em consideração, o posicionamento que a empresa pretende obter no mercado e portanto a estratégia total da empresa.

A teoria VBR defende, que a escolha do modo de entrada num mercado, pode não ser só determinada pelas vantagens específicas da empresa, mas também, pela perspectiva da empresa poder internalizar recursos e capacidades, num mercado estrangeiro, através de determinado modo de entrada, por exemplo IDE e alianças estratégicas. Esta teoria chama também a atenção, para um processo longitudinal dinâmico, no qual múltiplas entradas podem acontecer, cada uma delas construindo capacidades para o futuro e apreendendo das experiências anteriores.

5.2. Principais Modos de Entrada

Num sentido lato, Bradley (2002) refere três conjuntos de modos de entrada principais: exportação (indirecta, directa), alianças estratégicas (licenciamento, *franchising*, *joint ventures*) e investimento directo estrangeiro (empresas novas, aquisições).

O modo de entrada reflecte o grau de compromisso nos mercados internacionais e o aumento deste compromisso, num processo progressivo, dinâmico, culmina no grau máximo de compromisso internacional e portanto de internacionalização, que é a presença das empresas nos mercados internacionais na forma de investimento directo estrangeiro (IDE).

Compromisso de recursos, quer dizer, dedicar a um processo ou actividade, activos, que não podem voltar a ser utilizados, sem custos, a outras aplicações alternativas, estes activos podem ser tangíveis, como fábricas ou intangíveis como conhecimento da gestão.

Kotler e Keller (2006, p.674) sumarizaram o grau de compromisso, em cinco modos de entrada nos mercados externos, estando estes positivamente correlacionados com o aumento de risco, controlo e potencial de lucro, ver Fig. 5.1.

Figura 5.1 – Cinco Modos de Entrada nos Mercados Estrangeiros

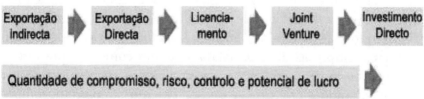

Fonte: *Kotler e Keller (2006)*.

Os modelos de internacionalização por fases, ou estádios, sugerem um padrão evolucionário na expansão internacional das empresas, normalmente seguindo um contínuo, desde a exportação indirecta até ao investimento estrangeiro, mas como vimos antes, as empresas podem omitir fases para acelerar o processo.

O efeito combinado do potencial de mercado e o risco de investimento dão uma indicação do modo de entrada a seguir, se a combinação é baixo potencial/alto risco, a recomendação, é que não se deverá escolher esse mercado para entrar.

Mas se a recomendação é entrar, as empresas variam muito na sua preferência pelos modos de entrada a utilizar, algumas preferem exportar, uma vez que os riscos não são tão elevados. A exportação é apropriada em situações em que se considera o compromisso de poucos recursos e em que se pretende uma operação internacional com baixo risco e baixo controlo, existem no entanto empresas, que preferem entrar num mercado via licenciamento, porque o retorno pode ser fácil sem grande investimento, mas quando as empresas, pretendem ter o controlo completo da operação, só o investimento directo estrangeiro pode proporcionar isso.

Contudo, não é fácil, a decisão da escolha do modo de entrada, quando o país tem um alto potencial de mercado e ao mesmo tempo se caracteriza por altos riscos de investimento. As empresas podem escolher exportar ou criar *joint ventures*, porque estes modos de entrada, possibilitam a diminuição dos riscos no acesso a esse tipo de mercados (Agarwal e Ramaswami, 1992).

Liesch e Knight (1999, p.385) também referem, que com "o papel crescente dos *networks* globais, o negócio internacional, hoje em dia, está altamente facilitado através de parcerias com distribuidores estrangeiros, empresas *trading*, fabricantes complementares, empresas de especialidade, assim como compradores e vendedores tradicionais". Mas essas alianças estratégicas só são usadas, quando a empresa se decide por um maior compromisso de recursos, quer desenvolver operações mais arriscadas e sente que tem capacidade estrutural de controlo.

Por controlo entende-se a necessidade da empresa influenciar sistemas, métodos e decisões, num mercado específico, isto quer dizer, autoridade para influenciar ou dirigir actividades ou operações no estrangeiro e tomar decisões operacionais ou estratégicas, (Hill, *et al.*, 1990), e isso pode ser, por si só, o factor mais importante na determinação do risco e do retorno (Anderson e Gatignon, 1986).

O controlo é considerado importante para melhorar a posição competitiva da empresa e maximizar o retorno do investimento. Elevado controlo operacional resulta da maioria de capital nas operações desenvolvidas nos mercados externos, mas isto significa que os riscos são também elevados, devido ao assumir das responsabilidades pelas decisões tomadas e a um maior compromisso de recursos.

Hill *et al.* (1990) referem quatro tipos de riscos referentes aos países, que têm um impacto significativo na decisão de entrada das empresas, riscos de instabilidade do sistema político, possibilidade de expropriação ou intervenção do governo, riscos relativos à posse e controlo das empresas, riscos operacionais como o controlo governamental dos preços, práticas e regulamentos locais, tais como não convertibilidade da moeda, repatriação de lucros, etc. Além dos riscos referidos, a sua pesquisa, também chama a nossa atenção, para os riscos disseminados inerentes a alguns modos de entrada, como licenciamento ou *joint venture*.

Ao falarem em riscos disseminados estão a referir-se ao risco, que as vantagens específicas das empresas, em conhecimento, sejam apropriadas pelo licenciado ou pelo parceiro de *joint venture*. Conhecimento tecnológico e marketing constituem a base das vantagens específicas de muitas empresas no mercado internacional, a disseminação deste conhecimento, apagará estas vantagens.

O IDE em novas empresas ou aquisições só deverá ser considerado, quando a empresa está pronta, para comprometer elevados recursos, aceitar riscos mais elevados e alargar a sua capacidade de controlo, ver Fig. 5.2.

Figura 5.2 – Entrada no Mercado Estrangeiro, Risco, Recursos e Controlo

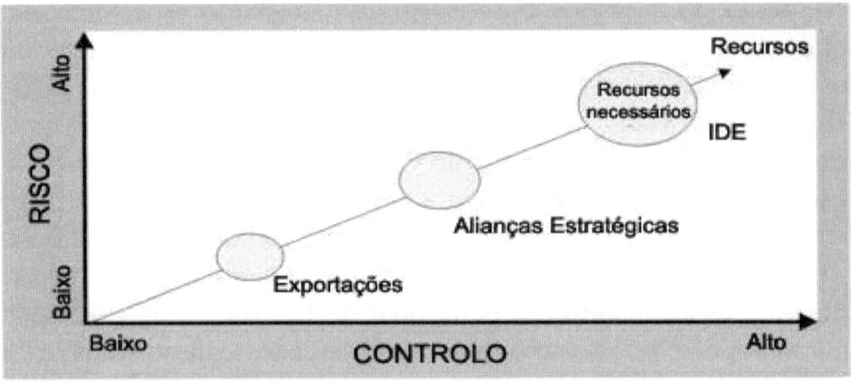

Fonte: *Bradley (2002)*.

Como referido, a escolha do modo de entrada, é feita principalmente em função, dos recursos a comprometer, o controlo desejado, o nível de risco que a empresa pode aceitar e o objectivo de lucro. A decisão de escolha do modo de entrada é muitas vezes um compromisso entre os referidos atributos.

Terpstra e Sarathy (2000) consideram dois grupos de métodos alternativos de entrada num mercado estrangeiro, um baseado na produção no país de origem da empresa e outro baseado em fontes de produção no estrangeiro ver Fig.5.3.

Figura 5.3 – Métodos Alternativos de Modos de Entrada no Mercado Estrangeiro

A- Produção no País	e/ou	B- Produção no Estrangeiro
Exportação Indirecta		Contratos de Produção
Empresa *Trading*		Licenciamento
Empresa de Gestão de Exportação		Montagem
Piggyback		Joint Venture
Exportação Directa		IDE -100% de Propriedade
Distribuidor Estrangeiro		
Agente		
Subsidiária de Vendas e ou Marketing no Estrangeiro		

Fonte: *Terpstra, e Sarathy (2000)*.

5.2.1. Modos de Entrada Baseados na Produção no País de Origem da Empresa

A – Exportação Indirecta

Muitas empresas envolvem-se nos mercados estrangeiros através de exportações ocasionais, o que é considerado uma atitude passiva relativamente à internacionalização e consubstancia uma actividade exportadora indirecta. Nesta fase, as empresas não fazem qualquer esforço para explorar os mercados externos, a actividade exportadora é realizada em resposta a pedidos inesperados de empresas no estrangeiro, ou a solicitações de empresas domésticas que trabalham activamente os negócios internacionais (Gençtürk e Kotabe, 2001).

Considerando que, entrar nos mercados externos, requer uma grande quantidade de conhecimento, empresas sem esse conhecimento, especialmente as empresas mais pequenas, são tipicamente referidas, pela pouca probabilidade de desenvolverem entradas activas no mercado (Liesch e Knight, 1999).

Mas trabalhos recentes, sugerem que isso pode não ser necessariamente o caso, considerando que, os recursos críticos para entrar nos mercados externos, baseados no conhecimento, não têm forçosamente de estar dentro da empresa, em vez de isso podem ser encontrados em organizações especializadas, tais como consultoras ou parceiros de exportação, que podem ajudar a empresa a entrar em determinados países específicos (Peng e Ilimitch, 1998).

Na situação de exportação indirecta, a empresa é contactada no seu próprio mercado, por intermediários, escritórios de compra estrangeiros, empresas *trading*, empresas de exportação sediadas no mercado interno, ou distribuidores nacionais que realizam vendas no estrangeiro.

As empresas podem também, utilizar uma empresa de gestão de exportação, que realiza em seu nome todo o negócio de exportação, como se fosse o departamento de exportação da empresa, ou um consórcio, ou uma associação para exportação, que pode funcionar como o braço exportador de todas as empresas membros, apresentando ao mundo uma unidade de produto e ganhando economias de escala. Normalmente essa associação ou consórcio cria uma marca própria e encarrega-se de todos os procedimentos referentes ao negócio de exportação quer sejam, de marketing, financeiros ou administrativos.

Outra forma de exportação indirecta é a realização de operações de *piggyback*; os produtores podem usar o *network* de distribuição no estrangeiro de outra empresa para vender o seu próprio produto, normalmente linhas de produto complementares, mas em todo o caso não concorrentes.

Na exportação indirecta a venda, é como se fosse uma transacção no mercado interno, mas os produtos são vendidos no estrangeiro e a empresa não tem nenhuma actividade especial ali, e nem sequer recebe qualquer *feedback* do mercado. A empresa não tem qualquer investimento, nem corre qualquer risco, o que constitui duas vantagens neste modo de entrada. Mas também não tem nenhuma certeza que esse tipo de vendas se venha a repetir, o que é a principal desvantagem deste modo de entrada, uma vez que não tem nenhum controlo das operações.

Assim, apesar deste tipo de actividade poder ser lucrativa e bem-vinda pelas empresas, ela apresenta um grau de incerteza elevado, o que a inibe de ser considerada num plano de médio e longo prazo da empresa. Mas, a situação pode motivar a gestão da empresa, a envolver-se mais na actividade internacional começando, a abordar os mercados externos activamente e a desenvolver um plano estratégico para melhor os controlar.

B – Exportação Directa

Nesta fase as empresas decidem envolver-se no marketing internacional, fazendo alguns investimentos e correndo alguns riscos.

Normalmente, as empresas, numa fase de envolvimento experimentar, abordam primeiro os países que estão geográfica ou culturalmente perto, começam por realizar exportações directas, e podem ter longos períodos no tempo, com sucesso, nesta fase, atingindo mesmo um volume de vendas de exportação superior a 5% das vendas totais (Gençtürk e Kotabe, 2001), até se sentiram confiantes, para progredir para países com maior distância geográfica e cultural.

As empresas farão a gestão das suas próprias exportações, utilizando para isso, vendedores da empresa que trabalham os mercados externos, e viajam frequentemente para visitar os compradores. Mais tarde, poderão criar o seu próprio departamento de exportação, que terá as necessárias capacidades de gestão, para gerir a actividade exportadora, embora possa sempre, para desenvolver eficazmente a sua estratégia, trabalhar em regime de subcontratação, com empresas especializadas, para obter por exemplo, serviços de pesquisa de mercado e publicidade nos países estrangeiros, entre outros.

As empresas que realizam exportações directas, escolhem os seus próprios agentes e distribuidores no estrangeiro, com quem estabelecem contratos, mas a empresa é responsável pelos stocks para venda, as condições financeiras, a publicidade e promoção de vendas no país estrangeiro.

Numa fase mais avançada da exportação directa, que Gençtürk e Kotabe (2001) classificam como envolvimento activo, a empresa pode estabelecer no estrangeiro, escritórios de venda ou sucursais das empresas, que desenvolvem localmente, todas as actividades de marketing e distribuição. Nesta fase, a empresa ajusta toda a sua oferta de exportação, ao meio envolvente externo, formulando estratégias, para satisfazer as necessidades específicas dos clientes no estrangeiro e capitalizar melhor as oportunidades dos mercados externos.

O envolvimento activo exige um maior investimento e é mais arriscada, mas permite também, ao exportador obter uma maior presença e um melhor controlo no mercado externo, a empresa pode obter melhores resultados e adquirir o conhecimento de mercado necessário para planear um *maketing-mix* com sucesso.

5.2.2. Modos de Entrada Baseados na Produção no Estrangeiro

Vários factores forçam ou recomendam que a empresa produza no estrangeiro se quiser entrar em certos mercados externos. Pode ser um problema de custos de transacção, de barreiras alfandegárias ou não alfandegárias, ou preferências dos governos por fornecedores do país anfitrião. É importante referir alguns dos modos de entrada num mercado externo, baseados na produção no estrangeiro.

A – Contratos de Produção

No modo de entrada baseado num contrato de produção, ou subcontratação, a empresa contrata um produtor estrangeiro para produzir o produto, de acordo com os seus modelos e especificações, isto dá à empresa menor controlo sobre o processo de produção, mas oferece a possibilidade de entrar num mercado estrangeiro, com menos investimento e risco, e com a possibilidade de usufruir da curva de experiência de um fabricante local, com quem, numa fase posterior, a empresa pode negociar uma parceria ou aquisição.

Normalmente, um contrato de produção cobre só o fabrico do produto, sendo o marketing realizado pela empresa. Então, este modo de entrada pode ser bastante atractivo, se a vantagem competitiva da empresa está no marketing e não na produção.

O contrato de produção também é justificado, quando uma empresa quer evitar investir num mercado considerado politicamente arriscado e quando quer evitar problemas, derivados da falta de conhecimento do meio envolvente do país de produção.

B – Licenciamento

O modo de entrada por licenciamento, um modo contratual sem participação de capital, é uma forma corrente de um fabricante se envolver no marketing internacional, em todos os tipos de negócios em que o *know-how* é um factor decisivo importante, o activo mais valioso para o sucesso do negócio. Este modo de entrada consiste em licenciar, eficazmente ao licenciado, as superiores capacidades do licenciador que assim adquire e integra nas suas operações um conhecimento particular (Peng, 2001).

O licenciamento, confere a outrem o direito de fabricar um produto, usando uma patente ou um processo secreto, a empresa que concede a licença, dentro de determinadas condições, estabelecidas pelo contrato, é o licenciador, e a empresa que vai utilizar a licença, o licenciado. O licenciador autoriza uma empresa estrangeira, a usar o seu processo de fabrico, marca, patente, segredo comercial, ou outro elemento do negócio de valor por um determinado preço, ou *royalty*, algumas vezes um pagamento *lump sum*, e outros pagamentos como despesas *per diem* na assistência pessoal. O licenciador ganha a entrada num mercado estrangeiro com pouco risco, o licenciado ganha o conhecimento do *know-how* de produção de um produto já conhecido, ou uma marca, ou um conceito de negócio, que já provou ter sucesso sem ter de começar do zero.

Um contrato de gestão é uma forma de acordo de licenciamento, onde uma empresa pode gerir, em nome de outra, operações num mercado estrangeiro em termos formalmente assinados num contrato (Kotler, 2003). Neste tipo de forma contratual, a transferência de um sistema de controlo de gestão e *know-how*, envolvendo treino de pessoal é estabelecido. Estes contratos, têm uma procura crescente em países em vias de desenvolvimento, onde existem lacunas de conhecimento de gestão, estes contratos são também frequentemente realizados em todo o mundo, para projectos chave na mão, e também em vários tipos de serviços, como hotéis, hospitais, onde cadeias internacionais bem conhecidas garantem o sucesso das operações.

O *franchising* é também, uma outra forma de licenciamento, aplicada principalmente ao comércio. É um modo de entrada, orientado pelo mercado, licencia-se um conceito de negócio, muitas vezes a pequenos investidores independentes, com capital de exploração, mas com pouca ou nenhuma experiência do negócio, cede-se uma fórmula de sucesso já testada, noutros mercados.

A desvantagem do licenciamento, é que, a empresa tem menos controlo no negócio, do que se montasse as suas próprias unidades de produção e pode também criar futuros concorrentes. Para evitar isso, muitas vezes os licenciadores tentam proteger-se, ao continuar a exportar componentes específicas, que incorporam na parte mais secreta da tecnologia *state-of-art*. A vantagem é a presença num mercado estrangeiro, sem investimento e um lucro preestabelecido.

C – *Montagem no Estrangeiro*

Neste modo de entrada, a empresa produz partes do processo de produção no mercado interno e outras no mercado estrangeiro, escolhe os países mais convenientes em termos de custos de produção, custos de transporte, barreiras e taxas alfandegárias, impostos, incentivos fiscais para montar todas as partes e finalizar o produto (Terpstra e Sarathy, 2000).

Este tipo de modo de entrada, muitas vezes toma a forma de um contrato de licenciamento, onde o licenciado, que procede à montagem do produto, pode realizar a distribuição local. Devemos ter presente, que este tipo de modo de entrada, exige por vezes, a existência de um escritório de representação, justificado pela necessidade de realizar um controlo de qualidade e uma coordenação grande das encomendas, transportes e tempos de entrega. Se a empresa, tem a posse da unidade de montagem, o que configura um investimento directo estrangeiro, ela normalmente está interligada com uma subsidiária de marketing, que distribui a produção local ou regional.

D – Joint Ventures

Os investidores estrangeiros podem juntar-se com investidores locais para criar uma empresa *joint venture*, na qual o controlo de capital, risco e experiência de mercado é partilhada. A empresa estrangeira pode ter falta de conhecimento de mercado, capital, e recursos físicos ou de gestão para operar sozinha, mas outra razão para formar uma *joint venture* internacional, pode ser facilitar a transferência de tecnologia.

Podemos observar, que as *joint ventures* internacionais (JVI), são criadas especialmente em mercados difíceis, e o seu aparecimento é motivado pelo desejo do parceiro internacional, ter acesso ao conhecimento do mercado e cultura locais, assim como aos canais de distribuição, uma vez que de acordo com Bradley (2002, p. 291), "Conhecimento geral da economia local é a contribuição chave, que um parceiro local pode dar a uma empresa internacional, que pretende entrar num novo mercado".

Em alguns países, as condições locais e/ou as políticas dos governos podem orientar os investidores estrangeiros para se juntarem a empresas locais, para formarem *joint ventures*, nas quais partilham capital, tecnologia, gestão e mercados. Muitos países são conhecidos, por impor ou por ter imposto, restrições legais, à posse por estrangeiros de empresas locais, alguns levantaram estas restrições nos anos 80, outros fizeram-no mais tarde ou estão a fazê-lo agora, e outros ainda não o fizeram. (Barkema e Vermeulen, 1998).

Nalguns casos, os governos "podem exigir *joint ventures* como uma condição para entrar no mercado" (Kotler e Keller, 2006, p.677). Os regulamentos governamentais podem exigir participação de capital local, por exemplo, os governos da Índia, China, Brasil, Tailândia, têm sido, ou foram, bem sucedidos em impor a opção de *joint venture* aos investidores estrangeiros (Govindarajan e Gupta, 2001). O governo chinês orienta e em alguns sectores, ainda condiciona, a entrada de investidores estrangeiros, à realização de *joint ventures* com empresas locais (Vanhonaker e Pan; 1997, Ilhéu 2006).

As empresas podem preferir *joint ventures* como um modo de entrada num país culturalmente distante, porque as *joint ventures* permitem-lhes, utilizar o conhecimento dos parceiros locais, nas práticas de negócio, nas instituições, nos canais de distribuição, e nas preferências dos consumidos locais, etc. (Kogut e Singh, 1988; Barkema e Vermeulen, 1998).

A vantagem deste modo de entrada, é que o parceiro local conhece bem o país e pode ajudar a resolver os problemas burocráticos, a encontrar a melhor estratégia no mercado e a obter o apoio das autoridades locais. O parceiro local, espera que o parceiro estrangeiro traga para a *joint venture*, activos importantes como capital, novas tecnologias, marca, mercados no estrangeiro, capacidade de gestão. A desvantagem é que, os dois parceiros podem ter diferentes expectativas e objectivos para a empresa e discordar em assuntos fundamentais, como investimentos, distribuição de lucros, estratégia de marketing e política de alianças.

De acordo com Terpstra e Sarathy (2000, p.395), "Uma *joint venture* é uma operação estrangeira na qual a empresa internacional tem capital suficiente para ter uma voz na gestão, mas não suficiente para dominar completamente a empresa", e isso pode ser o problema deste modo de entrada, uma vez que "o domínio do controlo de gestão exercido pelos parceiros estrangeiros está significativamente e positivamente relacionado com o desempenho" (Bradley, 2002, p.294).

O desempenho é afectado por conflitos entre parceiros e esses conflitos acontecem facilmente quando não existem controlos de gestão dominantes, provocados por práticas de negócio e de gestão incompatíveis nas operações de rotina, mas também, na visão estratégica e nas expectativas. De acordo com Ding (1997, p.31), "Os conflitos entre parceiros de *joint ventures* devidos a estilos e abordagens de gestão incompatíveis, diferenças de culturas organizacionais dos parceiros, e diferenças nas culturas nacionais, entre o país natal e o país anfitrião, podem prejudicar o desempenho da *joint venture*".

A similitude cultural é um factor importante na minimização deste tipo de conflitos, quanto maior a disparidade cultural, pior o desempenho das *joint ventures*, efectivamente Lin e Germain (1998, p.189) concluíram, que "a semelhança cultural entre parceiros é um antecedente crítico para o sucesso das JVI. Quanto maior a semelhança cultural entre os parceiros da JVI, melhor o desempenho da JVI".

A dificuldade reside, não só na gestão do negócio, mas também, nas relações pessoais de gestores de diferentes culturas, "divergência cultural provavelmente aumentará a probabilidade de ineficiência contratual" e "quando acontecem conflitos eles são tipicamente muito mais difíceis de resolver do que em empresas convencionais", conforme se pode ler em Tallman e Shenkar (1994, pp. 94-95), isto pode explicar a não satisfação dos gestores ocidentais com as *joint ventures* na China, conforme foi concluído pela pesquisa de Vanhonaker e Pan (1997).

Nesta situação, os riscos provavelmente crescerão, com a assunção de uma maior responsabilidade e um maior compromisso de recursos na escolha deste modo de entrada, e irão realisticamente ser comparados, com os riscos de um modo de entrada com maior controlo do capital. A escolha do modo de entrada é o resultado de um compromisso entre as considerações referidas.

Este modo de entrada representa um envolvimento importante num mercado externo, e deveremos ter presente, que em termos de risco de investimento e controlo, algumas precauções deverão ser tomadas, de acordo com Bradley (2002, p.250), "uma causa principal de insucesso nas *joint ventures* é a inabilidade por parte de um dos parceiros de compreender os factores do meio envolvente externo: diferenças culturais; leis e regulamentos do governo; o mercado; fontes de abastecimento; concorrência, movimentos cambiais".

E – IDE-100% Propriedade (WFOEs)

O modo de entrada, que representa o maior compromisso no mercado internacional, é o investimento directo estrangeiro, com a propriedade directa de 100% do capital da empresa, empresas chamadas na gíria internacional por *WFOEs*, (Empresas Possuídas Totalmente por Estrangeiros) que representam a propriedade directa dos activos de produção, montagem, ou serviços de uma empresa no estrangeiro (Terpstra e Sarathy, 2000).

Este modo de entrada, requer maior investimento de recursos que os outros modos de entrada já referidos anteriormente, e ocorre normalmente quando os outros modos de entrada, nomeadamente as *joint ventures*, se mostram incapazes de atingir certos objectivos (Bradley, 2002). Também a falta de controlo e os conflitos entre os parceiros local e estrangeiro, que prejudicam o desempenho e os lucros, assim como diferentes visões estratégicas da empresa, ou a necessidade de proteger tecnologia especializada, podem recomendar a completa posse do capital para a operação no estrangeiro.

Só neste modo de entrada, a empresa tem um controlo total do investimento, é livre de desenvolver uma estratégia de mercado internacional a longo prazo, sem conflito com os parceiros locais, e pode beneficiar do proteccionismo muitas vezes concedido às empresas locais. Com este modo de entrada, a empresa adquire grande conhecimento do mercado e está em condições de se apropriar das vantagens locais sem ter de as partilhar e, obtém de acordo com Terpstra e Sarathy (2000, p. 400), a "possibilidade de integrar várias operações nacionais num sistema internacional sinergético".

Normalmente, a empresa que escolhe este modo de entrada, pode fortalecer a sua imagem, e obter a boa vontade do governo local, dos trabalhadores, dos clientes, dos fornecedores, dos distribuidores e da sociedade local em geral.

A principal desvantagem deste modo de entrada é o grande investimento normalmente necessário, e os riscos políticos ou económicos envolvidos. A empresa pode também ter de enfrentar altas barreiras à saída, se o governo local receia percas de emprego e prejuízos económicos com a retirada da empresa do país.

A empresa pode obter produção totalmente própria de duas maneiras, desenvolver as suas próprias instalações do zero ou através da aquisição de uma empresa local.

Nalguns casos, a estrutura de mercado, pode justificar a aquisição, como a única forma de entrar no mercado, mas a razão mais comum, para escolher a aquisição como modo de entrada é porque é um processo muito mais rápido, do que criar com uma empresa nova. Além disso a aquisição de uma empresa já existente no mercado onde se quer entrar, normalmente significa também a aquisição de conhecimento e experiência do mercado local, assim como obtenção rápida de quota de mercado, de mão-de-obra, de apoio do governo e instituições locais. A aquisição de uma empresa local, traz também consigo, um *network* operacional de fornecedores, intermediários, clientes, e contactos com os operadores de mercado e governo locais. Permite também, por vezes, adquirir uma marca bem conhecida, com clientes fidelizados, que permitam retornos mais rápidos.

Mas, a aquisição pode ser uma forma mais dispendiosa de entrar num mercado e mais arriscada, devido à possível falta de transparência do mercado e da situação financeira real da empresa local adquirida.

De acordo com Woodcock *et al.* (1994, p.260), a aquisição tem um custo associado com o risco de pagar demasiado pela empresa alvo, "o custo do risco está associado com o problema da informação assimétrica enfrentado pela empresa compradora, devido ao seu conhecimento inferior dos recursos que estão a ser comprados".

Também o processo de integração pode ser complicado, devido à dificuldade de integrar dois grupos de gestão com diferenças linguísticas, culturais e com diferentes práticas de gestão. Woodcock *et al.* (1994, p.255) referem, que "implementação estratégica e diferenças culturais organizacionais tornam difícil a fusão eficiente e eficaz das organizações" e os seus estudos empíricos concluíram também, que "o desempenho pós-aquisição é negativamente influenciado por duas visões divergentes dos gestores de topo, sobre a cultura organizacional".

Então, a empresa estrangeira, pode não ser capaz ou querer comprar uma operação local e preferir construir uma empresa nova, do começo. A empresa pode querer introduzir a última tecnologia e equipamento, pode querer evitar herdar problemas anteriores ou pode querer moldar a empresa local com as suas práticas culturais e a sua imagem (Terpstra e Sarathy, 2000).

Bradley, (2002) defende, que as empresas mais pequenas normalmente preferem empresas novas, não só porque são frequentemente menos dispendiosas, mas também, porque a dimensão do investimento e o compromisso da empresa pode ser controlado e ajustado à capacidade da empresa estrangeira e às necessidades do mercado, sendo a expansão, feita de acordo com o crescimento da quota de mercado e os resultados.

Por outro lado, Woodcock *et al.* (1994) concluíram, que o modo de entrada de uma empresa estrangeira num mercado, através de uma nova empresa, ultrapassa o modo de entrada através de aquisição e tem menores taxas de insucesso.

5.3. Considerações Estratégicas e Opções

A escolha de um modo de entrada pode ser visualizada, como pontos numa linha contínua, baseada na distância da empresa ao mercado estrangeiro (Ekeledo e Sivakumar, 1998).

Johanson e Vahlne (1990, p.13) descrevem esse percurso, afirmando que "no princípio não se verificam actividades de exportação regular no mercado, a exportação acontece por intermédio de representantes independentes, mais tarde através de uma subsidiária de vendas, e eventualmente a produção pode seguir-se".

Mas, Moen e Servais (2002) chamam a nossa atenção para os aspectos da evolução determinista desta visão, referindo na p.51, que nesta situação, "o comportamento da empresa é influenciado mais pelas condições internas e do meio envolvente do que pelo desenvolvimento de estratégias deliberadas".

A maioria das empresas, progride de uma maneira incremental, na forma de actividades estabelecida no estrangeiro, só decide comprometer-se mais, à medida que sente, que a sua experiência no mercado diminui o nível de incerteza e risco, e quando quer, ter mais controlo na operação, por exemplo, só decide comprometer-se com IDE, depois de ter estabelecido uma subsidiária de vendas, o que normalmente é precedido por um agente de vendas no estrangeiro (Garcia, 2000), ver Fig. 5.4.

Figura 5.4 – Opções Estratégicas para Trabalhar nos Mercados Internacionais

Fonte: *Garcia (2000)*.

Garcia (2000) chama para esta análise o conceito de flexibilidade, e a sua importância na escolha do modo de entrada num mercado estrangeiro, que funciona em direcção oposta à do controlo.

Flexibilidade estratégica, é a capacidade da empresa se adaptar às mutações do meio envolvente, sem incorrer em perdas substanciais e está sempre correlacionada com o compromisso de recursos. A flexibilidade estratégica, é maior, nos casos dos modos de entrada de menor compromisso, e menor, nos modos de entrada com maior compromisso, isto acontece, porque o compromisso de recursos, constitui uma barreira à saída, e limita a flexibilidade estratégica da empresa.

Deveremos referir que, algumas NEIs ultrapassam algumas destas fases e "empreendem transacções de alto controlo (como aquisições), que requerem interacções estreitas com múltiplos *stakeholders* do mercado internacional" (Zhara *et al.*, 2000, p. 929).

5.3.1. Factores do Meio Envolvente

É importante referir, que a escolha do modo de entrada, pode ter de seguir os requisitos do meio envolvente de um país específico, o que pode obrigar a empresa, a utilizar um modo de entrada, que não passe por um compromisso progressivo e configure à partida a escolha do investimento directo estrangeiro, como modo de entrar nesse mercado. O processo de IDE pode ser motivado pelos incentivos do governo do país anfitrião, mas pode também, ser imposto às empresas estrangeiras por alguns governos, que como já referimos, estabelecem as regras do jogo para os estrangeiros que ali querem fazer negócios, e de facto este é o caso em muitos países em vias de desenvolvimento.

Com efeito, um número de variáveis exógenas do meio envolvente tem impacto na escolha que a empresa faz, do modo de entrada em cada mercado. Estes factores do meio envolvente integram variáveis sobre as quais a organização tem pouco ou nenhum controlo, estes factores estão relacionados com o risco do país anfitrião, familiaridade com o local, condições da procura, condições concorrenciais, eles incluem, variáveis políticas, legais, socioculturais, económicas, tecnológicas, entre outras.

Cada uma destas variáveis influencia a escolha do modo de entrada, pela tentativa de conseguir o compromisso óptimo entre os recursos comprometidos e a flexibilidade estratégica. É assim importante, analisar alguns dos referidos factores do meio envolvente e a sua influência na escolha do modo de entrada, nomeadamente:

A – Risco do País

As empresas podem ter de lidar com países arriscados, e quando esses riscos são elevados, os seus gestores são aconselhados a limitar esses riscos, reduzindo o compromisso de recursos nesses países. Além disso, sempre que as condições do meio envolvente se tornarem adversas para a empresa, têm de aumentar a sua competência, para sair rapidamente desses mercados sem perdas substanciais.

Isto sugere que, quando o risco de um país é alto, o licenciamento e a realização de *joint ventures* serão melhores modos de entrada, do que o investimento directo com propriedade total da empresa (Hill *et al.*, 1990; Ekeledo e Sivakumar, 1998).

B – Familiaridade com o Local

A familiaridade com o local, contempla a distância percebida entre o país de origem e o país anfitrião, e incluí variáveis como cultura, sistema económico e práticas de negócio, quanto menor a distância percebida, maior a familiaridade com o local.

A distância percebida é medida, em termos de distância psíquica e conhecimento tácito da cultura do país anfitrião. Ao enfrentar a incerteza, que nasce de uma cultura desconhecida, não se sentindo confortáveis com o sistema económico e as práticas comerciais praticadas, os gestores podem não querer comprometer recursos substanciais nesse país anfitrião, uma vez que esse compromisso reduzirá a flexibilidade da empresa e consequente habilidade para sair sem perdas substanciais se o país anfitrião se mostrar não atractivo.

Hill *et al.* (1990, pp.122-123) referem, que "quanto maior é a distância percebida entre o país de origem e o país anfitrião, maior é a probabilidade que a empresa prefira licenciamento ou *joint venture* a uma subsidiária totalmente sua". Por sua vez, Ekeledo e Sivakumar (1998, p.283) concluíram, que "as empresas tenderão a adoptar modos de entrada que requerem alto compromisso de recursos, quando a distância entre o mercado interno e o mercado local é mínimo".

C – Condições da Procura

Quando a procura do futuro país anfitrião, pela oferta da empresa, é incerta ou pequena, a empresa pode não querer investir recursos substanciais, num mercado com poucas perspectivas. Nestes casos, a empresa tende a favorecer, modos de entrada como exportação e contratos de gestão (Hill *et al.*, 1990), pelo contrário, se, se perspectiva, um grande mercado externo, a escolha tenderá a ser IDE (Agarwal, 1994).

As infra-estruturas, barreiras comerciais e não comerciais são variáveis que merecem ser analisadas neste factor.

Um país anfitrião com boa infra-estrutura económica e bom desempenho, atrai com mais facilidade o modo de entrada por IDE e ao contrário, uma pobre infra-estrutura económica com um crescimento lento, altas taxas de inflação e uma baixa capacidade tecnológica desencoraja este modo de entrada.

Geralmente, uma fraca infra-estrutura económica, favorece um modo de entrada, que envolva baixo compromisso de recursos (Terpstra, e Sarathy, 2000) e provavelmente, o número de empresas, que entram no mercado com investimentos com 100% de propriedade de capital será reduzido, enquanto, o modo de entrada via *joint ventures*, exportação, gestão de contratos, nomeadamente via *franchising*, será favorecido.

Contudo, uma empresa pode querer correr mais riscos e, escolher IDE como modo de entrada, quando a expectativa de crescimento do mercado a longo prazo é elevada, (Agarwal e Ramaswami, 1992).

As barreiras comerciais tendem a tornar os bens e serviços importados mais dispendiosos, que a oferta dos concorrentes que produzem localmente. Barreiras não comerciais podem forçar os estrangeiros a entrar no mercado em parceria com operadores locais, favorecendo assim, acordos contratuais e *joint ventures* como modo de entrada (Hill *et al.*, 1990; Ekeledo e Sivakumar, 1998).

D – Condições Concorrenciais

Qualquer estratégia de redução da flexibilidade, não deve ser recomendada, quando a concorrência é volátil. Hill *et al.* (1990) consideram um mercado volátil, aquele que tem rápidas mudanças em factores tecnológicos, macro-económicos, sociais, demográficos e legais, e referem que este tipo de factores produz, uma situação de concorrência intensa seja nos preços, seja em campanhas de publicidade ou investimentos, estas condições requerem respostas rápidas da empresa.

Quanto mais alta, a volatilidade da concorrência num determinado país anfitrião, maior será a probabilidade, das empresas favorecerem modos de entrada, que requerem baixos compromissos de recursos. A literatura da gestão estratégica, recomenda que a empresa, não se envolva em operações, que requerem substanciais compromissos de recursos, quando a concorrência é muito intensa, porque esse mercado tende a ser menos lucrativo.

5.3.2. Variáveis Específicas da Transacção

A importância, das variáveis específicas da transacção, é extensamente discutida na literatura, entre outros, nos trabalhos de Anderson e Gatignon (1986) e Hill e Kim (1988), e estas são consideradas, como determinantes da escolha do modo de entrada.

Por exemplo, os custos de mão-de-obra e o factor qualidade, são muitas vezes um motivo comum, para justificar a decisão do modo de entrada, Porter (1980, p.278) refere, que "quando um país tem uma vantagem significativa em custos de mão-de-obra ou no factor qualidade em produzir um produto, esses países serão os locais de produção e as exportações fluirão para outras partes do mundo". Nestes casos, a empresa tem de ter, uma unidade de produção local, nos países que possuem essas, ou uma dessas vantagens competitivas, se a empresa quer ter uma posição estratégica na competição mundial.

Na visão estratégica baseada nos recursos, as empresas prosseguem modos de entrada, também de acordo com recursos específicos da empresa, que são percebidos como geradores de uma vantagem competitiva num determinado mercado (Tallman e Shenkar, 1994).

A – Valor do **Know-How** *Específico da Empresa*

O *know-how* específico da empresa, quer dizer, o conhecimento de que uma empresa é proprietária e o conhecimento tácito que implica conhecimento não codificável, não incorporado em itens tangíveis, deverá ser considerado, na decisão de escolha do modo de entrada (Kim e Hwang, 1992).

Por exemplo, na transacção de *know-how* tecnológico, que é um activo intangível, e cujo valor é difícil de avaliar, a transacção é difícil através dos mecanismos de mercado, além do mais, como referem Hill e Kim (1988, p.94), "porque o *know-how* constituí uma vantagem específica da empresa, a empresa não quererá ver esse *know-how* disseminado".

Assim sendo, o licenciamento pode minimizar o compromisso de recursos e permitir a entrada num mercado estrangeiro, mas pode não ser a escolha certa, se o risco de disseminação desse *know-how*, pelos licenciados existe, o mesmo argumento se pode utilizar em relação aos parceiros de *joint venture*.

As empresas podem tentar evitar este risco, formulando, negociando, supervisionando e fazendo cumprir um contrato internacional bastante abrangente, que preveja altas penalizações contra o licenciado ou parceiro em caso de disseminação de *know-how*, mas ao fazer isto o licenciador está a incorrer em custos *ex-ante*, e ele está só a tentar evitar disseminação não a garanti-la. Então as empresas têm também de prever custos *ex-post*, resultantes de acções de disseminação, feitas por algum licenciado ou parceiro oportunista, tais como ganhos perdidos, perda do valor da marca entre outras.

Pode concluir-se, que o licenciamento tem custos de transacção, que têm de ser comparados com os custos de internalização, e se eles são muito altos, então uma subsidiária com 100% propriedade da empresa, será uma solução mais apropriada.

B – *Natureza Tácita do* Know-How

Este tipo de análise, pode também, ser aplicado ao *know-how* de marketing e ao *know-how* tácito, o qual pode ser inserido no capital humano da empresa e nas rotinas informais, consequentemente, estabelecer um contrato para proteger este tipo de transferência de *know-how* parece problemático.

Modos de entrada de alto controlo, fornecem um enquadramento de transferência deste tipo de *know-how*, mais apropriado, "outras coisas sendo iguais, quanto maior for a componente tácita do *know-how* específico da empresas, mais a EMN favorecerá modos de entrada de alto controlo", (Hill *et al.*, 1990, p.125).

Ao estabelecer uma subsidiária totalmente sua, a empresa pode transferir melhor *know-how* tácito intacto e rotinas informais para o país anfitrião (Hill e Kim, 1988; Hill *et al.*, 1990).

5.3.3. Variáveis Estratégicas Globais

A teoria VBR, aumenta o nível de análise da teoria de internalização, ao considerar que, uma decisão sobre um modo de entrar específico, deve considerar "a posição estratégica global da empresa", (Peng, 2001, p. 813).

Quando decidem como entrar num mercado, os gestores têm de pensar, que esta é uma das principais decisões estratégicas, que eles têm de fazer, num processo de internacionalização de uma empresa, basicamente, eles podem adoptar uma estratégia global ou multidoméstica.

Uma estratégia global, implica a configuração da cadeia de valor da empresa, de tal maneira que, cada estádio da cadeia de valor é maximizado, a assunção para implementar esta estratégia, é que existe uma procura global razoável e homogénea, e que razoáveis economias de escala podem ser conseguidas.

Esta estratégia, requer coordenação e alto grau de controlo das operações nas diferentes subsidiárias espalhadas por vários países, porque qualquer delas, tem um papel determinante no sistema global da empresa (Hill *et al.*, 1990). Subsidiárias diferentes podem ser especializadas no fabrico de componentes e partes das linhas de produtos, trocando partes e produtos com outras subsidiárias, dentro de um plano chave aprovado centralmente, que determina o que devem produzir, quanto devem produzir e como a sua produção deve ser paga e transferida.

A estratégica multidoméstica é baseada na assunção, que os mercados nacionais são bastante diferentes no que diz respeito às preferências dos consumidores, condições de concorrência e estruturas políticas, legais e sociais. Maximizar valor nesta estratégia consegue-se, quando as subsidiárias em cada país têm responsabilidades estratégicas, e têm as suas próprias funções de marketing e as suas próprias fábricas autónomas. Este sistema, requer menor grau de controlo que o anterior e, favorecerá modos de entrada de baixo custo, como licenciamento ou *joint venture*.

Incorporar variáveis estratégicas globais no enquadramento ecléctico, na análise da decisão do modo de entrada, é um trabalho essencial (Hill *et al.*, 1990). Na tentativa de expandir essa análise, Kim e Hwang (1992) consideraram a existência de varáveis globais estratégicas, tais como, concentração global, sinergias globais e motivações globais estratégicas exercidas pela empresa.

A – *Concentração Global*

A concentração global é caracterizada pela estrutura oligopolística de mercado, com um número limitado de jogadores, que se confrontam uns aos outros, em mercados de muitos países à volta do mundo, provocando interdependência entre eles, as acções desenvolvidas por uma multinacional num país, muitas vezes têm repercussões noutros países.

Nesta situação, um alto grau de controlo nas subsidiárias é necessário, porque ele aumenta a capacidade da multinacional utilizar uma subsidiária num país, para participar numa batalha com a concorrência noutro país, para benefício da multinacional como organização global. Em conclusão "outras coisas sendo iguais, quando uma indústria global é altamente concentrada, as multinacionais favorecerão modos de entrada de alto controlo" (Kim e Hwang, 1992, p.34).

B – Sinergias Globais

As sinergias globais nascem quando factores chave, tais como P&D e valor da marca ou do produto, podem ser partilhados ou utilizados em outros projectos de negócio, aumentando o valor total do negócio. Os benefícios da sinergia incluem economias de contexto, implicam um maior compromisso da empresa nas unidades de negócio e requerem um controlo hierárquico desta situação, "outras coisas sendo iguais, quando a extensão potencial das sinergias globais entre a empresa que entra no mercado, e as unidades irmãs de negócio são grandes, a multinacional, quererá ter um alto controlo no mercado externo" (Kim e Hwang, 1992, p.35).

C – Motivações Globais Estratégicas

As motivações globais estratégicas podem ser definidas, como motivações para alcançar objectivos estratégicos para toda a organização, tais como: maximização da eficiência, futura expansão global, desenvolvimento de fontes de fornecimento estratégicas, esvaziar a concorrência global actual ou potencial. Para efectivamente conseguir motivações globais estratégicas é necessária uma apertada coordenação e essa coordenação é difícil de conseguir dentro dos condicionalismos do licenciamento ou *joint venture*, onde ninguém quer sacrificar a sua própria unidade de negócios em benefício de toda a organização, isto justifica que, "outras coisas sendo iguais, as multinacionais que exercem motivações globais estratégicas favorecerão modos de entrada de alto controlo" (Kim e Hwang, 1992, p.35).

Como conclusão, pode dizer-se que, as empresas que praticam uma estratégia global preferem modos de entrada de elevado controlo, como subsidiárias totalmente da sua propriedade (WFOEs).

5.3.4. Alianças Estratégicas

As alianças estratégicas internacionais são referidas na literatura, como cooperação entre empresas em países estrangeiros, como afirmam Malhotra *et al.* (1998, p. 491), "alianças estratégicas, quer tomando a forma de *joint ventures*, quer de acordos de cooperação, etc., são parcerias entre empresas para trabalhar em conjunto para conseguir algum objectivo estratégico".

Muitos tipos de alianças estratégicas entre empresas, são usados pelas empresas para entrar e competir nos mercados internacionais, eles são parte de um contínuo de modos de entrada no mercado estrangeiro, que foca modos como: parcerias de mercado, licenciamento, *franchising*, *joint ventures*, *networks* e novas empresas internacionais.

As alianças podem ser horizontais ou verticais, e tal como referimos para os *networks* que são alianças informais, uma empresa deve coordenar as interdependências horizontais e verticais para obter uma posição competitiva no mercado internacional, nomeadamente para prosseguir novas oportunidades internacionais.

As alianças podem ter diferentes formas de governação no contínuo, "mercado-para-hierarquia", mas a escolha da posição a escolher neste contínuo, é uma opção estratégica. Por exemplo, se a opção é escolher uma aliança com características hierárquicas, o tipo de governação perseguirá uma propriedade partilhada, com ligações de capital, que diminui a incerteza relacional, mas é menos flexível e tem custos mais elevados, do que, se aliança fosse formada sem partilha de capital (Rodríguez e Wilson, 2002).

As alianças estratégicas estão associadas ao objectivo de ganhar acesso a novos mercados, a novos produtos, a recursos dos parceiros, ao desenvolvimento de *know-how* e a custos mais baixos para conseguir benefícios mútuos e melhorar as vantagens competitivas para todos os parceiros (Lambe *et al.*, 2002).

Ao formar alianças estratégicas, as empresas pretendem reduzir a duplicação de recursos e esforços, para minimizar os factores condicionantes do meio envolvente, e factores organizacionais internos. Elg e Johansson (2001, p.93) referem que, "se uma empresa não possuí as capacidades e recursos suficientes para enfrentar todos os novos desafios globais, formar alianças estratégicas internacionais é muitas vezes o caminho para gerir o processo de globalização".

Como referem Malhotra *et al.* (1998, p. 491) os objectivos das alianças estratégicas, podem também ser, "alavancar as capacidades críticas, aumentar o fluxo de inovação e melhorar a flexibilidade da resposta às mudanças do marketing e tecnológicas".

Como modo de entrada no mercado internacional, as alianças estratégicas permitem às empresas ganhar capacidades e activos, que não estão facilmente disponíveis nos competitivos mercados internacionais, numa série de áreas, tais como, posse de conhecimento do mercado para o produto, acesso a capacidades complexas para desenvolvimento do produto, acesso ao mercado e aos canais de distribuição, ou ganhar capacidades de marketing, reputação, ou outros activos intangíveis (Bradley, 2002).

De acordo com Lu e Beamish (2001, p.570), as alianças estratégicas são consideradas "importantes meios de ultrapassar deficiências de recursos e capacidades, e melhorar a probabilidade de sucesso para empresas internacionais".

As alianças internacionais oferecem às empresas oportunidades baseadas no conhecimento e capacidades, não disponíveis normalmente no seu país de origem, e ajudam as empresas a entrar em novos mercados (Sirmon e Lane, 2004).

Keegan e Green (2008) consideram três características chave nas alianças estratégicas:
1 – Os parceiros continuam independentes depois da formação da aliança.
2 – Os parceiros partilham os benefícios da aliança, assim como, o controlo do desempenho das diversas operações,
3 – Os parceiros fazem permanentemente contribuições em tecnologia, produtos e outras áreas estratégicas chave.

Figura 5.5 – Características das Alianças Estratégicas

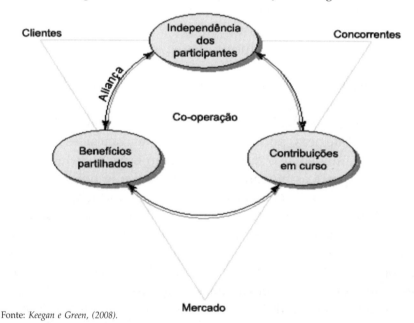

Fonte: *Keegan e Green, (2008)*.

Considerando os prós e contra dos modos de entrada baseados nas alianças, Govindarajan e Gupta (2001, pp.33-34) sugerem, que este modo de entrada é mais apropriado quando:
A – "A distância física, linguística e cultural entre o país anfitrião e o país de origem é alta", quanto maior a distância, maior a necessidade de confiar no *know-how* e *networks* do parceiro local.

B – "A integração da subsidiária operacional no resto das operações globais seja mínima", quer dizer, que é pouco provável, que as actividades da aliança vão afectar o resto das operações globais da empresa.

C – "O risco de aprendizagem assimétrica pelo parceiro é (ou pode ser mantido) baixo", isto assegura a oportunidade de cada parceiro apreender do outro e apropriar-se do *know-how* complementar do outro.

D – "A empresa tem falta de capital".

E – "Os regulamentos do governo requerem participação de capital local", os governos de alguns países emergentes, atractivos, têm obrigado com sucesso os estrangeiros a formar alianças para entrar nos seus mercados.

Sirmon e Lane (2004) referem como exemplos; uma aliança baseada no marketing, que envolva a entrega de uma mensagem forte co-marca e uma aliança baseada em P&D, que normalmente traz, o desenvolvimento de inovação ou conhecimento cientifico ou técnico, usado para a criação de produtos novos ou melhorados, ou de processos, ambos, contribuindo para uma actividade de criação de valor.

A literatura sugere que, o conjunto de recursos complementares que se apoiam mutuamente, permite a uma aliança, alcançar economias de contexto e crescimento de oportunidades, ao mesmo tempo que os riscos diminuem, e consegue optimizar as suas actividades de criação de valor (Das e Teng, 2000; Harrison *et al.*, 2001).

Lu e Beamish (2001) concluíram, que ao aceder à base de conhecimentos do parceiro da aliança, as PMEs podem conseguir melhor desempenho e conseguir minimizar erros, ao operar internacionalmente, via alianças estratégicas com empresas, que possuem conhecimento local relevante da região onde a empresa pretende entrar.

A escolha de um parceiro para uma aliança estratégica, é para a empresa um dilema, principalmente, quando se trata de escolher um parceiro de culturas muito distantes, como encontrar empresas locais. Como ajustar-se aos objectivos estratégicos do parceiro e às suas rotinas operacionais, como especificar e pormenorizar o projecto para ser desenvolvido em parceria, como é que cada empresa trata os processos que envolvem as actividades da criação de valor da aliança, são questões chave (Smith e Reney, 1997; Sirmon e Lane, 2004).

Resumidamente, um aspecto critico é como encontrar um parceiro compatível, uma vez que a compatibilidade de parceiros é o factor mais importante na construção de uniões empresariais coesas, quando estas abrangem diversas culturas, e na determinação dos efeitos de recursos complementares no desempenho da aliança.

Muitas alianças, não conseguem atingir os seus objectivos, porque os parceiros subestimam a eficiência de trabalhar em conjunto, e porque existe uma falta de interpretação comum das intenções estratégicas de cada um, o que é crucial nos mercados globais.

Os parceiros nas alianças estratégicas estão ligados pelos benefícios tangíveis, económicos e estratégicos esperados, os quais devem ser muito claros nos acordos contratuais, esses benefícios contribuem para a essência dos laços estruturais que vão ser desenvolvidos no relacionamento entre parceiros.

Mas os laços estruturais devem ser desenvolvidos em conjunto com laços sociais, para evitar comportamentos oportunistas. Estudos empíricos de Rodríguez e Wilson (2002) concluíram, que um requisito prévio para estabelecer laços sociais é a existência de confiança, e os relacionamentos de confiança são estabelecidos, quando as expectativas são feitas por um parceiro e satisfeitas pelo outro, conduzindo ao compromisso, assim o sucesso das alianças estratégicas é particularmente determinado pela natureza dos requisitos e expectativas dos laços estruturais e sociais que afectam o compromisso com a aliança.

Pothukuchi *et al.* (2002) defendem, que o aumento de compatibilidade relacional dos empregados dos parceiros envolvidos nas actividades de valor acrescentado, deve contribuir para a sua interacção efectiva e positivamente afectar o desempenho da aliança.

O desempenho das alianças internacionais é também influenciado, pelo grau de distância cultural entre os parceiros, dessemelhanças culturais podem levar a diferentes objectivos, estilos de gestão, métodos operacionais escolhas estratégicas. Assim diferenças de culturas nacionais, entre parceiros da aliança, podem prejudicar o desenvolvimento de relacionamentos de sucesso.

As alianças estratégicas internacionais têm sido sugeridas como importantes meios de ultrapassar deficiências de recursos e capacidades, ajudando a empresa, especialmente as PMEs, a entrar num mercado estrangeiro. Mas como vimos antes, a complexidade das alianças, derivadas da cooperação de dois ou mais parceiros, pode muitas vezes trazer problemas potenciais, como conflitos nos objectivos, falta de confiança e compreensão, desentendimentos culturais e disputas sobre o controlo de gestão.

Dificuldades com a formação, assim como a própria gestão da aliança, significam que as alianças estratégicas internacionais são um meio, mas não uma garantia, para uma entrada, com sucesso, no mercado internacional das PMEs (Lu e Beamish, 2001).

Pode ser concluído, que nem as alianças, nem a propriedade completa, são universalmente desejáveis, depende das situações, uma vez que ambas têm vantagens e desvantagens, (Govindarajan e Gupta, 2001).

5.3.4.1. Networks *e a Escolha do Modo de Entrada*

A literatura clássica sobre entrada em mercados externos, tem focado a escolha do modo de entrada e, as análises sobre estratégias de cooperação nos negócios internacionais, têm focado principalmente os acordos formais de cooperação, tais como as alianças estratégicas e *joint ventures*, mas como já referimos, a cooperação pode muito bem ser informal.

Holm *et al.* (1996, p.1049) referem, que o desenvolvimento de uma estratégia de cooperação com os clientes, fornecedores e outros parceiros de negócio, pode conter a resposta à escolha do modo de entrada, os resultados da sua pesquisa mostram, que a escolha do modo de entrada "pode ser uma questão de gestão do processo de desenvolvimento de relacionamentos, mais do que a escolha de um modo de entrada apropriado".

As suas conclusões indicam que, uma relação de negócios num mercado estrangeiro, não está isolada de outras relações empresariais, a relação principal é normalmente parte de um *network* internacional de negócios e o seu desenvolvimento depende da habilidade e vontade dos parceiros e dos seus relacionamentos para coordenar actividades no meio envolvente de negócios do *network*.

A entrada num mercado estrangeiro, na abordagem *network*, é melhor explicada, por todo um processo dinâmico, no qual as empresas ao longo do tempo vão entrando nos mercados externos, de acordo com o desenvolvimento dos seus relacionamentos, do que, pelas características de várias decisões de modos de entrada nesses mercados (Axelsson e Johanson, 1992).

Nesta visão, a entrada no mercado externo, pode ser um processo onde a empresa, que quer entrar um determinado mercado estrangeiro, desenvolve novos relacionamentos com parceiros nesse mercado, estendendo o seu *network* a *networks* de negócio do país onde quer entrar, ou criando novos *networks*, conectados e coordenados, de forma a proporcionar as transacções. Chetty e Holm (2000, p. 89) defendem, que "a empresa tem de formar novos relacionamentos em novos *networks* quando tenta entrar em novos mercados".

Nesta perspectiva, Bridgewater (1999, p.102) define a entrada no mercado internacional, como "a forma como as relações existentes no mercado interno e em terceiros mercados, assim como aquelas no mercado de entrada, são utilizadas no processo de entrada".

Estamos a falar de uma interacção externa, que influencia as decisões de entrada nos mercados, numa complexa rede de relacionamentos internacionais organizados, em que, quer os relacionamentos directos, quer os indirectos, podem exercer uma influência no processo do modo de entrada e eles podem estar localizados no mercado interno, no país anfitrião ou mesmo em outros mercados internacionais.

Os *networks* correntes de negócios de uma empresa, podem constituir pontes para entrar em novos mercados, e estes relacionamentos em *network* podem determinar, em que mercados uma empresa entra e o modo como entra.

Os relacionamentos interconectados entre empresas, de um *network*, em diferentes mercados internacionais, evoluem de uma forma dinâmica formal ou informal, que aumenta o conhecimento mútuo e conduz a um maior compromisso entre elas (Bell, 1995).

Uma empresa deve gerir os relacionamentos em diferentes actividades, em diferentes mercados, considerando as diferenças entre esses mercados (Axelsson e Johanson, 1992), e no meio envolvente internacional, uma empresa tem de estar preparada para prosseguir novas oportunidades e enfrentar incerteza (Elg e Johansson, 2001).

Os *networks* podem ajudar as empresas a "exporem-se a novas oportunidades, obter conhecimento, aprender das experiências e beneficiar dos efeitos sinérgicos dos recursos em comum" (Chetty e Holm, 2000, p.77). As conclusões deste estudo, ilustram a forma como uma empresa interage com os seus parceiros de *network* estrangeiros, para estender, penetrar e integrar os seus mercados internacionais, acelerando assim o acesso e entrada em novos mercados.

Por exemplo, uma importante estratégia de negócios para os estrangeiros que querem entrar no mercado chinês, é "fazer grupo e criar parcerias com as empresas dos chineses ultramarinos" (Anwar, 1996, p. 814). Muitas empresas, ocidentais, particularmente de pequena dimensão empenham-se em "utilizar ligações relacionais para se estabelecem no Sudeste Asiático e China, onde a população de etnia chinesa serve como interface para fazer *network*" (Chen e Chen, 1998, p. 463). Assim, pode constatar-se que muitas pequenas e médias empresas de Taiwan, que são conhecidas por ser fracas organizações ligadas por fortes *networks* (Redding, 1990), estabeleceram-se no Sudeste Asiático e na China, porque a comunidade de negócios chinesa serve como um interface ajudando às ligações para realizar negócios.

Entre outros, podemos analisar o caso empírico da empresa portuguesa, Granitos da Maceira no mercado chinês (Ilhéu, 2008). Esta empresa importa, produz e exporta pedras ornamentais (principalmente mármore e granito), oferecendo uma linha completa de produtos das pedras para construção civil a obras de arte. Trabalha com as pedras portuguesas de Pêro Pinheiro e Alentejo, mas também importa, para transformar pedras de pedreiras, de várias partes do mundo. A sua qualidade é mundialmente reconhecida, tendo sido por exemplo, seleccionada para fabricar as esculturas de reputados artistas internacionais para o Memorial de Nagasaki às vítimas da Segunda Guerra Mundial.

Cerca de 40% da sua produção é exportada para países como Qatar, Dubai, Inglaterra, Alemanha, França, Japão e China (cerca de 15% a das suas exportações). Iniciou exportações para a China no fim dos anos 80, na sequência da sua presença no mercado japonês. Com os importadores japoneses, aprendeu sobre o potencial do mercado chinês e as vantagens de integrar parte da sua cadeia de valor na China, devido ao baixo custo dos salários praticados naquele país. Durante os anos 80, intensificou os seus contactos com os parceiros chineses, esses contactos e ligações foram altamente reforçados por visitas recíprocas a ambos os países. A Granitos da Maceira forneceu aos fabricantes chineses o seu *know-how* e em troca estes credibilizaram-na junto dos *networks* dos canais de distribuição destes produtos na China, com estes parceiros chineses aprendeu muito sobre a cultura chinesa e construiu os seus relacionamentos, sem precisar de formalizar uma *joint venture*.

É importante referir, que a influência chinesa não está limitada à Grande China (R.P.C., Taiwan, Hong Kong e Macau), ela estende-se a países onde os chineses têm uma predominância nos negócios. De facto os chineses são 10% da população da Tailândia e possuem 90% de todos os investimentos do sector comercial, 90% de todos os investimentos no sector industrial e 50% de todos os investimentos na banca e sector financeiro, na Indonésia são 4% da população total e dominam 70% a 75% do capital privado doméstico, na Malásia são 37% da população e controlam entre 55% a 60% da economia, em Singapura, os chineses constituem 80% da população e controlam a economia, nas Filipinas 3% controlam 70% da economia.

Mas hoje em dia, esta *Commonwealth* chinesa não é exclusivamente chinesa, nem somente um *network* familiar, à medida que os negócios cresceram, o grupo central estendeu-se para incluir os gestores leais, que são tratados como quase família com o objectivo de gerir complexos impérios à escala mundial (Williamson, 1997). De lembrar que a presença dos empreendedores de etnia chinesa é bem visível em várias partes do mundo, para além dos locais na Ásia já referidos, como por exemplo no Canadá onde em Vancouver, 20% da população já é chinesa, nos EUA na Califórnia, onde áreas residenciais luxuosas têm sido redesenhadas com a paisagem adequada à cultura chinesa, e na Bolsa de Londres a sua presença também é bem notada.

Ao participar nestes *networks* económicos tão abrangentes, os parceiros potenciais dos empresários chineses, podem obter não só maior acesso ao mercado chinês e aos mercados do Sudeste Asiático mas também entrar noutros mercados mundiais onde estes *networks* estão posicionados.

Estas organizações em *networks* alargados, que assentam numa contínua partilha de informação, são particularmente importantes para as empresas de pequena e média dimensão, que pretendem entrar nesses mercados, uma vez que através desses *networks*, empresas muitas pequenas podem conseguir várias soluções do modo de entrada com um nível de risco aceitável (Kao, 1993; Williamson, 1997).

5.3.5. As Empresas Born Global e a Escolha do Modo de Entrada

As empresas *Born Global* normalmente produzem produtos de tecnologia *state-of-art*, para significativos nichos de mercado internacional e competem em qualidade e valor, que é criado através de tecnologia inovadora e design, Moen e Servais (2002). Estas empresas "têm como alvos, nichos globais altamente especializados e são particularmente prevalecentes entre a PMEs, localizadas em economias pequenas e abertas" ver (Bell *et al.*, 2001, p.176).

Devido à escassez de tempo e recursos, essas empresas têm um reduzido conjunto de opções competitivas para entrar nos mercados externos, e para isso devem confiar até certa medida, nas capacidades dos intermediários (distribuidores), para entrar nesses mercados e, para se adaptarem às contingências do meio envolvente local (Madsen e Servais, 1997; Bell *et al.*, 2001; Knight e Cavusgil, 2004).

Essas empresas internacionalizam-se num período de dois ou três, num máximo cinco anos, após o seu estabelecimento e têm capacidades financeiras e humanas pequenas e poucos recursos tangíveis, elas tendem a favorecer a exportação como primeiro modo de entrada, dado que este modo de entrada é o que oferece um maior grau de flexibilidade nos negócios internacionais e um risco mais baixo comparativamente a outros modos de entrada com controlo mais elevado.

A flexibilidade obtida através do uso de distribuidores estrangeiros bem escolhidos, permite às empresas *Born Global* responder rapidamente, à evolução dinâmica das necessidades do consumidor, concorrentes e contingências do meio envolvente, ao mesmo tempo que, o risco de incerteza presente nos mercados externos pode ser ultrapassado, utilizando o conhecimento de mercado e competências dos intermediários estrangeiros, os quais também proporcionam o desenvolvimento de novas oportunidades de negócio.

Historicamente, as empresas clássicas não podiam realizar substanciais negócios internacionais a não ser ao fim de vários anos de existência, quando já tinham conseguido pelo seu crescimento no mercado interno, ultrapassar alguns dos condicionalismos inerentes às empresas recém criadas e já referidos, mas os avanços recentes em informação, comunicações e técnicas de produção e logística têm permitido um ambiente de negócios internacional no qual, empresas recentes e pequenas podem participar activamente nos mercados globais.

Mas para ter sucesso nos mercados internacionais, as empresas necessitam de saber como alavancar as competências dos distribuidores estrangeiros, o que é um factor chave, uma vez que as empresas enfatizam modos de entrada baseados na exportação.

As *Born Global* assentam bastante em estruturas híbridas, para controlar as vendas e as actividades de marketing, como relacionamentos pessoais e *joint ventures* (Madsen e Servais; 1997; Knight e Cavusgil, 2004). Como afirmam Liesch e Knight (1999, p.385), presentemente o negócio internacional "é cada vez mais facilitado através de parcerias com distribuidores estrangeiros, empresas *trading*, fabricantes complementares, empresas da especialidade, assim como compradores e vendedores".

Ao contrário das características de alto controlo do modo de entrada IDE, alguns modos de entrada de baixo controlo, como exportação e licenciamento, querem dizer poucas interacções com fornecedores do mercado e clientes. Mas as interacções estreitas com fornecedores locais e clientes fornecem informação acerca dos mercados locais e conduzem a uma rápida aprendizagem.

Zhara *et al.* (2000, p.929) concluíram, que por exemplo, a interacção com parceiros de aliança "fornece importante visão sobre a pesquisa que está a ser realizada e os produtos que estão a ser desenvolvidos e comercializados por outras empresas", e provaram que, "existe uma relação positiva entre o uso por novas empresas de modos de entrada no mercado internacional de alto controlo e a amplitude da sua aprendizagem tecnológica".

O novo conhecimento tem uma componente tácita, que pode ser obtida somente pela prática, e que é uma chave, para obter capacidades dinâmicas e construir vantagens competitivas (Barkema e Vermeulen, 1998). Modos de entrada de alto controlo, criam o potencial para maior intensidade de sucesso ou fracasso. As *Born Global* enfrentam no entanto um dilema, precisam de praticar modos de entrada de alto controlo, mas não têm os recursos necessários, porque por definição são jovens e normalmente pequenas (Zhara *et al.*, 2000).

Nesta situação, o ponto em que as *Born Global* se assumem como modos de entrada directos e de profundo envolvimento nos mercados externos, está directamente associado à sua habilidade para adquirir novas capacidades técnicas e serem competitivas. Muitas vezes estas empresas, sem muito conhecimento e experiência nos mercados externos, cedem o controlo das operações a parceiros locais que têm "o conhecimento necessário e *networks* em vez de investir em modos de entrada que requeiram maior envolvimento e forneçam maior controlo" (Bradley e Gannon, 2000, p.13).

Como vimos antes, os *networks* também fornecem às *Born Global*; marketing, tecnologia, informação cultural e competitiva que aumentam as probabilidades de sobrevivência e sucesso das empresas.

Isto explica que, no campo das opções de *network*, as "alianças estratégicas tenham ganho uma popularidade crescente nas empresas de empreendedorismo internacional", (Lu e Beamish, 2001, p. 568).

As alianças estratégicas têm sido sugeridas como formas importantes de ultrapassar a falta de recursos e capacidades, aumentando a possibilidade de sucesso das empresas jovens. Ao ter acesso à base de conhecimento do parceiro da aliança, essas empresas podem aprender mais depressa o conhecimento sobre o país anfitrião e minimizar os custos de transacção, podem também, aumentar o seu poder no mercado e ter melhor acesso a recursos chave como, capital e informação, minimizando assim os riscos.

5.3.6. Modelos de Internalização e a Escolha do Modo de Entrada em IDE

A importância dos custos de transacção, na escolha pela empresa, de um modo de entrada num país estrangeiro, tem sido largamente discutida na literatura, no âmbito da teoria dos custos de transacção (CT), ou teoria da internalização, como é conhecida na literatura dos NI (Caves, 1982; Anderson e Gatignon, 1986; Hill e Kim, 1988; Hill et al., 1990; Kim e Hwang, 1992), entre outros. Os seus estudos integram as explicações existentes para a escolha do modo de entrada dentro de um enquadramento dos custos de transacção.

A teoria CT, trata cada entrada em particular, como uma "transacção", e a escolha do modo de entrar num mercado estrangeiro, é estudada na perspectiva, de escolher o grau de integração vertical do negócio internacional e, alternativas possíveis, de diferentes graus de controlo e processos de integração, desde o modo de entrada contratual à integração completa. Anderson e Gatignon (1986, p.7) referem, que "a análise dos custos de transacção, combina elementos da teoria da organização industrial e lei de contratos para avaliar o peso dos *tradeoffs* a serem feitos nas decisões de integração vertical (e por extensão, grau de controlo)".

Como concluído por Bradley (2002) a fonte potencial de lucros das empresas é a posse de activos únicos, que podem consistir, na posse de recursos naturais ou nas capacidades em tecnologia, gestão e marketing, que não são completamente possuídos pela concorrência. A teoria da internalização chama a atenção para a importância das vantagens específicas das empresas em *know-how*, quando se explica a vantagem competitiva, que as EMNs têm relativamente às empresas dos países anfitriões (Hill et al., 1990).

Porter (1980) chamou a nossa atenção para os activos intangíveis como fonte de vantagens competitivas, que justificam, quer o processo de internacionalização, quer a escolha do modo de entrada.

Muitas vezes, as vantagens competitivas resultam de economias de escala, obtidas pela extensão das actividades da empresa nos mercados externos. Também muitas vezes, as vantagens são provenientes da integração vertical, porque a eficiência do sistema de integração vertical é superior à obtida na dimensão do mercado interno.

Outra vantagem competitiva é a experiência, ao competir nos mercados internacionais, as empresas alcançam maturidade na sua curva de aprendizagem mais depressa. Algumas marcas são também reconhecidas internacionalmente, trazendo muito valor acrescentado à cadeia de valor do produto e permitindo a difusão da diferenciação produto, debaixo da marca famosa numa base mundial.

A internacionalização, pode também, resultar do sucesso de proteger patentes e direitos de tecnologia nos mercados de diferentes países, permitindo largas economias de escala na pesquisa, assim como, vantagens competitivas na produção e vendas desses produtos nesses mercados.

A medida em que é lucrativo, para uma empresa possuir ou ter acesso a esses activos em exclusividade, e o grau e a forma como esses activos são internalizados e usados pela empresa, em conjunto com recursos de países estrangeiros, em vez de utilizar recursos do país de origem, ou licenciar outras empresas para o fazer, constituem condições determinantes, da escolha do modo de entrada, na explicação ecléctica, (Dunning, 1980).

A pesquisa realizada por Tallman (2001) sobre as condições, em que uma transacção deve ser internalizada, concluiu que, essas condições se verificam por exemplo, quando as empresas dependem de fontes de fornecimento importantes e únicas, e nesse caso, tenderão normalmente a adquiri-las para controlá-las, ou quando os custos de transporte ou as barreiras comerciais aumentam significativamente os custos de transacção, as empresas preferirão expandir-se no mercado externo mediante IDE.

Por outro lado, a pesquisa de Kogut (1992), focou os benefícios de reduzir os custos de transacção por internalizar o comércio entre países, ele concluiu, que existe um benefício em ser multinacional, devido à possibilidade de internalizar o comércio e o investimento dentro de uma empresa, criando mercados próprios, internos, e isto é particularmente importante em mercados de minérios ou mercados de alta tecnologia.

De facto, este modo de entrada, demonstra ser mais eficiente quando o conhecimento, especialmente conhecimento tácito, é impossível de transferir através dos mecanismos de mercado, sem grandes riscos de dissipação, ou quando os custos *ex-ante* ou *ex-post* para evitar essa dissipação, aumentarem significativamente os custos de transacção (Hill e Kim, 1988), nesta situação, as empresas multinacionais responderão internalizando os mercados para os bens intermédios incluindo *know-how*.

Alguns tipos de activos, como *know-how* organizacional, *goodwill*, mecanismos de lealdade e outros são os "tipos de activos para os quais os mercados podem não encontrar os mecanismos de troca efectivos. Como consequência a existência de altos custos de transacção é um dos principais factores por detrás o investimento directo estrangeiro" (Bradley, 2002, p.32).

A teoria CT fornece o enquadramento para determinar quando uma transacção deve ser internalizada, esta visão foi desenvolvida no "modelo standard" de Hill e Kim (1988). Este modelo analisa os benefícios económicos de reduzir os custos de transacção, ao escolher o IDE como modo de entrada.

Mas, é importante avaliar a dimensão desses benefícios, uma vez que a internalização também incorre em custos, nomeadamente custos de capital de estabelecer uma presença física no estrangeiro, custos associados com o mercado local e a sua cultura, custos de transferir *know-how* para o estrangeiro utilizando canais internos e também custos associados com o controlo da expansão da organização em mercados externos e estes custos têm de ser balanceados com os custos da transacção.

Kogut (1992) considerou, que a "internalização das actividades da empresa é benéfica não só porque os custos unitários caem mas também porque novas oportunidades de lucro são ganhas e novas capacidades são potencialmente desenvolvidas", ver p.25.

5.3.6.1. Modelo OLI

A teoria ecléctica de Dunning, conhecida por modelo OLI (ownership, localization, internalization), em português (posse, localização, internalização), é uma tentativa de incorporar a realização das decisões referentes à escolha do modo de entrada num mercado estrangeiro, num enquadramento unificado, de acordo com Hill *et al.* (1990, p.117), "Dunning introduziu um modelo unificado no qual diferentes factores podem ser colocados e a relação entre eles analisada".

O modelo de Dunning (1980, 1988), colocou em conjunto, aspectos da organização industrial e localização económica, mas ficou particularmente dependente da análise de internalização para explicar o IDE. Na análise de Fladmoe-Lindquist e Tallman (1997), o modelo introduz considerações explícitas dos factores de propriedade, que estão muito perto das ideias de recursos, conhecimentos e capacidades dos modelos VBR das multinacionais ou das escolhas de estratégia.

O modelo OLI identifica as vantagens específicas da posse, as vantagens específicas da localização e as vantagens específicas da internalização como factores relevantes na escolha do modo de entrada.

Ekeledo e Sivakumar (1998, p. 276) referem, que "as vantagens da posse referem-se aos activos e conhecimentos, tais como dimensão, experiência multinacional ou experiência para desenvolver e vender um produto diferenciado. Vantagens de localização referem-se à atractividade de um mercado estrangeiro. Vantagens da internalização referem-se aos benefícios de reter activos e conhecimentos dentro da empresa quando o mercado falha ou onde existe a probabilidade de um comportamento oportunista por parte de um parceiro".

Conforme se referiu, a selecção do modo de entrada envolve dois passos: o primeiro, para determinar em que medida, este dependerá da exportação versus localização de unidades de produção no mercado alvo, o segundo, para determinar o nível de compromisso da empresa no mercado e até que ponto, se estende o controlo proporcionado pela posse dos activos sobre as operações que serão desempenhadas localmente no mercado alvo.

As opções das empresas vão de modos de entrada com 0% de propriedade (licenciamento, *franchising*), modos de entrada com propriedade parcial (tais como as *joint ventures*), a modos com 100% de propriedade (operações com posse completa dos activos, IDE ou aquisições), escolhendo entre controlo completo ou modos de entrada de alto compromisso e controlo partilhado ou entradas com baixo compromisso (Ekeledo e Sivakumar, 1998; Govindarajan e Gupta, 2001).

De acordo com Dunning (1980), a capacidade das empresas para adquirir vantagens de posse, está relacionada com dotações específicas dos seus países de origem, o que constitui a base das vantagens de posse, e as dos países onde operam, citando Dunning (1980, p.11), "a posse de vantagens de propriedade determina que empresas irão fornecer um determinado mercado estrangeiro, enquanto o padrão de dotações locais, explica se a empresa irá fornecer esse mercado pelas exportações (comércio) ou por produção local (não comércio)".

A posse de vantagens específicas é a propriedade de factores únicos, quer dizer recursos, experiência e capacidades desenvolvidas pela empresa no país de origem.

As vantagens de localização estão ligadas a factores locais do país estrangeiro onde se pretende entrar e podem incluir factores como mão-de-obra barata, processos superiores de produção, imagem local, barreiras comerciais impostas pelo governo desses países ou outras, que justifiquem desenvolver a produção nesse país de forma a obter novas vantagens competitivas, que possam ser internamente exploradas, através de recursos complementares da empresa como distribuição e finanças internacionais.

A localização pode ser obtida pelo licenciamento a um parceiro local, negociando um contrato de fornecimento ou a posse de produção local através de IDE de raiz ou aquisição de uma unidade de produção local. A internalização destes factores é justificada quando o licenciamento é arriscado, ou quando contratar um fornecedor não é satisfatório, então a empresa tem de usar IDE para obter essas vantagens locais.

De acordo com Govindarajan e Gupta (2001), existem muitas razões que podem justificar produção local, nomeadamente;
- A dimensão do mercado, quanto maior for o mercado local, mais facilmente a produção local alcançará economias de escala para a empresa, ao mesmo tempo que se reduzem custos de transacção minimizando custos de tarifas alfandegárias e transportes, cujos valores podem por si só desencorajar a entrada via exportação,
- A adaptação dos produtos aos gostos e preferências do mercado local, requer um conhecimento tácito profundo das necessidades desse mercado, acompanhado pela capacidade de incorporar esse conhecimento nas decisões de produção da empresa,
- O cumprimento das regras de jogo de um governo local, obrigando a significativa incorporação de produção local, quando a dimensão do mercado o justifica.

A interligação entre estes factores, influência a escolha do modo de entrada da empresa num determinado mercado, Agarwal e Ramaswami (1992) defendem, que não é expectável, que empresas com menores níveis de vantagens de posse entrem nos mercados estrangeiros, ou de qualquer forma se o fizerem, elas irão escolher um modo de entrada de baixo risco, tal como a exportação.

Em países estrangeiros com elevado potencial de mercado, observa-se frequentemente, que as empresas, escolhem como modo de entrada nesses mercados, *joint ventures* internacionais ou acordos de licenciamento, beneficiando de economias de escala, com um risco contratualizado, tentando através desse processo, tirar partido, quer da posse dos seus factores internos, quer das vantagens de localização nesses mercados (Tallman e Shenkar 1994).

As JVI são formadas, na sequência de negociações intensas entre potenciais parceiros, assim como outros accionistas, e tendo em consideração o comportamento, de outros *stakeholders* no país anfitrião, tais como, clientes, fornecedores e reguladores que façam parte do *network* externo com o qual a empresa vai ter que interagir.

Em particular, a escolha de *joint ventures*, que impliquem compromissos de capital, as chamadas *equity joint ventures* (EJV), como modo de entrada, são um problema complexo, uma vez que, essa escolha é determinada por aspectos económicos e não económicos, em particular pela consciência, que as diferenças entre as culturas nacionais dos parceiros, podem afectar quer as negociações quer as decisões dos gestores.

Mas, em certas circunstâncias, o uso de um parceiro local pode ser necessário para complementar os recursos específicos da empresa, ao fornecer complementarmente activos locais específicos, tais como *networks* de distribuição, facilidades de produção, conhecimento de mercado. Assim, mesmo em operações cuja posse total por estrangeiros está legalmente autorizada, em países como a China ou Rússia, muitos investidores continuam a procurar parceiros locais.

Pela pesquisa estatística, podemos concluir, que o modo de entrada via IDE se está a tornar muito importante, considerando que o processo de substituir exportações por produção local está a ocorrer, o que é facilmente compreendido à luz das explicações acima. Como referido por Stopford (1997), o IDE tem crescido mais depressa que o comércio, desde 1982, as empresas transnacionais geram cerca de três quartos do comércio mundial em produtos manufacturados, sendo que cerca de um terço do qual é comércio entre filiais. De acordo com a UNCTAD (2007), em 2006, o fluxo de IDE no exterior atingiu um valor US$ 1,2 triliões e embora o fluxo das exportações seja cerca de dez vezes superior, o IDE cresceu cerca de 26,2% no período 2002-2006 enquanto as exportações cresceram cerca de 16,7% no mesmo período.

De facto, hoje em dia, o processo de internacionalização não pode ser explicado somente pelo crescimento dos fluxos comerciais entre países, porque a internacionalização através de IDE, tem sido acompanhada pelos mercados financeiros, que têm um impacto igualmente importante na estratégia internacional das empresas, assim como nas relações económicas de diferentes países uns com os outros.

A internacionalização da propriedade de empresas cotadas nas bolsas internacionais e o acesso das empresas aos fundos internacionais dão às grandes empresas a possibilidade de estarem sedeadas onde quiserem.

Bibliografia

ACHROL, R.S. (1997), Changes in the Theory of Inter Organizational Relations in Marketing: Toward a Network Paradigm, *Journal of the Academy of Marketing Science*, Vol. 25 (1), pp.56 -71.

AGARWAL, S. (1994), Socio-Cultural Distance and the Choice of Joint-Venture, A Contingency Perspective, *Journal of International Marketing*, 2 (2) pp.63-80.

AGARWAL, S. e RAMASWAMI S.N. (1992), Choice of Foreign Market Entry Mode: Impact of Ownership Location and Internationalization Factors, *Journal of International Business Studies*, Vol. 23 (1), pp.1-27.

ANDERSON, E. e GATIGNON, H. (1986), Modes of Foreign Entry, a Transaction Cost Analysis and Propositions, *Journal of International Business Studies*, 17(3), pp.1-26.

ANWAR, S.T. (1996), Overseas Chinese Business Networks in Asia, *Journal of International Business Studies*, 27, 4, pp.811-815.

AXELSSON, B. e JOHANSON J. (1992), *Foreign Market Entry: the Text View vs the Network View*, in *Industrial Networks. A New View of Reality*, Axelsson, B and G. Easton, London Routledge, pp.218-34.

BARKEMA, H.G. e VERMEULEN F. (1998), International Expansion Through Start-Up or Acquisition: A Learning Perspective, *Academy of Management Journal*, Vol. 41, N.º 1, pp.7-26.

Bell, J. (1995), The Internationalization of Small Computer Software Firms; A Further Challenge to "Stage", Theories, *European Journal of Marketing*, Vol. 29, Nº 8, pp.60-75.

Bell, J.; McNaughton, R. e Young, S. (2001), 'Born-again Global' Firms an Extension to the 'Born Global' Phenomenon, *Journal of International Management*, Nº 7, pp.173-189.

Bradley, F. (2002), *International Marketing Strategy* 4th, FT Prentice Hall.

Bradley, F. e Gannon, M. (2000), Does the Firm's Technology and Marketing Profile Affect Foreign Market Entry? *Journal of International Marketing*, Vol. 8, Nº 4, pp.13-36.

Brïdgewater, S. (1999), Networks and Internationalization: The Case of Multinational Corporations Entering Ukraine, *International Business Review*, 8, pp.99-118.

Caves, R.E. (1982), *Multinational Enterprises and Economic Analysis*, Cambridge University Press.

Chen, H. e Chen, T.-J. (1998), Network Linkages and Location Choice in Foreign Direct Investment, *Journal of International Business Studies*, Vol. 29, N.º 3, pp.445-468.

Chetty, S. e Holm D.B. (2000), Internationalization of Small to Medium-Sized Manufacturing Firms: a Network Approach, *International Business Review*, 9, pp.77-93.

Das, T.K. e Teng B.S. (2000), A Resource-Based Theory of Strategic Alliances, *Journal of Management*, 26, pp.31-61.

Ding, D. Z. (1997), Control, Conflict, and Performance: A Study of U.S.-Chinese Joint-ventures, *Journal of International Marketing*, Vol. 5, N.º 3, pp.31-45.

Dunning, J.H. (1980), Toward an Eclectic Theory of International Production: Some Empirical Tests, *Journal of International Business Studies*, 11(1), pp.9-31.

Dunning, J.H. (1988), The Eclectic Paradigm of International Production, a Restatement and Some Possible Extensions, *Journal of International Business Studies*, Spring, pp.1-31.

Ekeledo, I. e Sivakumar K. (1998), Foreign Market Entry Mode, Choice of Service Firms: A Contingency Perspective, *Journal of Academy of Marketing Science*, Vol. 26, N.º 4, pp.274-292.

ELG, U. e JOHANSSON U. (2001), International Alliances: How They Contribute to Managing the Interorganizational Challenges of Globalization, *Journal of Strategic Marketing*, 9, pp.93-110.
FLADMOE-LINDQUIST, K. e TALLMAN S. (1997), *Resource-Based Strategy and Competitive Advantage Among Multinationals* in *Strategic Management in a Global Economy*, Wortzel, H.V. and L. H. Wortzel, John Wiley and Sons, Inc., pp.149-167.
GARCIA, C.R. (2000), *Marketing International* 3rd, ESIC.
GENÇTÜRK, E.F. e KOTABE M. (2001), The Effect of Export Assistance, Program Usage on Export Performance: A Contingency Explanation, *Journal of International Marketing*, Vol. 9, N.º 2, pp.51-72.
GOVINDARAJAN, V. e GUPTA A. (2001), *The Quest for Global Dominance*, Jossey Bass.
HARRISON, J.S.; HITT M.A.; HOSKISSON R.E. e IRELAND R.D. (2001), Resource Complementary in Business Combinations: Extending the Logic to Organizational Alliances, *Journal of Management*, 27, pp.679-690.
HILL, C. W. L. e KIM W. C. (1988), Searching for a Dynamic Theory of the Multinational Enterprise: A Transaction Cost Model, *Strategic Management Journal*, Vol. 9, pp.93-104.
HILL, C. W. L.; HWANG P. e KIM W. C. (1990) An Eclectic Theory of the Choice of International Entry Mode, *Strategic Management Journal*, Vol. II, pp.117-128.
HOLM, D.B.; ERIKSSON K. e JOHANSON J. (1996), Business Networks and Cooperation in International Business Relationships, *Journal of International Business Studies*, Special Issue, pp.1033--1053.
KNIGHT, A.G. e CAVUSGIL S.T. (2004), Innovation, Organizational Capabilities, and the Born-Global Firm, *Journal of International Business Studies*, Online Publication 8 January, pp.124-141.
ILHÉU, F. (2006), *A Internacionalização das Empresas Portuguesas e a China*, Almedina.
ILHÉU, F. (2008), *SMEs Network Solution to Enter the Big Emerging, Chinese Market*, IV International Business Conference, Burgos.
JOHANSON J. e VAHLNE J. E. (1990), The Mechanism of Internationalization, *International Marketing Review*, 7(4), pp.11-24.

KAO, J. (1993), The Worldwide Web of Chinese Business, *Harvard Business Review*, March-April, pp.24-36.

KEEGAN, W. e GREEN M. (2008), *Global Marketing* 5th, Pearson Prentice-Hall, New Jersey.

KIM, W.C. e HWANG P. (1992), Global Strategy and Multinationals´ Entry Mode Choice, *Journal of International Business Studies* 23(1), pp.29-53.

KNIGHT, A.G. e S. CAVUSGIL T. (2004), Innovation, Organizational Capabilities, and the Born-Global Firm, *Journal of International Business Studies*, Online Publication 8 January, pp.124-141.

KOGUT, B. e SINGH H. (1988), The Effect of National Culture on the Choice of Entry Mode, *Journal of International Business Studies*, 19, pp.411-432.

KOGUT, B. (1992), *A Note on Global Strategies*, in *International Strategic Management, Challenges and Opportunities*, Root, F. R. and K. Visudtibhan, Eds, Taylor & Francis, Inc. pp.21-28.

KOLTER, P. (2003), *Marketing Management* 11th Edition, Prentice-Hall International Inc.

KOLTER, P. e KELLER, K.L. (2006), *Marketing Management* 12th Edition, Pearson, Prentice-Hall.

LAMBE, C.J.; SPEKMAN R.E. e HUNT S.D. (2002), Alliance Competence, Resources, and Alliance Success: Conceptualization, Measurement and Initial Test, *Journal of Academy of Marketing Science*, 30 (2), pp.141-158.

LIESCH, P. W. e KNIGHT G. A. (1999), Information Internationalization and Hurdle Rates in Small and Medium Enterprise Internationalization, *Journal of International Business Studies*, 30(2), pp.383-394.

LIN, X. e GERMAIN R. (1998), Sustaining Satisfatory Joint-Venture Relationship: The Role of Conflict Resolution Strategy, *Journal of International Business Studies*, 29, (First Quarter), pp.179-196.

LU, J.W. e BEAMISH P.W. (2001), The Internationalization and Performance of SMEs, *Strategic Management Journal*, 22, pp. 565-586.

MADSEN, T.K. e SERVAIS P. (1997), The Internationalization of Born Globals: an Evolutionary Process? *International Business Review*, Vol. 6, N.º 6, pp.561-583.

MALHOTRA, N. K.; AGARWAL J. e BAALBAKI I. (1998), Heterogeneity of Regional Trading Blocs and Global Marketing Strategies, A Multicultural Perspective, *International Marketing Review*, Vol. 15, N.º 6, pp.476-506.

MOEN, O. e SERVAIS P. (2002), Born Global or Gradual Born? Examining the Export Behavior of Small and Medium-Sized Enterprises, *Journal of International Marketing*, 10, 3, pp.49-72.

PENG, M.W. e ILINITCH A.Y. (1998), Export Intermediary Firms: A Note on Export Development Research, *Journal of International Business Studies*, 29 (3), pp.609-620.

PENG, M.W. (2001), The Resource-Based View and International Business, *Journal of Management*, (27), pp.803-829.

PORTER, M.E. (1980), *Competitive Strategy: Techniques for Analyzing Industries and Competitors*, New York: Free Press.

POTHUKUCHI, V.; DAMANPOUR F.; CHOI J.; CHEN C.C. e PARK S.H. (2002), National and Organizational Culture Differences and International Joint-venture Performance, *Journal of International Business Studies*, 33, pp.243-265.

REDDING, S.G. (1990), *The Spirit of Chinese Capitalism*, Ed. Clegg Stewart R., New York: Walter de Gruyter.

RODRÍGUEZ, C.M. e WILSON D.T. (2002), Relationship Bonding and Trust as a Foundation for Commitment in U.S.-Mexican Strategic Alliances: A Structural Equation Modeling Approach, *Journal of International Marketing*, Vol. 10, N.º 4, pp.53-76.

SARKAR, M.B.; ECHAMBADI, R.; CAVUSGIL S.T. e AULAKH P.S. (2001), The Influence of Complementarity, Compability, and Relationship Capital on Alliance Performance, *Academy of Marketing Science Journal*, 29, pp.358-373.

SIRMON, D.G. e LANE P.J. (2004), A Model of Cultural Differences and International Alliance Performance, *Journal of International Business Studies*, 35, pp.306-309.

SMITH, A. e RENEY M.C. (1997), The Mating Dance: A Case Study of Local Partnering Processes in Developing Countries, *European Management Journal*, 15 (2), pp.174-182.

STOPFORD, J.M. (1997), *The Growing Interdependence Between Transnational Corporations and Governments*, in *Strategic Management in a Global Economy*, Wortzel, H.V. and L.H. Wortzel, John Wiley and Sons, Inc., pp56-70.

TALLMAN, S. (2001), *Global Strategic Management*, in *Handbook of Strategic Management*, M. A. Hitt, R. E. Freeman, J. S. Harrison, Eds. Blackwell Business, pp.464-490.

TALLMAN, S. e SHENKAR O. (1994),A Managerial Decision Model of International Cooperative Venture Formation, *Journal of International Business Studies*, Fist Quarter, pp.91-113.

TERPSTRA, V. e SARATHY R. (2000), *International Marketing* 8th, Thomson, South-Western, USA.

VANHONAKER, W. e PAN Y. (1997), The Impact of National Culture, Business Scope, and Geographic Location on Joint-Venture Operations in China, *Journal of International Marketing*, Vol. 5 (3), pp.11-30.

WILLIAMSON, P. J. (1997), Asia's New Competitive Game, *Harvard Business Review*, 75th Anniversary Issue, September-October, pp.55-67.

WOODCOCK, C. P.; BEAMISH P. W. e Makino S. (1994), Ownership-Based Entry Mode Strategies and International Performance, *Journal of International Business Studies*, Second Quarter, pp.253-273.

ZAHRA, S.A.R.; IRELAND D. e HITT M.A. (2000), International Expansion by New Venture Firms: International Diversity, Mode of Market Entry, Technological Learning, and Performance, *Academy of Management Journal*, Vol. 43, N.º 5, pp.925-950.

Capítulo VI

Escolha da estratégia de *marketing-mix* internacional

6.1. Escolha da Estratégia de *Marketing-Mix* Internacional

Keegan (1989) refere, que as diferenças entre marketing no mercado interno e internacional, derivam das diferenças dos meios envolventes nacionais, uma vez que por definição "toda a acção estratégica representa um diálogo entre a empresa e o seu meio envolvente" (Govindarajan e Gupta, 2000, p.180) e "as empresas devem usar uma estratégia de expansão de mercado apropriada ao meio envolvente na qual operam", (Bradley e Gannon, 2000, p.18).

Isto quer dizer, que a empresa deve adaptar-se a cada meio envolvente e às suas mudanças, o que implica, diferentes estratégias e estruturas organizacionais em diferentes países.

Primeiro, as empresas desenvolvem as estratégias e posteriormente desenham as estruturas que servem essas estratégias, existe um alinhamento "meio envolvente-estratégia-estrutura". Os gestores devem primeiro, desenvolver estratégias de marketing em função das condicionantes do mercado alvo e desenvolver depois, as estruturas que permitem implementar essas estratégias (Özsomer e Prussia, 2000). De facto "a estratégia reflecte o meio envolvente da empresa e a organização da empresa reflecte a estratégia" (Christensen, 1997, 142).

Muitas vezes as diferenças, mercado a mercado, obrigam as empresas a modificar o seu posicionamento competitivo para competir eficazmente, uma vez que, as características e expectativas do cliente, a natureza das infra-estruturas de mercado e a estratégia dos concorrentes podem diferir de um mercado para outro (Craig e Douglas, 2000).

Porter (1986) explica, que nas actividades de expansão operacional nos mercados externos, a que ele usualmente chama configuração internacional, a primeira preocupação da empresa, é o conhecimento do meio envolvente, não só dos atributos económicos e competitivos da indústria, mas também, das características sociais, políticas e culturais, que influenciam a estratégia da empresa nos mercados internacionais.

O meio envolvente de negócios, é constituído por factores, que determinam a entrada e expansão de uma empresa num mercado e o sucesso de uma empresa num mercado estrangeiro é afectado por esses diferentes factores, uma vez que, eles influenciam a estratégia e os resultados das empresas num mercado específico.

Esses factores são identificados como sócio-culturais, político-legais, económicos e tecnológico-educacionais. Quando estes factores impedem uma empresa de desempenhar a sua actividade de determinada maneira, condicionam de uma forma negativa a acção da empresa no mercado, assim cada factor envolvente dos negócios pode constituir uma condicionante (Paliwoda, 1993; Leonidou *et al.*, 2002; Brouthers e Xu, 2002; Katsikeas, 2003). Estes factores assumem uma especial importância no condicionamento da definição estratégica nos mercados internacionais.

De facto, Paliwoda (1993, p.64) identificou como condicionantes do meio envolvente, os "factores que impedem o desempenho de uma empresa de uma determinada maneira. Os factores condicionantes da empresa implicam alguma limitação da empresa usualmente no sentido negativo" e "em certo sentido, cada factor do meio envolvente é uma condicionante". Leonidou *et al.* (2002, p.51) classificaram como factores do meio envolvente "factores que moldam o trabalho" e chamaram à atenção para os "meios envolventes macro nos quais os exportadores operam quer no mercado interno quer no mercado internacional".

Podemos assim concluir, que dependendo o sucesso de uma empresa no mercado internacional do conhecimento, compreensão e adaptação aos factores condicionantes do meio envolvente de cada país, a primeira tarefa de um gestor na preparação da estratégia de *marketing-mix* nesses países, é o estudo do enquadramento internacional do negócio em que a empresa se encontra, o chamado meio envolvente macro, e dos factores condicionantes do meio envolvente de cada país, o chamado meio envolvente micro.

6.2. Meio Envolvente de Marketing Internacional

Para ter sucesso, o gestor de marketing internacional, tem de definir uma estratégia e implementar um programa de *marketing-mix*, que minimize a acção dos factores condicionantes do meio envolvente, variáveis não controladas pela empresa, em cada mercado onde pretende entrar, Fig. 6.1. No mercado interno, esses factores não controláveis pela empresa, também têm de ser considerados na estratégia de *marketing-mix*, mas eles são muito mais previsíveis de que nos mercados externos.

178 | Estratégia de Marketing Internacional

Figura 6.1 – Meios Envolventes de Marketing

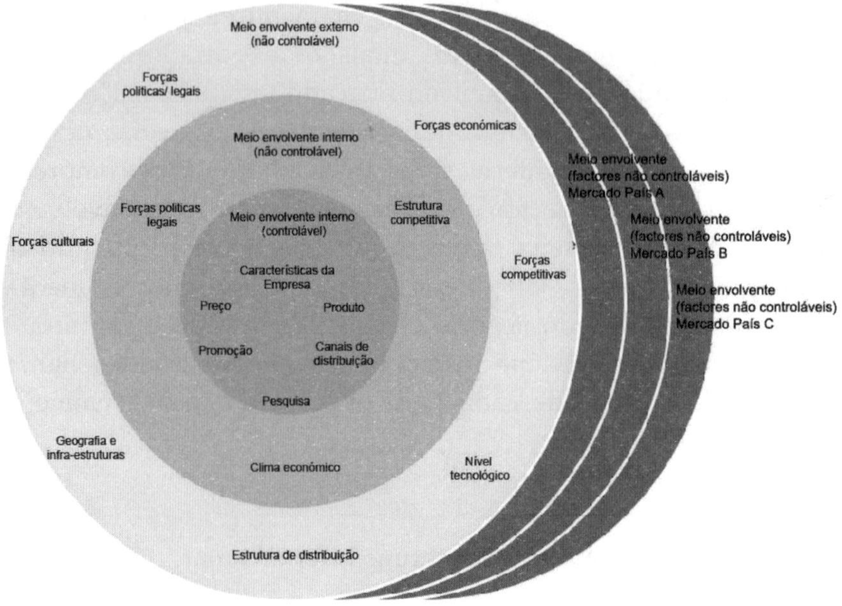

Fonte: *Cateora e Graham (2007)*.

De acordo com Bradley (2002), para formular a estratégia de marketing internacional, a empresa tem de considerar as oportunidades e ameaças do meio envolvente internacional, ver Fig. 6.2.

Figura 6.2 – Meio Envolvente de Marketing Internacional

Fonte: *Bradley (2002)*.

As condicionantes do meio envolvente têm de ser pesadas contra a procura, sendo que ambos os elementos, não são controláveis pelas empresas.

A informação no meio envolvente internacional dá à empresa conhecimento das tendências internacionais de um negócio específico, tal como, quem são os grandes fornecedores e compradoras, onde estão localizados, quais são as preferências dos consumidores, que formas de comércio e investimento se estão a registar na indústria, se é uma indústria global ou não, quais são os requisitos internacionais para os padrões de qualidade do produto, embalagem, rótulos, se são os nomes das marcas importantes ou não, características dos *networks* de distribuição, estratégias de concorrência em preços, diversificação do produto, publicidade e promoção. Podemos dizer que este tipo de informação dá à empresa a tendência actualizada do negócio no contexto internacional.

Para conseguir uma melhor explicação para o meio envolvente internacional, "devemos ser sistemáticos na aplicação dos instrumentos de pesquisa e procedimentos" (Katsikeas, 2003, p.136). As empresas devem trabalhar com enquadramentos de pesquisa, que levem as organizações a uma interpretação contínua, dos factores internos e externos e das práticas de gestão, para isso, o sistema de inteligência de marketing que instituírem, deve não só dar informação "acerca de clientes mas também de concorrentes, fornecedores e outros aspectos do meio envolvente que afectem o negócio" (Nakata e Sivakumar, 2001, p.257).

Assim, o sistema de inteligência de marketing deve disponibilizar metodologias e modelos de recolha, tratamento e análise de dados, que permita à empresa, em tempo real, ter conhecimento actualizado, sobre factores internos e externos à empresa, práticas de gestão, clientes, concorrentes, fornecedores e outros aspectos do meio envolvente que afectem o negócio e que sejam relevantes para a definição da estratégia de *marketing-mix* internacional.

6.3. Factores Específicos do Meio Envolvente em Cada País

O sucesso de uma empresa depende bastante da compreensão das forças de mercado, que actuam sobre o produto da empresa em cada país e, da sua habilidade em formar uma combinação de elementos de marketing que actuem sobre essas forças, de forma a conseguirem obter uma quota de mercado e um lucro satisfatório.

Resumidamente, pode dizer-se que, o sucesso do marketing internacional é o ajustamento das diferenças do meio envolvente de um mercado para outro. São portanto necessários os conhecimentos específicos de cada país, em aspectos como hábitos de consumo, credos e crenças culturais, comportamentos dos agentes económicos, preferências de consumo locais assim como o conhecimento aprofundado do enquadramento institucional, legal, tecnológico de cada país.

6.3.1. Meio Envolvente Sociocultural

Os valores socioculturais são um aspecto fundamental do meio envolvente de uma empresa (Begley e Tan, 2001). A forma como as pessoas consomem, a prioridade das necessidades e desejos que tentam satisfazer, a forma como se satisfazem, são função da sua cultura, que modera, molda e dita o seu estilo de vida.

As sociedades têm estilos colectivos cognitivos que afectam a percepção, comportamento, padrões de pensamento e práticas de negócio, que caracterizam as suas culturas nacionais. A cultura nacional, que se tornou um importante conceito na literatura dos negócios internacionais, é referida por Roath *et al.* (2002) como um conjunto de valores, que são comuns aos cidadãos de uma nação e constituem um sistema de regras partilhadas, valores e prioridades, um código de comportamentos esperados nessa sociedade.

Estes credos partilhados são aprendidos desde a infância, através do exemplo familiar, programas de educação da escola e convívio social (Sirmon e Lane, 2004).

Na mesma linha Bradley (2002, p.89) refere, que "a cultura inclui quer os valores conscientes quer os inconscientes, ideias, atitudes e símbolos que moldam o comportamento humano, e que passam de geração para geração". Para este autor, o sucesso estratégico depende da compreensão da cultura e dos concorrentes nos mercados externos, e da posse de percepções positivas dentro da empresa.

O principal trabalho de marketing internacional, é responder à cultura local e interligar o negócio com o contexto do seu meio envolvente, e isto é assim, porque a compreensão das diferentes culturas permite aos *marketers*, determinar quando é necessário adaptar ou regionalizar ou globalizar a oferta. A cultura afecta qualquer aspecto das decisões de marketing, desde o produto, marca, embalagem, preço, distribuição, relacionamento com o cliente, até à comunicação.

Para as empresas no mercado internacional, as características culturais do país anfitrião onde os gestores vão negociar e trabalhar, devem ser apreendidas, absorvidas e adaptadas. Por isso os gestores internacionais devem ser abertos à aprendizagem de culturas de diferentes países. A aculturação, ou seja ajustar-se ou adaptar-se a uma cultura específica, que não é a sua, é uma das chaves de sucesso nas operações internacionais.

Os nossos valores e atitudes ajudam a determinar, se o que nós pensamos é bom ou mau, certo ou errado, o que comprar ou não comprar, o que é importante e o que é desejável, e estão relacionados com alguns aspectos da cultura, como religião, credos e crenças. A literatura sobre a ética de negócios mostra, "uma prova extensiva da influência da nacionalidade nos valores dos sentimentos do que é certo ou errado" (Hofstede *et al.*, 2002, p.787).

A religião é um vector principal da cultura, compreender a religião significa examinar as nossas convicções mais profundas.

A linguagem tem sido descrita como o espelho cultural, que afecta o conteúdo e a natureza da cultura, porque a linguagem não é só um instrumento de comunicação, mas também um código de ideias.

A cultura material, as coisas materiais que as pessoas criam e usam, está muito relacionada com a estética e tem várias implicações importantes nas tendências de mercado e nas ofertas de marketing, tais como, *design* em Itália, glamour e moda na França, tecnologia na Alemanha, estilo Zen no Japão (Bradley, 2002).

Os cientistas sociais definem cultura nacional, como "padrões de pensamento, sentimento e acção enraizados em valores comuns e convenções da sociedade" (Nakata e Sivakumar, 2001, p.257).

De acordo com os sentimentos predominantes, a cultura nacional influencia as actividades de marketing, incluindo a estratégia de marketing internacional, decisão de entrada nos mercados, inovação e abordagem de desenvolvimento de produtos. Por exemplo Hofstede (1991) refere, que 50% das diferenças na gestão de atitudes, credos e valores são explicados pelas culturas nacionais.

Hofstede (1980) definiu cultura, como um programa mental colectivo, que as pessoas de um determinado país têm em comum e que as distinguem das pessoas de outros países, reflectindo a sua identidade e o seu código de conduta.

No entanto, hoje em dia, devido aos fenómenos de emigração e miscigenação, poucos países têm culturas homogéneas, como as do Japão ou da Arábia Saudita, a predominância vai para a existência num país de várias subculturas, como a dos hispânicos nos EUA, dos chineses, indianos e gregos na Austrália etc.

Não devemos, no entanto, deixar de considerar, que a globalização tem inerente uma tendência de diminuição das diferenças culturais. A melhoria das comunicações tem contribuído para a convergência de gostos e preferências em muitas categorias de produtos, trabalhando-se actualmente em marketing internacional, com segmentos similares através das fronteiras, como os segmentos dos *teenagers*, afluentes etc.

Verifica-se também, que um determinado país ou uma determinada empresa, pode ser dominante num determinado sector ou numa determinada tecnologia, ou produto ou serviço, impondo a cultura do seu consumo, como por exemplos os filmes e o jazz dos EUA, o sushi do Japão, a ópera italiana, os livros "Harry Potter", os *cartoons* japoneses "Pokemon", as empresas; Mc Donald's, KFC, Disney, Coca-Cola, Pepsi entre muitas outras.

De certa forma, pode dizer-se que culturas globais estão a emergir, como por exemplo a cultura pop, cultura do café, cultura zen, cultura *fast-food*, visto que, é cada vez maior o número de pessoas, que partilham conjuntos significativos de símbolos relacionados com o consumo de certos produtos ou serviços. Aspectos universais no meio envolvente cultural representam oportunidades para estandardizar elementos do programa de marketing.

Não devemos contudo esquecer, que embora exista esta tendência, a diversidade cultural vai determinar as estratégias de marketing internacional em muitos outros produtos e serviços, em que adaptações locais se impõem.

6.3.1.1. *Teorias da Cultura*

Eduard Hall (1959, 1990) é um dos fundadores dos estudos de comunicação intercultural e as suas pesquisas tiveram um papel fundamental na compreensão de como as pessoas se comportam, o que é largamente determinado pela sua matriz de padrões culturais. As pessoas comunicam através de um processo, que acontece fora da sua percepção consciente e em justaposição com palavras, o que fazem é mais importante do que aquilo que dizem.

Este antropologista, foi responsável pela introdução dos conceitos de factores culturais conhecidos por alto e baixo contexto. Existe em certas culturas como que uma "linguagem silenciosa", que é entendível, apenas pelas pessoas que compreendem as regras e os códigos dessa cultura. Como resultado muita comunicação é dada como adquirida, não precisa de ser explícita, existem muitos elementos contextuais que ajudam as pessoas a compreender essa comunicação, este tipo de culturas são chamadas de alto contexto. No entanto, em outras culturas muito pouca comunicação é considerada implícita, garantida, quer dizer, que carece de ser explicitada e explicada com detalhe, nessas culturas as pessoas vivem no "mundo das palavras" e, tendem a não perceber, a não entender, a comunicação através da linguagem do comportamento, são linguagens de baixo contexto.

Os efeitos das diferenças entre estes dois tipos de culturas, podem observar-se por exemplo, no tipo de contratos feitos em França e nos EUA, no primeiro caso, temos uma cultura de alto contexto, onde o texto contratual é pouco extenso e detalhado e no segundo, uma cultura de baixo contexto, onde os contratos são mais alongados com detalhes, onde tudo tem de ficar explícito. Outras culturas de alto contexto podem ser mencionadas, como a chinesa, a coreana, a japonesa, o árabe e de baixo contexto a germânica, a suíça, a escandinava e a inglesa.

Podemos sintetizar as diferenças destes dois tipos de culturas da seguinte forma:

Culturas de alto contexto
  Informação reside no contexto
  Ênfase no background, valores básicos, quem é quem na sociedade
  Menos ênfase nos contratos legais
  Focus na reputação pessoal

Culturas de baixo contexto
  Mensagens são explícitas e específicas
  Palavras e números contêm toda a informação
  Confiança nos contratos legais
  Focus na documentação não pessoal de credibilidade

Podemos analisar com mais pormenor, a diferença entre estes dois tipos de culturas analisando factores como; a abertura às

Parte I – Capítulo VI. Escolha da estratégia de *marketing-mix* internacional | 185

mensagens, fonte de controlo e atribuição do falhanço, uso de comunicações não verbais, expressão de reacções, coesão ou separação de grupos, laços pessoais, nível de compromisso de recursos e flexibilidade no tempo, ver Fig. 6.3.

Figura 6.3 – Diferenças entre Culturas de Alto e Baixo Contexto

Factores	Culturas de Alto Contexto	Culturas de Baixo Contexto
Abertura às mensagens	Muitas mensagens encobertas e implícitas, uso de metáforas e leitura entre linhas	Muitas mensagens claras explícitas e simples
Origem do controlo e atribuição do falhanço	Controlo interior e aceitação pessoal do falhanço	Controlo exterior e queixa pelo falhanço dos outros
Uso de comunicações não verbais	Muitas comunicações não verbais	Maior foco na comunicação verbal do que na linguagem corporal
Expressões de reacção	Reservada, reacções interiores	Visível, externa, reacção exterior
Coesão e separação de grupos	Forte distinção entre quem pertence ao grupo e quem não pertence	Padrões de grupo flexíveis e abertos mudam conforme as necessidades
Laços pessoais	Fortes laços pessoais com afiliação à família e comunidade	Laços frágeis entre pessoas com pouco sentido de lealdade
Nível de compromisso a relacionamentos	Alto compromisso a relacionamentos de longo prazo, relações mais importantes que trabalho	Baixo compromisso a relacionamentos, trabalho mais importante que relacionamentos
Flexibilidade no tempo	Tempo é aberto e flexível. Processo mais importante que o resultado	Tempo altamente organizado. Resultado mais importante que o processo

Fonte: www. changingminds.org

A gestão do tempo é um dos elementos chave da cultura, por exemplo, os americanos tendem a pensar no tempo como qualquer coisa fixa, a sua visão do tempo é caracterizada por descrição, linearidade, necessidade de horário e orientação face ao futuro. A gestão do tempo revela como os padrões inconscientes implícitos trabalham numa cultura e como as pessoas os entendem.

Hall considera, que existem culturas monocrónicas, em que a noção de tempo, implica fazer uma coisa de cada vez, assumindo a importância do planeamento e organização, este tipo de cultura tende a ser de baixo contexto e, culturas policrónicas, onde a interacção humana, é mais valorizada que o tempo e as coisas materiais, levando a uma menor preocupação por ter as "coisas feitas", elas vão fazer-se no seu próprio tempo, este tipo de cultura tende a ser de alto contexto.

As culturas ocidentais, variam entre monocrónicas e policrónicas, por exemplo os ingleses e americanos têm culturas monocrónicas o que explica a sua preocupação com a organização, cumprimento de horários, pontualidade, eficiência na gestão do tempo, os franceses e portugueses têm culturas policrónicas, o que explica que, considerem normal chegar tarde a um encontro ou reunião, ter reuniões muito longas, gastar muito tempo em conversa para fortalecer os relacionamentos.

Figura 6.4 – Diferenças entre Culturas Monocrónicas e Policrónicas

Factores	Cultura Monocrónica	Cultura Policrónica
Acções	Fazer uma coisa de cada vez	Fazer muitas coisas ao mesmo tempo
Focus	Concentrar no trabalho em mãos	Dispersão frequente
Atenção ao tempo	Pensamento em quando os resultados serão conseguidos	Pensamento nos resultados que serão conseguidos
Prioridade	O trabalho, primeiro	Os relacionamentos, primeiro
Respeito pela propriedade	Raramente se emprestam ou pedem coisas emprestadas	Empresta-se e pedem coisas emprestadas frequentemente
Oportunidade	Ênfase na prontidão	Baseia prontidão nos factores de relacionamento

Fonte: www.changingminds.org

Hall também concluiu, que a forma como o espaço é organizado e a nossa relação com ele, difere de cultura para cultura, e algumas culturas necessitam de mais espaço que outras. Na América Latina por exemplo, a interacção da distância é muito menor que nos EUA, as pessoas não podem falar à vontade umas com as outras a não ser que estejam próximas fisicamente. Os japoneses também necessitam de menos espaço que os americanos, e ao colocar-se mais próximos destes para falar, podem sem querer causar algum mau estar nestes últimos. Algumas pessoas necessitam de casas maiores, carros maiores, escritórios maiores..., do que outras e, isso pode ser determinado por razões culturais. Como exemplo, podemos referir que, na América o espaço físico necessita de ser maior do quer no Japão.

Cada criatura humana tem uma fronteira física, que a separa do meio envolvente e a forma como considera e defende esse seu território é grandemente diferenciada de cultura para cultura. *Proxemics* é o termo que Hall utilizou para as observações interculturais e teorias de espaço. Nalgumas culturas, as pessoas são mais territoriais do que noutras, existem maiores preocupações pela defesa do território e pela propriedade, isto põe-se ao nível de um espaço de escritório ou de casa até de um país, a noção de propriedade é extensível a todas as coisas materiais e justifica muitos conflitos existentes e até guerras entre países. Nas culturas de alta territorialidade, que tendem a ser de baixo contexto, as preocupações com a segurança são enormes, enquanto nas culturas de baixa territorialidade que tendem a ser de alto contexto, o sentimento de insegurança em condições normais é menor.

Quando uma empresa se internacionaliza, vai ter de trabalhar com pessoas de várias culturas e é importante perceber os seus comportamentos e reacções, que devem ser percebidos à luz da sua cultura, que deverá à partida ser identificada, pelo estudo de factores caracterizadores. Por exemplo, se estamos a lidar com pessoas com culturas de baixo contexto devemos ter muita preocupação, em que todos os acordos fiquem detalhadamente escritos, se estamos a negociar com uma pessoa de alto contexto devemos prever, que os laços familiares de amizade e de grupo são fundamentais para justificar as suas decisões de compromisso ao negócio. O facto de uma pessoa chegar tarde às reuniões, pode ser explicado pela sua cultura policrónica e portanto vai existir sempre a necessidade de planear as reuniões com essa pessoa prevendo atrasos ao longo do dia, que se vai estender por mais horas de trabalho do que aconteceria se essa pessoa tivesse uma cultura monocrónica, que tem uma preocupação, com o quando, as coisas são feitas.

Outra teoria de análise do contexto sociocultural, que é muito utilizada para se compreender as características culturais organizacionais dos países, foi desenvolvida por Hofstede (1980), que identificou inicialmente quatro dimensões largamente diferenciadoras de várias culturas, nomeadamente os índices de distância ao poder, individualismo, masculinidade e evitar incerteza.

1. "Individualismo versus colectivismo" o valor da identidade individual e os seus direitos, comparados com os do grupo, culturas com um índice de colectivismo alto são orientadas pelo grupo. Membros de culturas mais colectivistas tendem a proteger-se uns aos outros mais duramente do que nas culturas individualistas. A ênfase nos relacionamentos nas sociedades colectivistas justifica por exemplo os fortes laços de *network* entre os comerciantes e os clientes (Nakata e Sivakumar 2001).
2. "Evitar incerteza", basicamente mede a tolerância ao risco, culturas com um índice forte de evitar incerteza, tendem a procurar formas de criar sistemas protectores de controlar o meio envolvente. Para reduzir a incerteza, as PMEs envolvem-se na formação de actividades de coligação, tais como, formar associações, alianças (Steensma, *et al.*, 2000).
3. "Masculinidade versus feminilidade", culturas com alta masculinidade favorecem os desempenhos e as realizações materiais, culturas femininas valorizam qualidade de vida e relacionamentos. Nas sociedades masculinas prevalecem as orientações pelo sucesso material e pela competição.

4. "Distância ao poder", indica a tolerância pela hierarquia social e estrutura de classes, culturas de grande distância ao poder, exibem classes e diferenças de poder conforme as posições na hierarquia profissional e na sociedade existente e os grupos tendem a fechar-se sobre si próprios, sendo difícil a aceitação de pessoas com outras posições na hierarquia social.

Hofstede (1991) introduziu uma quinta dimensão encontrada num estudo sobre a Ásia, a dinâmica confuciana ou uma orientação de longo prazo onde o polo positivo desta dimensão, representa valores tais como poupança, persistência, lealdade, e é orientado para o futuro, enquanto o pólo negativo representa conservadorismo, tradição e são orientados para o passado.

Em que medida estas dimensões afectam a estratégia de marketing internacional e como é que a distância cultural afecta os relacionamentos de negócios entre empresas de diferentes países são aspectos importantes a considerar.

Sem sermos exaustivos, podemos fazer algumas observações para ilustrar como é que as dimensões das culturas nacionais afectam as estratégias de marketing internacional.

A pesquisa de Nakata e Sivakumar (2001) mostra, que uma estratégia de marketing numa cultura individualista, como os EUA e a Inglaterra por exemplo, tende a focar a satisfação dos clientes, através da novidade do produto, serviço, variedade, e dos aspectos funcionais e transaccionais, com o objectivo de obter uma situação individual gratificante, enquanto nas sociedades colectivistas, como por exemplo, o Japão, a China e Portugal, as estratégias de marketing tendem a colocar ênfase na pertença ao grupo, e oferta de benefícios aos sócios, para ter sucesso.

As sociedades colectivistas desenvolvem o valor da "face" com origens na cultura chinesa, é o valor que melhor identifica os comportamentos e formas de negociação na Ásia Oriental, mas pode ser considerada um valor universal. Como é referido por Begley e Tan (2001), a teoria da "face" fornece um modelo para ligar as dimensões socioculturais ao processo de decisão individual, onde a "face" é definida como "a avaliação baseada em julgamentos próprios internos ou externos (ao indivíduo), da adesão de uma pessoa às regras morais de conduta e posição dentro de uma determinada sociedade", ver p.538.

As conclusões de Nakata e Sivakumar (2001), também referem, que um índice de evitar incerteza mais forte, tem estado associado à preferência por um estilo de gestão baseado em sistemas de controlo rígidos, tais como, planeamento detalhado, e auditorias contabilisticas, sendo as transacções normalmente feitas por contrato escrito inserido em sistemas legais, que regulamentam até os actos mais simples, enquanto as sociedades com um índice de evitar incerteza mais fraco, estão mais à vontade com o desconhecido e têm um estilo de gestão leve, baseado no relacionamento humano com ênfase na confiança e nos compromissos não escritos, sendo também mais flexíveis e empiricamente ligadas a níveis mais elevados de inovação.

Nas sociedades com um grande índice de distância ao poder, com elevada desigualdade entre os membros, são esperados diferentes privilégios especiais e símbolos de *status* para os que ocupam posições sociais e hierárquicas mais elevadas, a interpretação de marketing é diferenciar clientes, dando mais benesses aos mais conhecidos, criando clubes fechados, cartões de entrada para alguns etc. Em países com grande distância ao poder como China, Japan, Taiwan, "aos clientes que são conhecidos, mesmo que só por referência, são normalmente oferecidos mais privilégios, tais como descontos nos preços" (Nakata e Sivakumar, 2001, p.260).

Também algumas das marcas mais prestigiadas, são originárias ou têm os seus melhores mercados, em países com grande distância ao poder tais como Itália, Alemanha, França, Japão, e Hong Kong. Em países com baixa distância ao poder, verifica-se uma igualdade na abordagem de marketing com uma oferta uniformizada em qualidades, benefícios e valor, por isso não é surpreendente, que empresas com estratégia de massificação de mercados, como a Wal-Mart, Ikea, McDonald's tenham as suas origens em países como os EUA e a Suécia.

Nas sociedades mais baixas em masculinidade, que focam a preocupação pelos outros e a melhoria da qualidade de vida, não valorizando tanto o sucesso material próprio, as pessoas são mais modestas, mais emocionais e o marketing é beneficiado se desenvolver relacionamentos baseados nas relações pessoais. Pode nestas culturas, ser observada uma prevalência da amizade e afiliação relativamente a factores de desempenho material no processo de decisão, enquanto nas sociedades altas em masculinidade, a resposta racional aos esforços de marketing das empresas é feita pala avaliação cognitiva dos atributos do produto e das expectativas de valor.

O negócio e o consumo podem estar directamente relacionados com a cultura nacional, por exemplo realização e sucesso e símbolos materiais de sucesso, tais como compras de *status*, são muito mais importantes em sociedades altas em masculinidade, (Bradley, 2002).

Sociedades altas na dinâmica confuciana, ou orientação por longo prazo, tais como a japonesa e a chinesa, incorporam a visão de longo prazo em muitos aspectos do negócio, desde a construção de *networks* de fornecedores até ao financiamento das empresas. Neste tipo de sociedades as decisões necessitam de tempo para serem tomadas, uma vez que ninguém está com pressa e todas as perspectivas devem ser consideradas, diversos níveis de hierarquia têm de ser ouvidos até se obter um consenso, o que obriga a negociações de longo prazo. Devido à orientação de longo prazo as sociedades dos países da Ásia Oriental, tendem a colocar ênfase na educação e treino, trabalho com persistência e paciência, para esperar recompensas a longo prazo, a sua atitude também favorece relacionamentos a longo prazo em detrimento dos de curto prazo, Li, Lam e Qian (2001).

6.3.1.2. Elementos da Cultura

Para analisar o potencial de um mercado externo e para consequentemente ali implementar, com sucesso, um plano de marketing, é necessário conhecer com rigor e em pormenor os elementos que caracterizam a cultura da população desse mercado. Os elementos a considerar podem agrupar-se nas dimensões; língua e comunicação, religião e crenças, cultura material e estética, valores e atitudes, e estrutura social.

A língua é o espelho cultural de uma população, afecta o conteúdo e a natureza da sua cultura. A língua local tem um papel importante no marketing internacional, ajuda na obtenção e análise da informação, fornece acesso à sociedade local, é importante para passar as mensagens da empresa, ajuda à interpretação de conteúdos.

Existem cerca de 6912 línguas vivas conhecidas e mais de 10 000 dialectos, e é importante perceber o sentido *strictu* e lato das palavras, as metáforas, os diminutivos e muitas vezes o calão, para entender correctamente uma comunicação numa determinada língua. Existem países em que a sua população é constituída por etnias diferentes, com diferentes grupos linguísticos, o que leva a que a comunicação entre os diversos grupos populacionais, também seja difícil internamente.

A China, Índia e África, apresentam os maiores desafios para os ocidentais. A China tem 7 grupos linguísticos, cada um com muitos dialectos que só se entendem pela escrita. No entanto, o governo procura uniformizar a língua oficial, o mandarim. Apesar de existirem ainda mais dialectos na Índia do que na China, a sua cobertura para os *marketers*, é menos complicada porque existe um maior domínio do inglês. No entanto existem 3 línguas oficiais: Inglês, Hindi e a língua predominante do Estado (tem 28 Estados e 4 Uniões Territoriais) e os publicitários colocam o mesmo anúncio nos jornais nessas 3 línguas. Em África mais de 1000 línguas que não se entendem entre si, tornam o marketing um grande desafio.

Parte I – Capítulo VI. Escolha da estratégia de *marketing-mix* internacional | 193

Mas a linguagem não verbal, constituída por gestos, posições do corpo e contactos visuais, é também muito importante, é a linguagem escondida das culturas em que é preciso interpretar gestos e sinais como, as manifestações de contacto pessoal, o significado do sim e do não, o significado do silêncio, a simbologia gráfica, a forma de vestir e apresentação do cabelo, as mensagens dos presentes, onde é importante conhecer a flexibilidade do tempo e a sensibilidade das pessoas em relação por exemplo aos números, dos dias às horas, a sua relação com o espaço, e de umas com as outras, as regras dos relacionamentos sociais.

A comunicação não verbal e a interpretação dos elementos referidos acima têm muita influência na publicidade. A publicidade não verbal ou visual pode satisfazer melhor objectivos de marketing das empresas globais, contudo, os gestos podem ser interpretados de maneira diferente entre diferentes culturas.

Por exemplo, no Japão, apontar com o indicador para o seu próprio peito indica que a pessoa quer um banho, na China apontar para o seu próprio nariz, quer dizer que a pessoa está a falar de si, na Índia e China o beijo social não se pratica, é considerado ofensivo, nunca se deve tocar na cabeça de um tailandês porque na Tailândia a cabeça é considerada sagrada, abençoada.

A simbologia dos números é importante não só na publicidade, mas na própria constituição da oferta, das quantidades, das embalagens, mas também nos relacionamentos, como exemplos, podemos referir que o número 7, é considerado de má sorte no Kénia, de boa sorte na República Checa, e tem uma conotação mágica no Benim em África, 13 é um número de azar em muitas culturas ocidentais (especialmente se for sexta-feira), o número 4 quer dizer morte no dialecto da Província de Cantão na China e, em Macau e Hong Kong, por isso as pessoas não gostam de morar no 4º andar, os construtores resolvem o problema, colocando um 3º andar alto e um 3º andar baixo.

Um conhecido exemplo, explica bem a importância de saber interpretar o que está por trás do silêncio, assim uma empresa americana tenta negociar um preço com um comprador japonês, faz uma apresentação detalhada e pede um preço que considera razoável. O comprador japonês não reage, os americanos pensam que isso é uma rejeição e baixam o preço. O comprador japonês continua em silêncio, os americanos então afirmam que vão baixar o preço pela última vez e que este é o preço mais baixo possível. Os japoneses aceitam depois de um curto silêncio, mais tarde o comprador japonês disse que a primeira oferta era aceitável, mas que era costume no Japão, considerar uma proposta em silêncio antes de comunicar a decisão. A empresa americana perdeu muito lucro, por pensar que os japoneses reagem como os americanos, numa negociação.

Dar presentes e como se dá, é sempre uma forma importante de comunicação, mas o que é apropriado varia, por exemplo na China não é apropriado oferecer relógios ou retratos, ou objectos cortantes, a um árabe não se deve oferecer licor ou uma garrafa de vinho, na Índia objectos com imagens de cobra, no Japão oferecer conjuntos de 4 ou 9 unidades deverá ser evitado.

Na tradução, da língua do país de origem para a língua local deverá ser tida em consideração a interpretação cultural da mesma, por exemplo na tradução de nomes de marcas, podemos referir a tradução à letra para chinês de KFC's Finger Lickin' Good, como "Coma os seus Dedos", na Arábia Saudita a tradução de Pillsbury's Jolly Green Giant, resultou no "Gigante Verde Intimidante". Estas traduções podem ser determinantes no sucesso ou insucesso de um produto ou serviço no mercado estrangeiro onde se pretende entrar.

Duas marcas do grupo de automóveis PSA, a Peugeot e a Citroën, tiveram entradas no mercado chinês com resultados muito diferentes, grande parte devido à tradução que foi feita das suas marcas e que determinou a aceitação ou rejeição cultural da oferta. A Peugeot foi traduzida inicialmente por 标致, biao zhi (beleza standard) mas a pronuncia em chinês principalmente em Xangai, soa 婊子, biao ze (uma palavra má, uma prostituta) e ninguém quer andar com um carro com esse nome, a empresa teve de se reposicionar como o leãozinho, leãozinho honesto, contudo a aceitação no mercado continua baixa. A marca Citroën foi traduzida por 雪铁龙, xué tié long (neve, aço dragão) neve quer dizer pureza, a tradução posiciona um carro de puro aço, o que implica segurança, excelência. A Citroën entrou na China depois da GM e da VW que se instalaram na região costeira, e teve de se instalar no centro da China, em situação de desvantagem geográfica, apesar disso foi muito bem recebida e vende bem há mais de quinze anos.

A cultura material e estética, também deverá ser conhecida e respeitada, na hora de criar ou comunicar uma oferta, num mercado estrangeiro, cada cultura tem um consenso do que é esteticamente aceitável, o que é bom gosto, o que é aceite, o significado das cores e das formas pode ser determinante na aceitação do consumidor. Por exemplo deverão ser evitadas formas triangulares, em bico, em Hong Kong, Macau, China, Coreia, Taiwan onde são consideradas negativas. O encarnado é morte em muitos países africanos, um sinal positivo na Dinamarca e sorte na China.

Outro elemento muito importante da cultura é a religião, esta define os ideais de vida, os códigos de conduta, o que é considerado certo ou errado, a filosofia de vida de uma população, a relação com os outros. Os valores e atitudes de uma sociedade reflectem a sua religião. Uma atitude é uma tendência aprendida para responder de uma forma consistente a um objecto ou entidade, um credo é um padrão organizado de conhecimento, que um indivíduo tem sobre aquilo que acredita ser verdade, acerca do mundo, um valor é um credo ou sentimento cimentado sobre modos de conduta, que pessoalmente ou socialmente considera serem preferíveis a outro modo de conduta.

Estes valores e atitudes muito influenciados pela religião, constituem um grande desafio para os *marketers*, porque afectam o tipo de produtos que os consumidores compram, impõem limites na forma como se comunica e comercializa o produto e variam de país para país.

Por uma questão de segmentar o potencial de mercado, deve referir-se a dimensão relativa das religiões mais importantes, assim existem, cerca de 2 biliões de cristãos (católicos e protestantes) espalhados pelo mundo, 1,2 biliões de muçulmanos, 860 milhões de hindus, 360 milhões de budistas, 5 milhões de judeus em Israel e 8,1 milhões na diáspora.

Os padrões de consumo, que resultam da influência da religião têm a ver com o papel da mulher na sociedade, o sistema de castas ou a estratificação social, o papel da família, as instituições, as práticas e as festas religiosas. As ofertas de produtos e a sua comunicação, têm de ser muitas vezes adaptadas devido à religião, por exemplo a McDonald´s na Índia não pode comercializar hambúrgueres com carne de vaca porque esta é um animal sagrado no hinduísmo, e as proibições de consumo de álcool nos países de religião muçulmana, são uma excelente oportunidade para as cervejas sem álcool, por outro lado o vinho para ser vendido aos consumidores da religião judaica, tem de ser processado de acordo como o método *kosha*. Apesar dos principais clientes da Procter & Gamble serem mulheres na Arábia Saudita, devido à posição da mulher na sociedade, quando a empresa quer realizar uma pesquisa de mercado, que utilize focus grupo, tem de recorrer à participação dos maridos e irmãos nesses grupos.

Os papéis e as posições das pessoas na sociedade, também são influências importantes na comunicação não manifesta, "classes sociais, a família, posições do homem e da mulher, comportamento de grupo e grupos etários, são interpretados diferentemente em diferentes culturas" (Bradley, 2002, p.100), assim como a mobilidade social e a estrutura de classes.

Estas conclusões são importantes, para os gestores terem conhecimento das estratégias que são mais efectivas em várias culturas, e também, para compreender as estratégias de negociação mais relevantes em culturas específicas.

6.3.1.3. *Distância Cultural*

As culturas diferem largamente na medida em que regras não faladas, não formuladas e não explicitas, determinam, como é que a informação é tratada e como é que as pessoas interagem umas com as outras. Para um estrangeiro a facilidade de compreender e comunicar numa cultura está inversamente relacionada, com a importância que a cultura coloca na "linguagem silenciosa" e nas "dimensões escondidas" (Bradley, 2002, p.102), por exemplo, a China e o Japão registam valores elevados nestas dimensões e a Alemanha e os EUA valores baixos.

A distância cultural compreende diferenças, na religião, linguagem, cultura material, ética de trabalho, ideologia da estrutura social e valores entre o país de origem e o país anfitrião (Ekeledo e Sivakumar, 1998).

Apesar de existirem outras formas de medida, a literatura mostra a preferência dos académicos para tentar explicar a variedade e a distância cultural através da utilização das dimensões de Hofstede (1980, 1991).

Considera-se que a distância cultural influência o desejo das empresas reduzirem o nível de incerteza ao utilizar vários mecanismos de controlo, o nível de incerteza das empresas está relacionado com o grau de não familiaridade com o negócio e as práticas legais do país anfitrião.

Por exemplo, a distância cultural influência a visão da empresa, de que um contrato é um mecanismo de controlo, e uma forma de gerir os relacionamento, "quanto maior a distância cultural entre os países dos produtores e os seus distribuidores estrangeiros, maior é a probalidade que os produtores necessitem de enfatizar a dimensão legal na gestão da relação" (Roath *et al.*, 2002, p.10). Alto grau de distância cultural pode levar a empresa a exigir numa estrutura de contrato mais formal.

Brouthers e Brouthers (2001) referem, que quando as empresas americanas estabelecem as suas subsidiárias de distribuição no estrangeiro "preferem *joint ventures* aos modos de distribuição integrados em mercados culturalmente mais distantes como o Japão e Sudeste Asiático", ver p. 179.

A relação entre distância cultural e propriedade está longe de ser certa, a verificação empírica é ambígua e até contraditória Brouthers e Brouthers (2001) e Shenkar (2001), referem estudos, onde não se encontrou nenhuma relação entre distância cultural e a preferência por modos de entrada com propriedade total da empresa. Mas, Erramili *et al.* (2002, p. 229), no entanto concluíram, que quando a distância cultural é grande, as empresas "preferem realmente internalizar", para controlar a transferência de recursos e manter as suas vantagens competitivas.

As decisões de marketing internacional, deverão ter em consideração os estudos culturais, de análise, de como o meio envolvente cultural de um país está receptivo aos estrangeiros e a novas ofertas de marketing e, o impacto que esse meio envolvente particular, tem na gestão operacional e na formulação das decisões estratégicas.

A análise de Hofstede (1994) pode dar-nos informações muito úteis sobre outras culturas e ajudar-nos a formular uma análise cultural cruzada, entre as dimensões culturais do país de origem e dos países anfitriões.

Complexa, intangível, a cultura tem sido difícil de conceptualizar e comparar, medir diferenças entre culturas constitui um grande desafio. No entanto ao obter medidas padronizadas é possível tangibilizar a distância cultural a utilizá-la como um instrumento para ultrapassar as complexidades culturais e definir as estratégias de marketing e de modo de entrada (Shenkar, 2001). Se esta informação é bem compreendida e aplicada correctamente, o nível de incerteza e risco pode ser reduzido e resultados mais bem sucedidos podem ser obtidos. Como exemplos de distância cultural cruzada, podemos ver a análise comparativa de Hofsted, da distância cultural de Portugal e de Espanha, com a China Fig. 6.5.

Figura 6.5 – Análise Cultural Cruzada de Portugal e Espanha vs. China

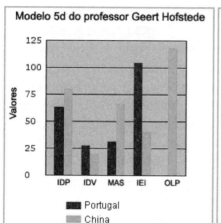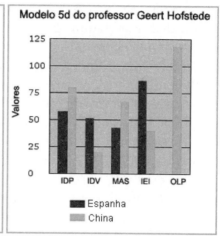

Fonte: *Hofstede (2008).*
IDP-Índice Distância ao Poder, IDV – Índice de Individualismo, MAS – Indice de Masculinidade, IEI – Indice de Evitar Incerteza e OLP – Orientação de Longo Prazo.
Nota: OLP só existe para alguns países.

Pode ser argumentado, que as dimensões de Hofstede, não reflectem os valores actuais, uma vez que são baseados em dados recolhidos há já trinta anos, mas as mudanças nas culturas nacionais são muito lentas e os índices de Hofstede, são ainda o conjunto, disponível, mais compreensivo de medidas de valor, sendo este enquadramento cada vez mais usado em estudos conceptuais e empíricos, "Hofstede é o terceiro autor mais citado (os dois primeiros são John Dunning e Michael Porter), nos estudos de negócios internacionais entre 1989 e 1993" (Sivakumar e Nakata, 2001, p.556).

Com este enquadramento diversas hipóteses podem ser testadas, como o papel das dimensões, distância ao poder e evitar incerteza nas decisões do modo de entrada, ou evitar incerteza e orientação de longo prazo na taxa de insucesso das *joint ventures*, ou a relação do índice de individualismo com a propensão para formar *networks*, ou da distância cultural com o desempenho das *joint ventures*.

Luo (1999) concluiu por exemplo, que o desempenho das *joint ventures* internacionais na China está negativamente associado com a distância cultural entre parceiros. A pesquisa existente sobre *joint ventures* ocidentais na China, sugere, que é difícil para os ocidentais compreender e gerir as diferenças no horizonte temporal com os seus parceiros chineses (China é o país com o índice mais elevado na orientação de longo prazo), contudo saber lidar com estas diferenças, é um pré-requisito para uma cooperação com sucesso, uma vez que diferentes perspectivas de tempo levam a choques culturais (Barkema e Vermeulen, 1997).

Os analistas geralmente concordam, que as alianças entre parceiros com culturas semelhantes, têm maiores possibilidades de sucesso, que as alianças entre parceiros com culturas distantes. Pothukuchi *et al.*, (2002) referem, que a "incompatibilidade cultural pode custar mais do que a incompatibilidade estratégica nas alianças organizacionais" (ver p.245), e a "compatibilidade cultural entre parceiros é o factor mais importante na duração de uma aliança global" (Skarmeas *et al.*, 2002, p. 763).

Mas também, inúmeros estudos concluíram, que é mais provável que uma empresa entre num mercado através de *joint ventures* do que com WFOEs, quando a distância cultural entre o país de origem e o país anfitrião é grande, porque de acordo com Barkema e Vermeulen, (1997, p.850), "os benefícios de ter um parceiro com conhecimento dos *networks* locais, preferências dos consumidores, enquadramento institucional e outros, aparentemente ultrapassam os azares (potenciais) de ter de lidar com um parceiro com diferentes raízes culturais".

Relacionada com a distância cultural, está a distância psicológica, identificada como "factores que impedem ou perturbam os fluxos de informação entre a empresa e o mercado" (Dow, 2000, p. 52). Factores que podem explicar a falta de comunicação directa com os clientes reais e potenciais, ou a falta de acesso à informação sobre o mercado em geral. Hofstede não analisa as diferenças em língua, religião, educação, sistemas políticos e legais, ou o nível de desenvolvimento industrial, que são muitas vezes referidos para justificar a distância psicológica, mas estas são dimensões difíceis de medir.

Skarmeas *et al.* (2002, p.772) referem, que num mundo globalizado, onde as empresas se tornam cada vez mais internacionais, os "gestores e representantes com aptidão intercultural, podem ter um papel decisivo no estabelecimento, desenvolvimento e manutenção das relações entre empresas, através das fronteiras" contribuindo, por esta via, para o compromisso, de relacionamentos de longo prazo no mercado internacional.

Brouthers e Brouthers (2000, p.91) sugerem, que o "contexto ajuda a definir o potencial de lucro e/ou riscos associados com uma entrada específica num mercado", eles consideram, o contexto cultural internacional mais alargado do que o contexto nacional, incluindo riscos de investimento associados com diferentes sistemas culturais, legais, políticos, económicos dos países anfitriões, assim como a atracção dos mercados. A distância cultural toma em consideração não só a distância geográfica e características físicas, mas também as diferenças económicas e culturais (Bradley, 2002).

6.3.1.4. *Como Lidar com a Distância Cultural*

A percepção, que uma pessoa tem das necessidades do mercado, é determinada pela sua própria experiência cultural (Keegan e Green 2000). A nossa cultura determina a forma como compreendemos as outras culturas, porque, temos que interpretar os sinais culturais das outras culturas, em termos do nosso sistema de valores, dos nossos credos e crenças, o que constitui o nosso Critério de Auto-Referência (Bradley (2002).

Como concluído por Cateora (1993, p.15), "O primeiro obstáculo ao sucesso no marketing internacional é o Critério de Auto-Referência (CAR) da pessoa que toma as decisões", as referências culturais, experiência passada, informação e conhecimento, afectam a capacidade do decisor, ver as características do mercado estrangeiro à sua verdadeira luz.

O CAR é uma referência inconsciente dos valores, experiências e conhecimento próprios, uma base muito importante para tomar decisões. Porque as referências culturais, a experiência passada, a informação e o conhecimento, afectam a capacidade do decisor ver as características do mercado estrangeiro na sua verdadeira luz. Existe uma tendência normal de espontaneamente reagir e actuar sem pensar, com base na nossa própria cultura, que é muitas vezes diferente da cultura do país estrangeiro e por isso, muitas vezes, as decisões não produzem os resultados esperados.

É muito difícil compreender e lidar com CAR, porque conforme diz Cateora (1993), ele é como "iceberg", só a parte mais pequena, a ponta, é visível e a parte mais importante, a base não pode ser vista, então é crucial reconhecer a sua existência e tentar agir cuidadosamente, usando uma atitude de análise cultural cruzada. Ter consciência da necessidade de ter sensibilidade às diferenças culturais é obrigatório, se a empresa quiser ter sucesso nos mercados estrangeiros. Uma lição que o CAR ensina é que, "uma capacidade vital crítica do *marketer* global é a percepção sem preconceitos, a habilidade de ver o que está numa cultura", Keegan e Green (2000, p.149). Esquecer isto, pode ser uma poderosa força negativa nos negócios internacionais e levar ao insucesso.

A convergência de culturas, foi já mencionada anteriormente, como um fenómeno que é já hoje em dia, largamente verificado no comportamento dos consumidores e nas suas práticas relacionadas com os produtos e marcas à escala global, mas, estas "manifestações da cultura são muitas vezes enganadoras por si só; o profundo nível subjacente de valores, que determina o significado para as pessoas das suas práticas é ignorado" (Hofstede, 1991, p.181).

As forças da globalização, os serviços modernos de comunicação, facilidades de transporte e educação internacional, podem reduzir as diferenças culturais (Hofstede *et al.*, 2002). Mas, embora o mundo esteja a caminhar para uma "aldeia global", não estamos ainda completamente aí (Dow, 2000).

Assim, mesmo com a convergência referida, a distância cultural continua a ser um assunto importante a ter em consideração, quando se define uma estratégia de marketing, decisões sobre modos de entrada ou gestão de negócios nos mercados internacionais.

O segundo obstáculo ao sucesso no marketing internacional é o etnocentrismo, isto é a noção de que a nossa cultura própria ou a nossa empresa, fazem melhor as coisas que as culturas ou as empresas dos outros, e como já foi referido, uma capacidade vital crítica do *marketer* global é a percepção sem preconceitos.

Para ultrapassar estes problemas, é crucial reconhecer a sua existência e tentar agir cuidadosamente, usando uma metodologia de análise cultural cruzada, que é a seguinte:

1 – Definir o problema de negócio e objectivos de acordo os traços culturais, hábitos e normas do seu país.
2 – Definir o problema de negócio e objectivos, de acordo os traços culturais, hábitos e normas do país estrangeiro, através da consulta com nativos do mercado alvo. Não fazer julgamentos.
3 – Isolar a influência do CAR nos problemas e examiná-lo cuidadosamente para ver como é que ele complica o problema.
4 – Redefinir o problema sem influência do CAR e procurar a melhor solução de acordo com os objectivos.

É importante, ser tolerante para com as diferenças culturais, no fundo compreender as diferenças e aceitá-las. O conhecimento de diferentes culturas, a sua história e características é fundamental.

Recomenda-se assim, que os gestores, que vão trabalhar em marketing internacional, sejam seleccionados de acordo com a sua consciência global. Conseguir ter uma equipe de executivos, no topo da empresa, com diversidade cultural e com capacidade, para desenvolver relacionamentos noutros países, é um factor de sucesso de uma empresa no mercado internacional.

6.3.1.5. Relações Interpessoais e Estratégias de Negociação

Fu et al. (2004, p.284) referem, que "a eficácia dos gestores globais depende da sua habilidade para exercer influência em *networks* interpessoais com cultura mista". Eles identificaram 16 tácticas para influenciar as relações interpessoais, que agruparam em 3 categorias; persuasivas, assertivas e baseadas no relacionamento.

A estratégia persuasiva para influenciar os comportamentos dos gestores, inclui persuasão racional (baseada nos argumentos lógicos), apelo inspiracional (apelo aos valores e ideais do alvo), e diálogo (apelo à participação do alvo). A estratégia assertiva consiste na persistência (insistência com o alvo para desempenho), pressão (usando exigências e ameaças), e apelos a instâncias superiores (procurando apoio das autoridades superiores). A estratégia baseada no relacionamento inclui apelos pessoais (pedir favores pessoais), compromissos informais (utilizando ambientes extra-trabalho), socialização (envolvendo socialmente o alvo antes de fazer o pedido), e ofertas de presentes (dando ao alvo alguma coisa em troca de ajuda).

Na sua pesquisa, estas estratégias foram relacionadas com as culturas nacionais e concluíram que, as culturas altas na dimensão evitar incerteza, percebem a estratégia de influência assertiva, tal como procurar ajuda de altas autoridades, como mais eficiente do que estratégia persuasiva. Por exemplo, eles referem que, tácticas como, apelo superior e pressão eram as preferidas dos gestores chineses, enquanto os americanos, com baixo índice de evitar incerteza, preferem uma estratégia persuasiva.

Por outro lado, pessoas com culturas orientadas pelo longo prazo, tenderão a enfatizar os relacionamentos com os outros, nas relações de trabalho e utilizar esses relacionamentos para atingir os seus objectivos negociais. Eles mencionam no seu trabalho, que os gestores chineses, com elevado índice de orientação pelo longo prazo, preferem tácticas baseadas nos relacionamentos, tais como oferecer presentes e fazer apelos pessoais, enquanto em culturas como a americana orientadas pelo curto prazo, preferem tácticas persuasivas tais como persuasão racional e diálogo.

Fu *et al.* (2004) sugerem, que em culturas altas em colectivismo, tais como as do Japão e da China, é provável que os gestores façam apelos ao desejo das pessoas serem aceites pelos outros, usando estratégias de relacionamento, enquanto os gestores em países de cultura individualista tal como a dos EUA, escolhem utilizar estratégias persuasivas. Mas o colectivismo, também, está relacionado com estratégias assertivas, porque está associado com grande hierarquização nas relações interpessoais e a pressão é bem aceite nos sistemas hierárquicos.

Fu e Yukl (2000) concluíram, que os gestores chineses classificaram a realização de pressão, apelo superior, dar presentes/favores e apelos pessoais como as tácticas mais efectivas e persuasão racional e o diálogo como as menos efectivas, enquanto as escolhas dos gestores americanos foram inversas. Estas escolhas foram consistentes, com as dimensões culturais chinesas, de alto colectivismo, alto índice de evitar incerteza e orientação pelo longo prazo e as dimensões culturais americanas, de baixo colectivismo, baixo índice de evitar incerteza e orientação pelo curto prazo.

Num nível genérico de análise, o mundo pode ser dividido em dois tipos de cultura básicos, "oriental" versus "ocidental", a primeira, sendo caracterizada pelas dimensões de alta distância ao poder, colectivismo, feminismo e orientação pelo longo prazo, e a segunda, por dimensões como baixa distância ao poder, individualismo, masculinidade e orientação pelo curto prazo, mas como vimos antes, cada cultura nacional é um caso específico e quer a Oriente, quer a Ocidente, existem países cuja cultura é uma mistura destas classificações genéricas.

Outra distinção é que, normalmente, os países orientais têm culturas de "alto contexto" e os ocidentais de "baixo contexto". O que quer dizer que, o contexto social das transacções tem mais importância nas culturas orientais (Malhotra *et al.*, 1998), embora existiam, como já vimos também, no Ocidente, países com culturas de "alto contexto".

6.3.2. Meio Envolvente Político-Legal

Como Bradley (2002, p.129) refere, "um aspecto crucial de fazer negócios num país estrangeiro é que o governo do país anfitrião, controla e restringe as actividades da empresa estrangeira, ou encorajando e oferecendo apoio, ou desencorajando e banindo as actividades, conforme os seus interesses".

As instituições do governo, fornecem a estrutura em que as transacções ocorrem, "instituições definem as ´regras do jogo` inclusive leis e regulamentos do país anfitrião", (Brouthers 2002, p.206). Por exemplo, a estrutura institucional, pode criar barreiras à entrada, tais como restrições legais à propriedade, ou impedir a capacidade da empresa explorar as suas vantagens, através da escolha de um modo de entrada favorável em termos dos custos de transacção. Em alguns países, os governos desencorajam as importações e encorajem o investimento estrangeiro, em alguns outros, o modo de entrada em *joint venture* é obrigatória ou encorajada.

As barreiras ao comércio internacional podem ser directas (tarifas monetárias), como taxas de importação, e indirectas (não tarifárias), como *plafonds*, sistema de quotas, regulamentação de produtos. Ekevedo e Sivakumar (1998) concluíram, que as barreiras alfandegárias tendem a encarecer os preços dos produtos e serviços importados, levando as empresas a produzir localmente, barreiras não tarifárias podem forçar as empresas a realizar parcerias com fornecedores locais, favorecendo assim os acordos contratuais como modo de entrada.

As negociações realizadas na égide da OMC e a implementação continuada de acordos comerciais têm reduzido substancialmente o nível das tarifas em todo o mundo, aumentando os fluxos de comércio mundial, Czinkota (2000).

Benito *et al.* (2003) referem, que mesmo que um país anfitrião não tenha um mercado muito grande, as empresas podem mesmo assim comprometer-se na produção local, devido à existência de restrições à importação e uma fraca protecção dos direitos de propriedade intelectual, pode limitar a actividade da empresa em P&D, no país anfitrião que de outra maneira seria um local atractivo para realizá-la.

A tendência que parece verificar-se cada vez mais, de um poder menos discricionário dos governos das nações, devido á existência de regras mais transparentes e harmonizadas impostas pela OMC, está a forçar as empresas a desenvolver novas estratégias de marketing. Por exemplo, o reforço dos direitos de propriedade intelectual imposto pelo OMC, abre a porta a novas oportunidades de licenciamento e *franchising*, "protecção DPI pode aumentar o papel do *franchising* nos mercados internacionais e acelerar a transferência de tecnologia à volta do mundo" (Czinkota, 2000, p.103).

Isto pressupõe um conhecimento profundo das regras do jogo que o país anfitrião quer que os estrangeiros joguem, então o tipo de governo, a sua filosofia e estabilidade, tem de ser plenamente compreendido pelas empresas antes de qualquer compromisso com o mercado.

As empresas que fazem negócios internacionais devem estudar cuidadosamente a cultura política do país alvo e, analisar o meio envolvente político, sistema de governo, risco político e sistema fiscal. Cada país tem uma cultura política, que reflecte a importância relativa do governo e sistema legal, que fornece o contexto para as empresas realizarem a sua actividade económica e, entenderem o seu relacionamento com as entidades, que integram o meio envolvente político e legal.

É também importante, o estudo da aplicação das leis no país anfitrião, o sistema legal (sistema de leis e tribunais) tem de ser analisado em conjunto com o seu sistema político. Impõe-se um conhecimento profundo do sistema legal e do tipo, filosofia e sistema de governo, para uma melhor assunção do risco político envolvido. É ainda importante conhecer o sistema jurídico internacional a que o país anfitrião está vinculado, em consequência dos acordos internacionais que assinou.

A forma como é que, o país anfitrião trata com propriedade intelectual, patentes, marcas comerciais, direitos de autor, subornos e corrupção, é muito importante na decisão de entrar num país, como entrar e que estratégia de *marketing-mix* ali desenvolver. Por exemplo Keegan e Green (2000, p.180), referem que, "tentativas correntes de estabelecer direitos de propriedade intelectual, particularmente no continente chinês, têm saído profundamente falhadas para resolver as dificuldades de reconciliar os valores legais, instituições e formas geradas no Ocidente, com a herança do passado da China".

Condicionantes estreitas dos tratados internacionais, reduzem a capacidade dos governos para influenciar os fluxos comerciais, e alguns governos tentam reganhar o seu poder, desenvolvendo regulamentos internos, tais como saúde e direitos humanos, (Czinkota, 2000).

Conflitos inevitavelmente acontecem no negócio em todo o lado, especialmente quando, culturas diferentes se juntam para realizar negócios, os litígios nos tribunais internacionais, contudo, tornaram-se altamente complexos, devido à diferença de línguas, sistemas legais, moedas e hábitos e práticas tradicionais de negócio.

Na resolução de conflitos, existem sempre aspectos que se colocam, como o país de origem da lei a aplicar, em que país deverá ser julgado o conflito, que técnica usar para resolver o conflito, como aplicar a sentença, se o contrato é omisso na resolução destes problemas poderemos estar na presença de um caso de resolução complicada.

A arbitragem formal é uma forma de resolver disputas internacionais fora do tribunal. Arbitragem é o processo pelo qual, ambas as partes de um conflito acordam em submeter os seus casos a um terceiro indivíduo ou organização, cuja decisão aceitarão. Durante décadas, a arbitragem de negócios tem sido promovida através do Tribunal Internacional de Arbitragem em Paris (Keegan e Green, 2000), embora possa ser arranjada de outra forma, por vontade expressa das partes ou por regulamentos internos de países específicos, como na China.

Devido à complexidade técnica deste meio envolvente, garantir uma consultoria legal jurídica e culturalmente integrada, é uma decisão acertada quando se faz negócio noutro país.

6.3.2.1. Meio Envolvente Institucional e Cultura Nacional

Para Morosini *et al.* (1998, pag.140), "o meio envolvente institucional de uma empresa e o patamar histórico de desenvolvimento das rotinas que geram a vantagem competitiva da empresa parecem estar enraizados na cultura nacional".

Conforme mencionado anteriormente, as dimensões culturais têm implicações na infra-estrutura legal de um país, por exemplo, os gestores americanos preferem tácticas confrontacionais e directas quando negoceiam com outras empresas, e os japoneses preferem ser flexíveis quando respondem aos conflitos, evitando o uso de contratos formais detalhados (Pothukuchi, *et al.*, 2002).

Também Bradley (2002, p. 100) afirma que, "o ocidente conhece a lei contratual desde 1700s; o objectivo de tal legislação é dar aos empresários uma garantia que os seus acordos serão honrados. Na ausência de uma lei contratual elaborada, os chineses confiam no *guanxi* para ter a mesma garantia".

Culturas com elevado grau de evitar incerteza, tendem a responder á incerteza do meio envolvente, construindo um sistema altamente formalizado e hierárquico (Barkema e Vermeulen 1997). Quanto maior o nível de evitar incerteza, no país anfitrião, e quanto maior a distância entre o país de origem e o país anfitrião, maior é a probabilidade das empresas enfatizarem a dimensão legal na gestão das relações (Roath *et al.*, 2002).

A dimensão legal é caracterizada, pela predominância de acordos vinculativos legalmente formalizados, ou contratos como forma de gestão dos relacionamentos entre as partes, sendo um contrato "um acordo entre uma ou mais partes no qual uma oferta é feita e aceite, e ambas as partes beneficiam", Roath *et al.* (2002, p.4). O acordo pode ser formal, informal, oral, os relacionamentos contratuais no Ocidente são normalmente baseados em acordos formais escritos, baseados em estruturas legais internas e internacionais. Bello e Gilliland (1997), concluíram que, os contratos oferecem às empresas muitas vantagens em termos de flexibilidade estratégica e operacional, nomeadamente em meios envolventes de rápida mudança e, que os contratos bem construídos podem ajudar a diminuir a exposição aos riscos.

Em contraste, as culturas da Ásia, tradicionalmente baseiam os seus relacionamentos em acordos informais, orais, sustentados na confiança e meramente formalizados pelo um "aperto-de--mão", implicando que o que se espera das partes contratantes, responsabilidades e conflitos são compreendidos à luz das normas culturais, o que é chamada gestão do comportamento relacional, Roath et al. (2002). As suas conclusões foram também, que quanto maior a dimensão colectivista do país anfitrião, maior é a probabilidade das empresas necessitarem de compreender e aceitar a dimensão gestão do comportamento dos relacionamentos e, quanto maior o grau de orientação a longo prazo, maior é a probabilidade, de as empresas terem de estar preparadas, para lidar com ambas as dimensões, legal e comportamental.

6.3.2.2. *Sistema Político do País Anfitrião*

Para compreender o meio envolvente político, os gestores internacionais devem ter em consideração um número de factores tais como, o sistema político do país anfitrião, a sua filosofia e estabilidade ao longo do tempo (Bradley, 2002).

Conforme concluído por Keegan e Green (2000, p.165), "Cada nação tem uma cultura política que reflecte a respectiva importância do governo e o sistema legal fornece um contexto dentro do qual os indivíduos e organizações compreendem o seu relacionamento com o sistema político".

A ideologia e a filosofia política, que caracterizam os diferentes sistemas políticos, são importantes no enquadramento da actividade e iniciativa económicas, uma vez que, determinam o tipo de interferência do governo na economia, o uso de iniciativas de políticas públicas para alcançar crescimento económico e ganhos de produtividade e, a internacionalização das empresas.

Diferentes sistemas de governo, podem ser em sentido lato caracterizados, num extremo, pelo sistema da mão invisível, onde os governos têm o papel de reguladores, observadores e colectores de impostos e no outro, pelo sistema intervencionista, onde o papel dos governos é interferir altamente nas forças de mercado através de um planeamento centralizado. O primeiro está enraizado na ideologia capitalista e o segundo, na ideologia comunista, aos quais correspondem respectivamente os sistemas económicos de afectação de recursos pelo mercado e de afectação de recursos pelo plano socialista (Keegan e Green, 2000, Bradley 2002).

Nos sistemas mistos, verifica-se a abolição lenta do sistema de planeamento e uma transição progressiva para um sistema de mercado, que normalmente é feito mediante uma reforma do enquadramento legal e institucional, o qual, pode ter sido precedido, determinado e acompanhado ou não, por um processo de democratização política. A estes sistemas políticos mistos, correspondem economias em transição normalmente com muitas oportunidades de negócio, mas com pouca transparência, muita incerteza legal e falta de infra-estruturas de marketing.

Os modelos clássicos de crescimento económico, baseados em mercados planeados, fechados e protegidos, não foram bem sucedidos, e alguns desses países, só começaram a crescer, depois de anos de reforma e liberalização, com a redução das barreiras ao comércio e ao investimento internacionais.

Na maioria destes casos, a transição para o moderno sistema de mercado, começou depois da democratização política, por exemplo nos Países de Leste da antiga União Soviética. A China é uma excepção a isto, uma vez que a abolição lenta, do sistema de planeamento, não foi precedida nem sequer acompanhada, por um processo democrático (Qian e Wu, 1999).

Czinkota (2000, p.102) refere, que a dissolução das economias planeadas tem produzido mudanças políticas em muitos países, o que tem oferecido muitas oportunidades de negócio, mas também, confrontado as empresas com novas regras, regulamentos e instituições, isto tem sido feito mediante uma transição progressiva e consequentemente, as "empresas nestes mercados são menos capazes de usar os instrumentos sofisticados de marketing e os clientes ficam para trás na sua compreensão do marketing".

Meios envolventes caracterizados pela estabilidade política, atraem o investimento estrangeiro, em contraste, os caracterizados por instabilidade política local, tais como mudanças frequentes de governo, ou governos, que frequentemente mudam as suas decisões, golpes militares, revoluções, greves de trabalhadores, levam as empresas, a procurar utilizar modos de entrada de menor compromisso no mercado (Ekeledo e Sivakumar, 1998), que lhes permita a flexibilidade de saídas rápidas sem prejuízos.

6.3.2.3. Sistemas Legais

A matriz do sistema legal afecta profundamente como a lei é escrita, interpretada e aplicada. Podemos tipificar 4 tipos de sistemas legais, os da lei consuetudinária, da lei civil, da lei religiosa e da lei burocrática.

A lei consuetudinária é baseada na sabedoria das decisões dos juízes em casos individuais através da história, esses casos criam precedentes legais que são utilizados na jurisprudência. Este tipo de lei procura interpretação dos pleitos, através das decisões de tribunais superiores sobre casos semelhantes no passado, ou aplica princípios legais estabelecidos e consuetudinários a um conjunto de factos semelhantes. Na lei consuetudinária, a propriedade é estabelecida pelo uso. Como exemplos de países onde se aplica este tipo de lei podemos referir a Inglaterra, os EUA, o Canadá, a Austrália, a Índia, a Nova Zelândia e a Malásia.

A lei civil, tem origem na Roma dos templos bíblicos, é baseada em códigos que determinam, o que é ou não permitido juridicamente, e foi reforçada em França no tempo de Napoleão Bonaparte, com os códigos napoleónicos. Neste sistema, o juiz julga dentro do contexto da prova obtida e apresentada e, as leis são divididas por vários tipos de códigos, nomeadamente o comercial, o civil, o criminal. Neste tipo de lei a propriedade é determinada pelo registo.

A lei religiosa é baseada nas regras oficialmente estabelecidas pelas autoridades religiosas de uma religião específica. Um país que aplica a lei religiosa aos comportamentos civis e criminais é chamado teocrata. Como exemplo, podemos referir a lei islâmica, a sua base é a interpretação do Alcorão. A lei islâmica define um sistema completo que prescreve padrões específicos de comportamento social e económico para todos os indivíduos, nomeadamente regula os direitos de propriedade, a tomada de decisões económicas e os tipos de liberdade económica. O sistema islâmico, coloca ênfase nas dimensões éticas, morais, sociais e religiosas para salvaguardar a igualdade e justiça para o bem da sociedade. Um dos aspectos únicos desta lei é a proibição da prática do recebimento de juros sobre capital. Exemplos de países em que se aplica a lei islâmica são o Paquistão, Irão, Arábia Saudita e outros estados islâmicos.

A lei burocrática é o sistema legal nos países comunistas e nas ditaduras, praticado em países como a China e países da antiga União Soviética entre outros. Na medida em que, os países socialistas têm vindo cada vez mais, a realizar directamente operações comerciais com países não marxistas, tornou-se necessário desenvolver um sistema legal comercial, que permita um envolvimento activo no comércio internacional. O padrão de desenvolvimento varia entre os países, porque cada um, tem um *background* diferente e cada um, está numa fase diferente de desenvolvimento da sua economia de mercado. Dentro da premissa de que lei está estritamente subordinada às condições económicas prevalecentes, infra-estruturas legais tais como lei da propriedade privada, contratos, e outros mecanismos legais, têm de ser desenvolvidos à medida do seu progresso, para esse tipo de economia.

Para além do sistema legal do país com quem se realizam negócios, é necessário também, conhecer o estipulado pelos códigos, de direito internacional e tratados ou convenções ali ratificados.

O direito internacional é um conjunto de normas, que regula as relações externas dos diversos sujeitos de direito internacional, sendo eles, estados organizações ou empresas. Os tratados ou convenções são o meio pelo qual, os sujeitos de direito internacional estipulam os direitos e obrigações entre si.

Existe uma ampla jurisprudência, sobre a regulação dos negócios internacionais no que diz respeito às transacções entre empresas de diversos países, aos transportes e seguros internacionais, ao direito marítimo, ao direito de propriedade nas suas diversas vertentes, desde patentes a *trademarks* e *copyrights*.

Uma patente dá ao inventor, o direito exclusivo de fabricar, usar e vender uma invenção, por um período de tempo específico, uma *trademark* é a marca comercial, que distingue os produtos dos seus concorrentes, um *copyright* estabelece a propriedade de um trabalho criativo escrito, gravado ou filmado.

São de referir, por exemplo; a Convenção de Paris de 1883, que deu origem ao hoje denominado Sistema Internacional de Propriedade Industrial, a Convenção de Viena de 1986, que regula o direito dos tratados celebrados entre estados e organizações entre si, a European Patent Convention, com várias actualizações desde 1973, que protege as a patentes na Europa, a Convenção Universal de Copyright para protecção dos direitos de *copyright* a Convenção de Berna para protecção dos trabalhos de literatura e arte, e o Acordo sobre Direitos de Propriedade Intelectual Relacionada com o Comércio conhecidos por TRIPs.

A propriedade intelectual é muitas vezes a base da vantagem competitiva de uma empresa e, por isso deve ser registada em cada país onde o negócio se vai realizar. Para termos uma ideia da importância e dimensão da protecção dos direitos de propriedade intelectual, podemos referir, que as vendas perdidas por uso não autorizado de patentes, *trademarks* e *copyrights* só nos EUA, são superiores a US$ 100 biliões anualmente. Hoje em dia, praticamente todo o tipo de produtos está sujeito a cópias piratas. A indústria dos *fakes* tornou-se muito sofisticada e em muitos produtos é quase impossível distinguir entre o original e a cópia.

Nos EUA e na UE, o objectivo da protecção de propriedade intelectual é a de motivar a inovação, proteger e recompensar as empresas inovadoras. No Japão a ideia é compartilhar a tecnologia em lugar de protegê-la, uma invenção deve servir um objectivo social, com difusão rápida entre todos os concorrentes de forma a fomentar a cooperação. Na China, copiar o que é bom, é um elogio para o copiado, a "Inovação Indígena Chinesa", é um processo de utilizar as tecnologias transferidas das economias mais avançadas, e desenvolvê-las internamente, com tecnologia superior, é ao fim e ao cabo, explorar o mercado potencial, com actividades de P&D realizadas na China, sobre a aquisição de conhecimento externo.

As empresas, quando operam no estrangeiro devem também, ter em consideração a legislação, que afecta as empresas estrangeiras nos países onde estão, ou a legislação, que afecta as empresas nacionais desses países no estrangeiro.

Só para referir algumas destas situações, deveremos lembrar, que os EUA foram pioneiros na aplicação de uma legislação antimonopólio, desenhada para combater práticas restritivas de negócio e encorajar a competição, estamos a referir-nos ao Sherman Act de 1890, que proíbe práticas restritivas comerciais como combinar preços, limitar produção, distribuir mercados ou qualquer esquema para limitar ou evitar concorrência. A lei aplica-se também às empresas americanas fora dos EUA e às empresas estrangeiras que operam nos EUA.

Este tipo de legislação só começou a ser aplicada na UE e no Japão, no Século XX, tendo sido largamente influenciada pela legislação americana. Também nestes espaços económicos esta legislação tem como principal objectivo, garantir a sã concorrência entre empresas, evitando a concentração de capital numa só empresa, colocando o fornecimento de um produto num mercado dependente dessa empresa, que assim se adquire, numa situação de monopólio de facto, inviabilizando a concorrência e prejudicando o consumidor, em termos de escolhas, preços e serviços.

Curiosamente, nos 50 anos de política de concorrência da UE, a primeira empresa que a Comissão Europeia teve de multar, por não cumprimento das regras de antimonopólio, foi uma empresa americana, a Microsoft, que em Fevereiro de 2008 foi condenada a pagar €899 milhões por abusar do seu domínio no mercado mundial.

Em Portugal, este tipo de legislação é aplicada pela Autoridade da Concorrência, no Japão, pelo Fair Trade Commission, nos EUA, pelo Federal Trade Commission e na EU, pela Comissão Europeia.

Todos os governos, estão preocupados com a protecção dos seus interesses políticos e económicos, quer interna, quer externamente. Por exemplo, uma empresa americana está sujeita a certas leis dos EUA independentemente do local onde realiza o negócio, é o que se chama o princípio da extraterritorialidade das leis americanas, assim, as empresas multinacionais americanas têm que respeitar a legislação americana em simultâneo com a legislação dos países onde estão a operar.

6.3.2.4. *Jurisdição dos Conflitos Legais Internacionais e Resolução de Conflitos*

Determinar qual a legislação que se aplica, quando surgem disputas comerciais entre empresas de países diferentes, é um problema com que o gestor de marketing internacional se deve preocupar. Os conflitos legais internacionais podem surgir em três tipos de situações; entre governos, entre uma empresa e um governo e entre empresas. O Tribunal Internacional de Justiça, principal órgão jurídico das Nações Unidas ou o Tribunal Internacional de Haia, podem tratar de disputas entre governos, enquanto os outros dois tipos de disputas referidos devem ser tratados, nos tribunais do país de uma das partes ou por meio de arbitragem.

Uma vez que, não existe uma lei comercial internacional, o profissional de marketing internacional, deve conhecer bem ou ter uma boa assessoria sobre o sistema legal dos países onde trabalha, para além do sistema legal do seu país de origem. Quando as querelas vão ser julgadas dentro das leis de um dos países envolvidos, a pergunta, que normalmente se coloca, é qual das leis irá ser aplicada e qual o tribunal onde a disputa vai ser julgada? Geralmente a resposta é dada de uma das três maneiras; com base nas cláusulas jurídicas incluídas nos contratos, no local onde se realizou o contrato, no lugar onde as disposições do contrato se realizaram. A forma mais clara é a inclusão no contrato, que regula a transacção comercial, de uma cláusula, sobre a jurisdição do mesmo, isto é, a lei que o governa e o local do tribunal onde irá ser julgado, o pleito em caso de conflito.

Quando os acordos comerciais não se cumprem, quando o comprador se recusa a pagar, quando a qualidade é diferente da contratada, quando a mercadoria chega estragada ou em menor quantidade, quando chega tarde, ou muitas outras situações, que meios têm o gestor de marketing para se ressarcir dos prejuízos? A maioria das querelas é resolvida de uma forma informal dentro do espírito de boa vontade e bom senso procurando evitar a litigação. Quando as partes por si só, não conseguem chegar a um acordo, podem recorrer à conciliação ou arbitragem. Aliás, a maioria dos gestores internacionais, prefere resolver os conflitos por estas duas vias em vez de utilizar um tribunal.

A conciliação, também conhecida por mediação, é um acordo não obrigatório entre as partes para resolver disputas, solicitando a uma terceira parte, que intermedeie as diferentes perspectivas. O mediador escuta atentamente cada parte e explora as diferentes possibilidades práticas, de uma solução, que seja aceite pelas duas partes, sendo todas as conferências entre estas e o mediador confidenciais.

Esta forma de resolver conflitos é bastante efectiva nalguns tipos de disputas. Por exemplo, nos conflitos entre parceiros chineses, deve utilizar-se prioritariamente a negociação informal e amigável e no caso de esta não funcionar a conciliação é a forma mais recomendável. Algumas empresas chinesas evitam fazer negócios com parceiros que recorrem à arbitragem ou aos tribunais.

A conciliação pode ser informal, utilizando por exemplo, amigos que medeiam o conflito, ou formal ocorrendo debaixo dos auspícios de um tribunal por exemplo o Centro de Conciliação de Pequim. Quando se chega a um entendimento é assinado um acordo. Embora seja uma forma expedita e amigável de resolver disputas na China, ela não tem força legal, por isso nestes acordos de conciliação, deverá constar uma cláusula de arbitragem, que permita a sua utilização no caso de o acordo não ser cumprido.

A arbitragem é normalmente utilizada quando a conciliação falha. As partes envolvidas seleccionam uma entidade desinteressada para fazer um juízo que ambas as partes acordam aceitar.

Embora a arbitragem informal possa funcionar, a maioria das arbitragens realiza-se nos auspícios de entidades reconhecidas localmente ou internacionalmente para esse efeito, como por exemplo, a Câmara de Comércio Internacional com sede em Paris, a Comissão Interamericana de Arbitragem Comercial, o Tribunal de Arbitragem de Londres, por exemplo, em Portugal a Câmara de Comércio e Indústria Portuguesa em Lisboa tem um Centro de Arbitragem, que se encontra legalmente autorizado, para realizar e promover a resolução de conflitos por via arbitral, para administrar arbitragens e para prestar serviços relacionados com as mesmas.

Na China, é possível recorrer a uma instituição permanente de arbitragem a CIETAC – China International Economic and Trade Arbitration Commission, com sede em Pequim, também conhecida por Tribunal Arbitral da China Chamber of Internacional Commerce (CCOIC), com um processamento muito mais conveniente para as empresas que os tribunais nacionais, desde que uma cláusula do contrato o preveja. A CIETAC foi criada em 1956, como parte integrante, do China Council for the Promotion of International Trade (CCPIT), com duas sub-comissões uma em Xangai e outra em Shenzhen. As partes são livres de nomear os árbitros, de entre cerca de 1000 especialistas, dos quais 300 estrangeiros, de escolher o local e a língua da arbitragem e determinar as leis a aplicar, os procedimentos a seguir, apresentação de provas e de argumentos, se as partes não chegarem a um entendimento então o caso poderá ser levado ao tribunal de arbitragem. A China aderiu à Convenção de Nova Iorque em 1987.

Na maioria dos países, as cláusulas de arbitragem são reconhecidas pelos tribunais e são obrigatórias pela legislação desses países. Mais de 142 países aderiram à Convenção de Nova Iorque, ou seja a Convenção de Reconhecimento e Aplicação das Decisões de Arbitragem Estrangeira, a qual os obriga aceitar as decisões de arbitragem internacional. De acordo com a convenção, os tribunais dos países aderentes comprometem-se a automaticamente respeitar as decisões de arbitragem internacional emitidas pelos países membros.

A maioria das arbitragens tem êxito, mas este depende da vontade de ambas as partes de aceitar as decisões dos árbitros. Os contratos ou qualquer documento legal deverá incluir cláusulas de arbitragem, que especifiquem o seu uso para resolver disputas e deverá identificar a entidade que vai fazer a arbitragem, com uma redacção do estilo, "Qualquer conflito resultante da aplicação deste contrato deverá ser resolvido de acordo com as regras de arbitragem internacional da Câmara de Comércio Internacional em Paris".

A resolução dos conflitos em tribunais públicos, ou litigação, evita-se normalmente por várias razões, uma das mais frequentes, é o seu elevado custo e outra é o facto, de em alguns países, estes julgamentos demorarem anos, levando a que, quando as sentenças são proferidas, muitas vezes já não têm efeitos práticos, por exemplo na Índia a litigação de contratos de comércio internacional pode levar dez ou mais anos.

Mas outros aspectos podem desaconselhar a utilização de um processo de litigação, como por exemplo, o medo de criar uma má imagem e prejudicar as relações públicas da empresa com os governos e os parceiros locais. As empresas têm também, medo que em certos países existam interferências políticas neste tipo de julgamentos, como por exemplo, pode acontecer na China, se o caso do conflito entre empresas extravasar o interesse empresarial e envolver interesses estratégicos nacionais.

Outro receio que existe, é que, diferentes valores culturais influenciem as decisões dos juízes, e que os resultados possam não ser os esperados. Além disso, a litigação é pública e pode ser altamente divulgada, com perda de confidencialidade, valor importante que a conciliação e a arbitragem garantem.

6.3.3. Meio Envolvente Económico

Na última década, verificou-se um crescimento de ligações globais nos mercados, tecnologia e padrões de vida, que antes era impensável, como resultado, os fluxos comerciais a nível mundial, mais do que duplicaram com uma expansão enorme do comércio mundial de US$ 11,3 triliões em 1997, para US$ 28,1 triliões em 2007, de acordo com a OMC.

De facto, mudanças económicas globais, aconteceram no inicio do novo milénio, tais como, o aparecimento de uma nova moeda forte o Euro, a viragem de muitas economias na Ásia, a emergência de enormes mercados tais como a China, Índia, Brasil, e o crescimento da Internet.

Uma capacidade excedentária global e um excesso de oferta, existe presentemente em muitas indústrias, assim como uma tendência para diminuir as margens de lucro e acelerar o ritmo de falências. A solução é a diferenciação através da permanente inovação, que necessita de grandes mercados para ser paga em intervalos curtos de tempo.

Como consequência, estamos agora, a presenciar a emergência de fusões em larga escala, que transcendem as barreiras terrestres e culturais dos países, e envolvem uma miríade de novos desafios legais, financeiros e de gestão (Lazer e Shaw, 2000).

Como resultado de inovações tecnológicas o meio envolvente de marketing é cada vez mais caracterizado pela rapidez. Os fluxos de recursos chave, como a informação e o capital, são virtualmente instantâneos e são assim também, as relações entre as pessoas e as empresas, quer dizer o acesso em tempo real, em rede, às informações sobre clientes, fornecedores e concorrentes que permitem tomar decisões críticas.

Todas estas mudanças estão a provocar uma mudança de um meio envolvente relativamente estável e uma gestão de abordagem mecânica, para um meio envolvente turbulento e uma abordagem de gestão sistémica.

Em meios envolventes onde a volatilidade é alta, onde as condições económicas tais como, a procura e oferta, mudam muito rapidamente, o nível de incerteza é agravado devido à dificuldade de realizar previsões exactas, tais como tendências de mercado e previsão de vendas (Skarmeas *et al.*, 2002). Isto implica que, os gestores de marketing global sejam forçados a continuamente redefinirem e reavaliarem os mercados, para evitarem o risco de comportamentos oportunistícos.

6.3.3.1. *Sistemas Económicos*

No sistema económico de capitalismo de mercado, a afectação de recursos é feita com base nas decisões de afectação de recursos dos lares, este tipo de sistema económico é dirigido pelos consumidores e pelas suas necessidades e desejos, em função dos quais as empresas determinam o que produzir, em que quantidades e quando. A propriedade é privada e o papel do governo é assegurar a protecção do consumidor e promover a concorrência.

O sistema económico de capitalismo planeado centralmente, co-existe com o anterior, e embora num meio envolvente de propriedade privada de recursos, a afectação destes obedece a um plano nacional, como por exemplo em Singapura ou no Japão.

O socialismo planeado centralmente é o oposto do capitalismo de mercado. No sistema económico de socialismo planeado, o Estado tem largos poderes para intervir em nome do interesse público e da forma como o vê, e decide através do sistema de planeamento e propriedade das empresas ou regulamentação estrita, que produtos produzir, como os produzir e em que quantidades (Keegan e Green, 2000; Bradley 2002). Os consumidores podem comprar o que estiver disponível e isso depende do governo, que detém os meios de produção e efectua as importações. A procura neste sistema, tipicamente é superior à oferta, não é dada importância à diferenciação do produto, os preços são muitas vezes marcados politicamente e a publicidade não se demonstra necessária.

Alguns dos países mais populosos do mundo, tais como a China, a Rússia e a Índia, que tiveram uma experiência de um socialismo planeado centralmente, que assentou durante décadas num sistema de afectação de recursos dirigido, e na propriedade dos meios de produção pelo Estado, vivem agora nas chamadas economias planificadas em transição ou economias de transição e, estão presentemente envolvidos em reformas económicas orientadas para introdução de um sistema de afectação de recursos pelo mercado, (Peng e Heat, 1996; Keegan e Green, 2000).

A sua transição fenomenal para uma economia de mercado, embora com velocidade e fases diferentes, tem levado a mudanças semelhantes nas infra-estruturas institucionais desses países, tais como, tolerância pela propriedade privada e desmantelamento dos controlos burocráticos. Em muitas economias em transição, tem havido também, um crescimento impressionante do empreendedorismo (Zahra *et al.*, 2000).

Este sistema económico vulgarmente conhecido por socialismo de mercado que foi introduzido inicialmente na China, por Deng Xiao Ping em 1992, permite já a afectação de recursos pelo mercado, desde que não seja, em sectores estrategicamente considerados chave, ou politicamente sensíveis, como por exemplo, na China a energia, as comunicações, os transportes, os *media* entre outros, mas isto é feito num meio envolvente em que o Estado ainda é proprietário com a totalidade ou maioria de capital de muitas empresas grandes e influentes.

Nestes sistemas em transição existem muitas oportunidades de negócio, nomeadamente as surgidas das privatizações e das falhas de mercado, mas é difícil obter informações credíveis e o desenvolvimento de estratégias de marketing com sucesso, devido à falta de infra-estruturas de marketing.

Nestes países de socialismo de mercado, falta também muitas vezes um enquadramento legal e um sistema de controlo de mercado apropriados. Os controlos próprios de uma economia de mercado ainda não estão a funcionar e os antigos controlos governamentais nalgumas situações já deixaram de funcionar. Verifica-se também, uma enorme dificuldade em mudar costumes, tradição e comportamentos administrativos, é mais fácil mudar a legislação do que a mente das pessoas.

Ghauri e Holstius (1996, p.75) defendem, que o IDE pode actuar como um "catalisador poderoso para a mudança económica de uma economia centralmente planeada para uma economia de mercado. As empresas estrangeiras trazem tecnologia, gestão de *know-how* e acesso aos mercados estrangeiros".

Na fase de pré-investimento a procura de informação que a empresa realiza nos países com esse tipo de economia é normalmente muito difícil, porque a infra-estrutura de pesquisa de mercado nesses países é muitas vezes subdesenvolvida, recolher informação de parceiros locais pode também ser difícil, porque requer o desenvolvimento de relacionamentos e confiança mútua.

A falta de um enquadramento legal para definir e proteger os direitos de propriedade intelectual pode resultar num crescimento rápido de comportamentos oportunistas. Uma economia de mercado descentralizada, não pode funcionar apropriadamente sem um sistema compreensivo de leis comerciais, e embora as leis formais possam ser mudadas da noite para o dia, os costumes, tradições e códigos de conduta não podem.

Uma economia de mercado eficiente, depende das instituições de suporte, que possam estabelecer formalmente ou informalmente as regras do jogo, essas instituições reduzem os custos de transação ao reduzir a instabilidade, e assim para os países com uma economia de transição "a evolução de instituições apropriadas a uma economia de mercado é um problema crítico" (Meyer, 2001, p. 357).

A privatização de um grande número de empresas estatais, coloca grandes desafios às estruturas políticas instáveis e provoca mudanças no meio ambiente de negócios desses países, criando incerteza, que é muitas vezes minimizada por várias empresas, com escolhas estratégicas como "confiar em contactos em *network* de confiança pessoal", estes *networks* que pré-existem ao período de transição, e estão enraizados no sistema burocrático, continuam muito activos e tornaram-se "muito mais importantes como condicionantes informais" (Peng e Heat, 1996, p.494-505). As empresas reagiram confiando no sistema herdado de *networks* pessoais, que antes serviam para resolver os problemas dentro de um sistema de planeamento central (Meyer, 2001).

White e Liu (2002, p.2) referem, que na China em transição, de um sistema herdado, de planeamento central tipo soviético, as grandes empresas verticalmente integradas, estão a ser progressivamente substituídas, por *networks* funcionais cruzados, que "colocam activos complementares em conjunto para desenvolver, produzir e entregar produtos".

Podemos concluir, que nos sistemas de economia de mercado, as variáveis do *marketing-mix* são muito importantes, porque a concorrência é grande e os consumidores têm larga escolha, decidindo pelas ofertas que lhes entregam mais valor, enquanto nos sistemas económicos de economia dirigida, a procura tipicamente excede a oferta e os elementos do *marketing-mix* não são usadas como variáveis estratégicas. Nos sistemas mistos podem verificar-se ambas as situações, dependendo do sector, mas a principal dificuldade é a inexistência de infra-estruturas de marketing.

Concluímos também, que as empresas ocidentais que entram em economias de transição, enfrentam altos custos de transação, porque têm falta de informação dos parceiros locais, têm de negociar com agentes sem conhecimento tácito do novo sistema económico, e o enquadramento legal é normalmente pouco claro e insuficiente. Administrativamente têm de lidar com burocratas inexperientes, corrupção e sistemas judiciais subdesenvolvidos. Essas empresas têm se adaptar às condições locais e procurar opções estratégicas baseadas em *networks* (Meyer, 2001).

6.3.3.2. *Etapas do Desenvolvimento*

No mercado internacional, podemos encontrar países em diferentes fases de desenvolvimento económico e embora cada país, esteja numa situação económica específica, podemos agrupá-los em poucas categorias gerais, com algumas características em comum.

Esta metodologia fornece uma base útil para a segmentação de mercado global e para a escolha de mercados alvo. Keegan e Green (2000) referem as seguintes fases:

1 – Países de Baixo – Rendimento, têm uma grande percentagem da população na agricultura e actividades agrárias de subsistência, têm também uma industrialização limitada, altas taxas de natalidade, altas taxas de iliteracia e instabilidade política. Cerca de 50% da população do mundo vive em países que caem dentro desta categoria, constituem um mercado limitado para produtos, oportunidades de investimento e operações comerciais.

2 – Países Menos Desenvolvidos – LDCs, este termo, compreende países que têm um rendimento baixo-médio e que estão no começo da industrialização. Os mercados de consumo nestes países estão em expansão, eles oferecem vantagens competitivas em indústrias maduras estandardizadas e de mão-de-obra intensiva, tais como têxteis e brinquedos. Normalmente têm falta de produtos e serviços e necessitam de aumentar a produção, oferecendo oportunidades de longo-prazo aos investidores estrangeiros. Alguns destes países, são orientados para a exportação, e os de rápido crescimento são até investidores em países mais atrasados. O seu PIB pode permitir a existência de uma classe média considerável. Os governos destes países tentam atrair investimento directo estrangeiro oferecendo subsídios ou outros tratamentos preferenciais, e por isso, entrar num LDC em crescimento, pode ser uma oportunidade de marketing significativa.

3 – Países em Desenvolvimento ou médio-baixo rendimento, são países onde a percentagem de pessoas na agricultura cai a pique, uma vez que a maioria da população transita para o sector industrial e o grau de urbanização aumenta. Países nesta fase de industrialização, rapidamente verificam aumentos salariais, mas significativamente mais baixos, de que nos países desenvolvidos. Alguns destes países têm baixas taxas de iliteracia e investem numa educação avançada. Alguns destes países conseguiram taxas muito altas de desenvolvimento económico e são agora conhecidos por os NICs – Novos Países Industrializados. O seu mercado, é usualmente uma das razões, porque as empresas se interessam por entrar os países em desenvolvimento, principalmente nas grandes economias emergentes, onde o acesso ao mercado pode fornecer uma vantagem competitiva, (Hyder e Ghaudi, 2000). Países com alto potencial de mercado "tendem a ter maior habilidade para absorver capacidade produtiva adicional, fornecendo à empresa uma oportunidade de melhorar a sua eficiência" (Brouthers, 2002, p.207).

4 – Países Desenvolvidos, são países com alto rendimento, com economias dominadas pelos serviços e com um PIB *per capita*, acima dos US$ 10 000. Nestes países começa a verificar-se a ascendência do conhecimento sobre o capital como recurso estratégico chave. Outros aspectos da sua pós-industrialização são a orientação para o futuro e a importância dos relacionamentos interpessoais no funcionamento da sociedade. As oportunidades de produção e marketing nestes mercados estão muito dependentes de novos produtos e inovação. Ohmae (1995) refere-se aos EUA, UE e Japão como a Triad e menciona que ela representa o centro dominante do mundo com 75% do rendimento mundial. Nesta etapa do desenvolvimento, a orientação para uma prosperidade

ainda maior, verifica-se em conjunto com a procura para produtos de qualidade, produtos de prestígio e infra-estruturas de alta tecnologia.
5 – Durante a última década, um número significativo de países, em diferentes etapas do desenvolvimento económico e em diferentes partes do mundo, experimentaram rápido crescimento económico, apresentando oportunidades de mercado significativas. Estamos a referir-nos principalmente aos países internacionalmente conhecidos por BEMs, grandes mercados emergentes. Países como a China, Brasil, Índia, Indonésia, Coreia do Sul, Polónia, Turquia, são geralmente considerados nesta classificação, e os especialistas predizem, que esses países serão jogadores chave no comércio global (Keegan e Green, 2000).

O IDE voando dos países mais avançados para os menos avançados, através da deslocalização de indústrias dos primeiros para os segundos, joga um papel dominante na sustentação do processo. Por exemplo, uma sequência típica entre os países da Ásia é a mudança de menos para mais capital e tecnologia intensivos, tal como, da indústria têxtil para a química, e depois, para as indústrias de aço, automóvel, electrónica etc.

Os países tendem a especializar-se na exportação de produtos, nos quais têm uma vantagem competitiva consentânea com o seu nível de desenvolvimento e, ao mesmo tempo, procuram melhorar as suas estruturas industriais, através do aumento da sua dotação em capital e tecnologia, isto é conhecido pelo "padrão de desenvolvimento económico dos gansos-voadores" (Kwan, 2002, p.2).

Este modelo é usado para explicar a mudança das indústrias de países mais desenvolvidos, para aqueles que vêm imediatamente a seguir, no processo de desenvolvimento, um exemplo concreto este modelo, é a mudança da produção têxtil do Japão para os NICs asiáticos e depois para os países da ASEAN e depois para a China, e mais recentemente para o Vietname e outros países da Indochina.

As implicações de marketing deste tipo de análise são altas, podem indicar aos *marketers*, onde estão os compradores potenciais e que tipos de oferta, estes estão preparados para aceitar.

Também, como consequência de diferentes etapas de desenvolvimento económico na dinâmica competição do mercado internacional, existem estratégias competitivas tais como as dos NICs, que se focalizaram, na mão-de-obra de custo baixo e na promoção governamental das exportações, investimento e tecnologias maduras estandardizadas. Os países industrializados, desenvolvidos, confiaram em processos complexos de fabrico para aumentar a qualidade e reduzir custos, as indústrias de alta tecnologia localizadas em países desenvolvidos focalizaram-se em P&D, para conseguir alcançar a liderança pela diferenciação e desempenho de produtos (Bradley, 2002).

Muitas empresas ocidentais têm respondido á concorrência global, deslocalizando a produção para países de baixo custo de mão-de-obra, internalizando localmente essas vantagens competitivas, ao mesmo tempo, que acrescentam valor à sua oferta, através da inovação, produtos especializados, e marketing, evitando a concorrência com base nos preços e simultaneamente garantindo altas margens de rendibilidade. Estas margens são depois investidas em P&D, valorização da marca através da comunicação e distribuição internacionais.

6.3.3.3. *Integração Económica e Blocos Regionais*

Bradley (2002, p. 114) refere, que "a economia mundial está agora mais integrada do que foi durante muitos anos como resultado de muitos acordos comerciais e mecanismos de integração de mercado".

A integração económica pode ocorrer numa base de facto, ou numa base de *júris,* um exemplo da primeira situação, é a convergência económica e a crescente interdependência através do comércio e do IDE dos países da Triad, e a segunda, é melhor ilustrada pelo caso da UE, em que uma integração de facto foi enquadrada por uma integração jurídica económica. Um esquema profundo de integração como o da UE, incluí políticas industriais comuns, a eliminação de todas as barreiras alfandegárias e não alfandegárias inter-regionais, barreiras externas comuns, com a mesma pauta aduaneira, assim como, a liberdade de circulação de pessoas e capital, enquanto um esquema de integração superficial, essencialmente reduz as barreiras alfandegárias entre países (Benito *et al.*, 2003).

Uma zona de comércio livre é formada, quando dois ou mais países concordam em abolir todas as barreiras ao comércio entre eles. Uma união aduaneira representa a evolução lógica de uma zona de comércio livre, em que os países para além de abolirem as barreiras ao comércio entre si estabelecem barreiras externas comuns. Um mercado comum é o próximo passo, no *spectrum* da integração económica, em acréscimo à abolição de barreiras comerciais internas e barreiras externas comuns, os membros de uma união aduaneira permitem a livre circulação dos meios de produção, incluindo, trabalho, capital e informação. Uma união económica é o último estádio da integração económica, e requer políticas económicas e sociais harmonizadas, além disso, envolve a criação de um banco central unificado e o uso de uma moeda única (Keegan e Green, 2000).

A integração regional, tem normalmente resultados positivos em ganhos, quer de curto quer de longo prazo, nomeadamente, através de economias de escala e contexto, aumento da eficiência devido à racionalização e relocação das actividades da empresa e reforço dos laços inter-regionais. Citando Malhotra *et al.* (1998, p.479), a integração económica "leva a um uso mais eficiente de recursos escassos devido á eficiência da produção e distribuição".

Esta eficiência é maximizada num esquema integrado profundo, através da convergência de variáveis tais como, impostos, qualidade de infra-estruturas, lei da concorrência, esquema de incentivos e governo das empresas e, também pelo aumento do nível de concorrência através da região, que leva ao desaparecimento dos actores não eficientes, sendo que os que sobrevivem são provavelmente os mais competitivos. Como consequência, as empresas a trabalhar neste tipo de blocos, continuamente têm de lutar para melhorar o seu desempenho, eficiência e inovação (Benito et al., 2003).

A proximidade geográfica contribui para o sucesso destes blocos comerciais, mas níveis semelhantes de PIB, semelhança ou compatibilidade de regimes comerciais e compromisso político à organização regional também são importantes (Malhotra et al., 1998).

Porter (1990) chamou a nossa atenção, para a importância crítica, especialmente na economia global, de ter *clusters* de dotações de factores relacionados, localizados perto uns dos outros, e deu um grande contributo analítico e conceptual, a uma mistura complexa de sinergias regionais entre empresas a competir num cluster industrial e os seus *networks* de fornecedores dentro das suas fronteiras.

O triunfo do regionalismo acima das nações estado, é defendido por Ohmae (1995), ele vê as unidades regionais a serem mais importantes, que as fronteiras nacionais, e chama a estas unidades, as "estados região". Podemos referir como exemplos destas unidades; Hong Kong, Macau e Cantão, uma região chamada Delta do Rio das Pérolas no Sul da China ou o Triângulo de Crescimento de Singapura/Johor (Malásia) /Batan (Indonésia) entre outros de diferentes partes do mundo. Elas podem estar inteiramente dentro de, ou atravessar fronteiras, isso é irrelevante, o que as define, não é a localização das suas fronteiras políticas, mas o facto de elas terem a dimensão certa e a escala para serem naturalmente grandes unidades de negócio, no mundo global de hoje.

Kanter (1995) refere, que à medida que a globalização avança a nova concorrência, será feita entre centros mundiais de pensamento, indústria e comércio e não tanto entre nações estado.

Os blocos de comércio regional são baseados na proximidade geográfica, e um bloco comercial, é uma associação de países, que reduz as barreiras inter-regionais ao comércio de bens e serviços, ao investimento e muitas vezes à mobilidade dos trabalhadores. Normalmente, a motivação para os países se integrarem num bloco regional, é o seu potencial para a criação de comércio, desenvolvimento e competitividade global, (Malhotra et al., 1998).

Por exemplo, ao facilitar as transacções entre fronteiras, encorajando os fluxos de factores de produção entre países europeus e, ao introduzir uma moeda única, o bloco da União Europeia, oferece novas oportunidades e desafios no marketing internacional.

As economias de muitos países, particularmente as integradas em blocos comerciais, estão a tornar-se estreitamente interligadas, citando Craig e Douglas (2000, p.13), "manifestações visíveis disto são os fluxos, através das fronteiras, de bens e serviços resultantes do crescimento de *networks* organizados que ultrapassam as fronteiras nacionais".

Com a evolução da globalização, as economias à volta do mundo, continuarão ainda mais estreitamente interconectadas e interligadas, com o desenvolvimento em um ou poucos países, a ter um impacto maior nos mercados mundiais, directamente ou indirectamente (Lazer e Shaw, 2000). Por outro lado, os blocos comerciais da Triad suportam o sistema multilateral, ao serem responsáveis por importantes quotas do comércio mundial realizado através dos fluxos de bens e serviços entre as suas fronteiras.

Instituições internacionais, acordos de cooperação regional e tratados preferenciais de comércio, que afectam os padrões de comércio, enquadram esta tendência. A OMC fornece o fórum, para as negociações relacionadas com o comércio, com o objectivo da liberalização do comércio mundial.

Estes acordos podem ser conceptualizados, num contínuo de aumento de integração económica, de uma zona de comércio livre tal como a NAFTA até a uma união económica tal como a UE, passando por outros acordos de cooperação económica, tais como, uma união aduaneira, como a MERCOSUL, e outros importantes acordos de cooperação tais como, a ASEAN e APEC, já anteriormente referidas.

O meio envolvente económico global, é fortemente afectado por este tipo de negociações, como o foi por exemplo, durante a negociação do Acordo sobre Têxteis e Confecções, negociado no âmbito do Uruguai Round do GATT, que regeu o comércio internacional destes produtos até ao seu término em 2005. Outro importante desafio para o comércio e a indústria a nível mundial, foi a entrada da China na OMC em Dezembro de 2001. O relacionamento da China no comércio internacional, entrou numa fase mais madura, mais sofisticada e também com maiores desafios, o mercado interno chinês e o seu sistema financeiro abriram-se às empresas estrangeiras, mas também os mercados estrangeiros sofreram o impacto da entrada da China nos seus mercados. Esta transição constitui um grande desafio para as empresas chinesas que se tornaram membros da comunidade de negócio global, mas também, para as empresas estrangeiras cujas estratégias, estão a ser profundamente afectadas pelo que se está a passar na China.

As infra-estruturas de marketing, estão também a tornar-se mais interligadas como resultado dos avanços em tecnologias de comunicação, ligações a satélites, crescimento de intranets das empresas e da Internet, possibilitando uma melhoria da comunicação entre *networks*. A expansão regional dos *networks* de distribuição, quer a nível de grossista quer de retalhista, e a expansão global das organizações de serviços, tais como agências de publicidade, empresas de pesquisa de mercados e instituições financeiras servem para reforçar a integração no mercado.

Hoje em dia, a impressionante integração do marketing, em conjunto com a capacidade para coordenar e trocar informação, habilita as empresas a tratar com mercados altamente integrados, como se fosse um só mercado e, como consequência, procura integrar as suas próprias actividades para melhor responder e essa integração Craig e Douglas (2000).

Assistimos agora, a fusões e aquisições globais em larga escala, estas operações transcendem as fronteiras físicas e culturais dos países e envolvem um enorme conjunto de considerações legais, financeiras e de gestão. De acordo com Lazer e Shaw (2000,

p. 69), tais conglomerados "representam o formato do futuro, por aumentarem o alcance global da empresa, competindo em nichos em quase todo o lado no mundo, fornecendo a escala necessária para pagar pesquisa e desenvolvimento ".

6.4. Estratégia de *Marketing-Mix*

Os elementos dos programas de marketing podem ser combinados de muitas maneiras, o que quer dizer, que o *marketing--mix* para um produto, ou para diferentes tipos de produtos, tem largas hipóteses de combinação e os concorrentes podem usar combinações diferentes para ofertas do mesmo tipo.

Uma vez, que estamos num mundo dinâmico, este processo também é dinâmico e o *marketing-mix* está constantemente a ser ajustado e reformulado de acordo com as forças que actuam no mercado, as tendências do consumidor e a estratégia da concorrência. Skarmeas *et al.* (2002, p. 763) referem, que "hoje num mercado global altamente competitivo, está a tornar-se cada vez mais importante para as empresas exportadoras desenvolverem estratégias de exportação orientadas pelo mercado focando-se nos requisitos particulares dos clientes estrangeiros".

Os elementos do *mix* são essencialmente, o produto, o preço, a marca, a embalagem, a rotulagem, os canais de distribuição, as vendas pessoais, a publicidade, a promoção, o serviço pós-venda, estes elementos têm de ser planeados de acordo com as forças, que condicionam a estratégia de *marketing-mix*.

O processo de formulação da estratégia de *marketing-mix* pode ser visto, como uma série de decisões de negócios com orientação estratégica, dentro de um padrão de escolha de conteúdo estratégico de estandardização versus adaptação das diferentes variáveis do *mix* (Szymanski *et al.*, 1993).

Para começar, as empresas devem considerar a metodologia, STP – *Segmenting, Targeting, Positioning* – isto é segmentar, definir o segmento alvo e posicionar-se, o que é a essência da estratégia de marketing. A segmentação de mercado, representa um esforço para identificar e categorizar grupos de clientes e países de acordo com características comuns. A segmentação dos mercados globais, consiste em identificar, definir, compreender e responder às necessidades e desejos do consumidor a nível mundial, encontrar grupos específicos de consumidores através das fronteiras que mostram comportamentos de compra semelhantes (Keegan e Green, 2000; Kotler, 2003).

Escolher o segmento alvo é o processo de avaliar os segmentos e focalizar os esforços de marketing, numa região de um país ou num grupo de pessoas, cujo potencial de mercado se enquadra nos objectivos da empresa, finalmente o posicionamento adequado é necessário, para influenciar a percepção por parte dos clientes alvo (Keegan e Green, 2000).

Özsomer e Prussia (2000, p. 44) concluíram, que a "estratégia de marketing responde consistentemente ao meio envolvente do mercado alvo, demonstrando uma orientação pelo mercado".

O posicionamento refere-se ao acto de colocar uma marca na cabeça do consumidor, comparativamente com outras ofertas em termos de atributos e benefícios do produto ou serviço. O posicionamento efectivo diferencia cada marca de todas as outras e é função das percepções do segmento alvo, sobre os atributos e benefícios da oferta (Keegan e Green, 2000; Kotler, 2003).

De acordo com as conclusões de Malhotra et al. (1998), a segmentação do mercado internacional indica, que a proximidade geográfica aumenta consideravelmente a eficiência da gestão de operações ao nível mundial, uma vez que os transportes, logística e comunicação, são mais fáceis de manusear numa base regional, mas quando se segmenta um mercado dentro de um bloco comercial, a geografia pode não ser um bom critério, os países podem também, ser agrupados de acordo com outros critérios, como por exemplo, o seu sistema político, ou níveis de desenvolvimento económico, visto que o consumo é muitas vezes melhor determinado pelo estatuto político ou económico de um país.

A abordagem à segmentação baseada em grupos de países, com padrões comerciais geográficos próximos, têm alguma atracção, mas os factores culturais são determinantes na escolha do consumidor e portanto eles são um critério chave, para segmentar o mercado. É interessante registar, que os três principais blocos comerciais, UE, NAFTA e ASEAN, têm diferenças culturais elevadas e o nível de heterogeneidade de cada bloco comercial é também alto, com implicações para a segmentação de mercado (Bradley, 2002).

Por exemplo, os países da ASEAN são muito diferentes entre si, em termos de sistemas políticos, composição etnográfica e religiosa, para além de que estão também, em diferentes estádios de desenvolvimento económico. Por exemplo, os chineses estão em minoria nestes países, mas controlam o investimento. Os católicos são a maioria nas Filipinas e os muçulmanos na Indonésia e Malásia. Singapura é um país desenvolvido, a Tailândia, Malásia, Indonésia, Filipinas são países em desenvolvimento e Vietname é um país menos desenvolvido. O nível de heterogeneidade dos países UE é também elevada e apesar das reformas referentes à integração, levarem a uma diminuição dessa heterogeneidade e facilitarem acesso ao mercado, não apagarão diferenças históricas, culturais e institucionais, bem marcadas geracionalmente (Malhotra *et al.*, 1998).

Também a segmentação do mercado global, pode ser baseado em várias variáveis, tais como, as demográficas, incluindo o rendimento *per capita*, a paridade do poder de compra, a dimensão da população, e as psicográficas incluindo valores, atitudes e estilo de vida, características comportamentais e benefícios procurados (Keegan e Green, 2000).

Os consumidores estão a tornar-se mais móveis e viajam mais, quer para negócio, quer para prazer e a consequência para o marketing, é que se estão a tornar mais expostos aos produtos, aos estilos de vida e aos comportamentos de compras dos consumidores de outros países (Douglas e Craig, 1997). Como regra geral, a classe média-alta em diferentes países, é mais sensível a estas influências, que o resto da sociedade e constituem um largo segmento transversal a vários mercados (Bradley, 2002).

6.4.1. Estandardização *versus* Adaptação

Uma das decisões estratégicas em marketing internacional, é se a empresa deve seguir uma estratégia de marketing, que seja estandardizada através dos mercados internacionais, ou adaptada às condições específicas do mercado local em cada país, sabendo que, uma estratégia estandardizada pode não satisfazer grupos de consumidores e uma estratégia adaptada pode ser dispendiosa.

Conforme foi mencionado, as estratégias de marketing devem ser desenvolvidas para servir as necessidades dos segmentos de mercado alvo, por isso é importante conhecer, as semelhanças da percepção da função cliente/procura, entre os diversos mercados e entre os mesmos segmentos de mercado no país de origem e no país anfitrião. "Semelhanças entre mercados criam oportunidades para estandardização das estratégias de marketing, enquanto as diferenças geram a necessidade de adaptar o marketing" (Özsomer e Prussia, 2000, p. 32).

A EME – Estratégia de Marketing Estandardizado, refere-se ao grau de estandardização do conteúdo dos elementos do *marketing-mix* (Özsomer e Prussia, 2000). Num extremo, estão empresas, que usam um *marketing-mix* globalmente estandardizado (estandardização mundial de produto, preço, distribuição e comunicação) e no outro extremo, está um *marketing-mix* adaptado (a empresa adapta as variáveis de *marketing-mix* a cada mercado (Kotler, 2003). A principal decisão é como combinar o conteúdo das variáveis de *marketing-mix*, da estratégia individual para cada segmento, com os benefícios do padrão estandardizado da afectação de recursos às variáveis de *marketing-mix* através do mundo (Szymanski *et al.*, 1993).

O marketing global estandardizado é análogo ao *mass-marketing* num só país, esta estratégia implica criar o mesmo *marketing-mix* para um largo mercado massificado, de potenciais compradores, a adaptação do produto é minimizada e a estratégia de distribuição intensiva assegura que o produto está disponível no máximo número de lugares (Keegan e Green, 2008). Uma estratégia de marketing estandardizada implica oferecer idêntico produto, a idêntico preço, distribuído através de canais de distribuição idênticos, apoiada por um programa de comunicação idêntico em vários países diferentes (Bradley, 2002).

A principal vantagem do marketing global estandardizado é baixar os custos de produção, distribuição e comunicação, devido às economias de escala, e realizar actividades de valor acrescentado, como o estabelecimento de uma identidade global distintiva para a marca da empresa ou do produto ao nível global (Craig e Douglas, 2000; Laroche, *et al.*, 2001; Theodosiou e Leonidou, 2003). Na prática é reconhecido, que o "controlo de custos e imagem da empresa é um importante motor para os desejos das empresas estandardizarem os seus esforços de marketing" (Solberg, 2000, p. 82).

A estratégia estandardizada pode ser utilizada se "o mercado é globalmente ou regionalmente integrado e as necessidades e interesses dos consumidores são os mesmos em todo o mundo" (Craig e Douglas, 2000, p.11).

Dentro deste tipo de estratégia as empresas podem concentrar-se num segmento do mercado global e fazer uma oferta estandardizada, é aquilo, a que Keegan e Green (2008) chamam uma estratégia de *marketing-mix* global concentrada ou uma estratégia global de nicho.

A maior parte da literatura sobre a estandardização ou adaptação do *marketing-mix* internacional foca duas dimensões: diversidade cultural versus convergência de mercados, devido ao aumento da globalização e economias de escala de marketing, produção, desenvolvimento e pesquisa (Solberg, 2000). Os defensores da abordagem de estandardização vêem as tendências de globalização no mundo, como "a força motriz por trás de maior semelhança de mercados, maior uniformidade tecnológica e maior convergência nas necessidades, gostos e preferências dos consumidores" (Theodosiou e Leonidou, 2003, p.142).

Levitt (1983) defende uma posição extrema, a estandardização como uma resposta às forças globais, de que resultam semelhanças através dos mercados no mundo, ele vê segmentos de mercado substanciais com necessidades comuns, como cita Kotler (2003, p.394) "o mundo está a tornar-se um mercado comum no qual as pessoas independentemente de onde vivem desejam os mesmos produtos e estilos de vida".

A propensão das cadeias de retalho internacionais para estandardizar o *marketing-mix* através das fronteiras, pode também ter um grande impacto na uniformização dos padrões de consumo á volta do mundo contribuindo para estandardizar a imagem de marcas fortes (Solberg, 2000).

Alguns investigadores, estão no entanto cépticos, sobre os benefícios da estandardização, uma vez que as diferenças historicamente existentes entre as nações, nos aspectos culturais, políticos e económicos requerem, que os programas de marketing sejam adaptados às condições do mercado local (Cavusgil *et al.*, 1993).

Enquanto a procura para muitos produtos se tornou mais homogénea através dos países, as diferenças culturais podem ser encontradas à volta do mundo mesmo nos blocos comerciais, dificultando esta evolução, uma vez que o consumo é muitas vezes descrito como um fenómeno cultural, dado que as atitudes para com um produto ou uma marca são influenciadas pelas dimensões culturais (Malhotra *et al.*, 1998; Laroche *et al.*, 2001).

Defensores da estratégia de adaptação argumentam que apesar das crescentes tendências de globalização, "variações entre os países em dimensões como necessidades dos consumidores, poder de compra, infra-estruturas comerciais, cultura e tradições, leis e regulamento e desenvolvimento tecnológico ainda são grandes" justificando a adaptação da estratégia de marketing a cada país (Theodosiou e Leonidou, 2003, p.142).

De facto o mundo ainda não é completamente global, uma vez que a heterogeneidade cultural continuará a ser a barreira mais importante a um mercado único global e normalmente as empresas concorrem em mercados, que são especialmente dispersos e onde as necessidades e desejos dos consumidores, assim como, a natureza da concorrência e as infra-estruturas de marketing, diferem de um mercado para outro, consequentemente, a empresa deve adaptar a sua oferta de *marketing-mix* a cada mercado (Craig e Douglas, 2000; Dow, 2000; Solberg, 2000). Diferenças em gostos, linguagens, culturas e obstáculos técnicos à globalização irão forçar os gestores a "pensar local" (Bradley, 2002, p.5).

Num bloco comercial, a harmonização das regras empurrará as empresas para a estandardização do *marketing-mix*, mas as realidades culturais continuarão a apontar para a necessidade de adaptação, então as empresas deverão analisar o grau de heterogeneidade com vista à segmentação de mercado (Malhotra *et al.*, 1998). Esta estratégia envolve a prática de um *marketing-mix* para cada segmento do mercado global e é conhecida por multi-segmento, também chamado marketing global diferenciado (Keegan e Green, 2008).

Advogados da estratégia de diferenciação afirmam, que porque poucos mercados são semelhantes, alguma adaptação dos programas de *marketing-mix* é necessária, para garantir que as necessidades do comprador são efectivamente satisfeitas e as vendas maximizadas, uma vez que o objectivo da empresa deverá ser a rendibilidade a longo prazo, através de um volume de vendas elevado (Theodosiou e Leonidou, 2003).

Para racionalizar os custos de adaptação, é importante considerar a natureza da inter-relação, entre variáveis estratégicas competitivas e o desempenho do negócio, "algumas variáveis da estratégia competitiva, são determinantes, relativamente mais importantes, do que outras varáveis, no desempenho de mercados", e essas são as variáveis que deverão ser adaptadas (Szymanski *et al.*, 1993, p.1).

As suas pesquisas identificam factores, que as empresas devem enfatizar nas estratégias de marketing internacional, especialmente, "oferecer uma linha de produtos larga e vender produtos de alta qualidade com altos níveis de serviço ao consumidor, parecem conduzir especialmente a uma quota superior de desempenho de mercado" e "as comunicações de marketing são cruciais para o desempenho da quota de mercado do negócio" (Szymanski et al., 1993, p.13). Cada vez mais as empresas estão a descobrir as necessidades de estandardizar alguns elementos do marketing--mix para diminuir custos, mas muitas adaptam outros para garantir a satisfação do cliente.

Bradley (2002) refere, que itens altamente relacionados com a cultura, tais como produtos alimentares e confecções entre outros, provavelmente usarão uma estratégia de adaptação, enquanto produtos como electrónica e música destinada ao mercado jovem, usarão uma estratégia estandardizada com maior probabilidade.

A adaptação levada ao extremo conduz à conceptualização de um marketing-mix, para satisfazer um nicho de mercado, entendendo-se por nicho de mercado, um só segmento do mercado global. Este tipo de estratégia é conhecido por estratégia de marketing global concentrado. Exemplo deste tipo de estratégia é a seguida pela Body Shop International PLC, que tem como alvo o nicho de consumidores que em todo o mundo, querem comprar produtos naturais não testados em animais (Keegan e Green, 2008).

Esta análise indica, que a escolha entre as estratégias de estandardização e adaptação e o grau de estandardização ou adaptação for forma a alcançar um desempenho superior, depende de um conjunto de circunstâncias que a empresa tem de enfrentar num país específico num determinado período de tempo. Defensores desta perspectiva de contingência, argumentam que a estandardização e adaptação devem ser vistas como dois pólos de um contínuo, onde o grau da estratégia de marketing de estandardização/adaptação pode variar entre ambas, e deverá ser decidida na sequência da análise de factores contingenciais relevantes, existentes num país específico, numa determinada altura e, deverá ser avaliada com base no seu impacto no desempenho da empresa nos mercados internacionais (Theodosiou e Leonidou, 2003).

6.4.2. Conteúdo da Estratégia de *Marketing-Mix*

A estratégia de marketing é tradicionalmente definida, como um meio de conseguir alcançar os objectivos de marketing da empresa, particularmente expressos em termos de produto, preço, canais de distribuição e aspectos promocionais e que deverão ser combinados, com o propósito de conseguir obter os objectivos gerais da empresa, para os quais, os objectivos de marketing dão um contributo fulcral (Kotler, 2003).

Em vez de assumir, que a empresa pode apresentar a sua oferta nos mercados estrangeiros, da mesma forma como o faz no mercado interno, a empresa deve rever as variáveis do *marketing-mix*. O produto e a comunicação são as variáveis, que normalmente são mais consideradas, para integrar as diversas perspectivas no dilema estandardização versus adaptação. Keegan e Green (2000, p. 395) referem, que "a decisão de estandardizar ou adaptar pode depender de um número de factores relacionados com os objectivos específicos da empresa assim como do meio envolvente económico, político e sociocultural"

O grau de estandardização ou adaptação, é determinado pelas características do mercado, mas também, pela situação da empresa e o tipo de produto e indústria, (Cavusgil *et al.*, 1993; Kotler 2003).

Nas características do mercado, podemos observar, como a dimensão do mercado determina o potencial num mercado estrangeiro, a estrutura de distribuição influencia a capacidade da empresa para satisfazer a procura e a disponibilidade dos *media*, são muito importantes para determinar a viabilidade e adequação da estratégia de marketing num determinado marcado externo.

Não obstante, as variáveis relacionadas com os clientes e a concorrência, têm também um efeito significativo na estratégia de estandardização ou adaptação. As variáveis relacionadas com os clientes, que focam os padrões de consumo num mercado externo, as características dos clientes, o seu comportamento, os seus gostos e preferências, são determinantes. Theodosiou e Leonidou (2003, p.154) concluíram, que "de facto o sucesso ou fracasso de uma empresa depende largamente da sua habilidade para satisfazer as necessidades dos seus clientes-alvo, melhor do que a concorrência".

A estratégia de marketing internacional, tem de ter também em consideração a estrutura, a natureza e intensidade da concorrência, nomeadamente o número, origem e estratégia dos principais concorrentes em cada mercado, assim como a sua posição (líder, desafiador, seguidor, nicho) relativamente a cada concorrente. Por exemplo Cavusgil *et al.* (1993) concluíram, que a intensidade da concorrência estava positivamente associada, quer com a adaptação do produto, quer com a adaptação da comunicação, e que a pressão competitiva pode exigir uma estratégia de customização para ganhar vantagens competitivas.

As características do produto e sector industrial, nomeadamente, se é um bem de consumo ou um bem industrial, a intensidade tecnológica, a fase do ciclo de vida do produto, também influenciam a estratégia de marketing internacional, por exemplo, os trabalhos de pesquisa de Cavusgil *et al.* (1993) e Theodosiou e Leonidou (2003) indicam-nos, que a opção pela produção de produtos com intensidade tecnológica tem um impacto sério na estratégia de marketing de estandardização, devido à necessidade de pagar custos enormes de P&D.

Estes trabalhos referem ainda, que a situação da empresa no mercado é também importante na definição da estratégia de marketing num mercado externo e que uma auditoria interna prévia, deve ser realizada focando as características internas da empresa, a sua nacionalidade, a natureza da sua propriedade, a sua experiência internacional, a quota de mercado, a atitude da gestão em relação à internacionalização, o grau de centralização do poder de decisão, porque estes aspectos têm impacto na estratégia da empresa.

Podemos identificar dois tipos de exemplos; a experiência internacional da empresa pode estar relacionada com a facilidade de adaptação do produto e comunicação, as subsidiárias de capital totalmente estrangeiro, podem estar mais inclinadas para escolher uma estratégia de estandardização enquanto uma *joint venture*, pode preferir uma estratégia de adaptação.

O plano de estratégia internacional de uma empresa, pode vincular um programa de marketing baseado em estratégias de extensão, adaptação ou uma combinação das duas. Keegan (1995) distinguiu cinco estratégias internacionais de produto (atributos do produto, marca, embalagem, rotulagem) e de comunicação (vendas, promoção de vendas, publicidade, marketing directo, relações públicas):

1 – Extensão directa, refere-se a uma estratégia de marketing estandardizada, o que quer dizer, entrar num mercado externo sem quaisquer mudanças no produto ou na promoção, é uma estratégia que resulta melhor com bens de consumo electrónicos e máquinas ferramentas do que com produtos alimentares. É uma estratégia atractiva porque não implica custos de P&D ou encargos com a adaptação do produto ou comunicação, e permite economias de escala, é em princípio a estratégia mais fácil e mais lucrativa, mas que pode apresentar custos a longo prazo por não se adaptar às necessidades específicas do mercado. A extensão dupla pode ser utilizada por empresas internacionais, globais e transnacionais, o aspecto crítico reside na execução e no *mindset*. Mas, a estratégia de extensão dupla, não é bem sucedida em todos os mercados.

2 – Adaptação do produto, implica a mudança do produto, nomeadamente elementos de design, atributos ou embalagem para responder às condições e preferências

locais, os credos e crenças locais deverão também ser considerados. Existem vários níveis, desde a adaptação de uma versão regional simples, a uma versão do produto adaptada a uma cidade ou a um retalhista, até à inovação de um produto. Leis e regulamentos em diferentes países frequentemente levam à adaptação obrigatória do produto e também os requisitos técnicos ou padrões podem forçar a adaptação.

3 – Inovação de um produto pode ser uma mudança de estilo do produto, para o adaptar às necessidades de um mercado estrangeiro, ou um produto completamente novo, para resolver o problema de uma necessidade verificada em outro país. A inovação de um produto é uma estratégia dispendiosa, mas os resultados podem ser altamente compensadores, particularmente se o país tem um elevado potencial de mercado, ou se o produto pode, por ser bem aceite, ser também, uma fonte de rendimento no mercado interno ou em outros mercados estrangeiros.

4 – Adaptação da comunicação, é uma estratégia que envolve criar comunicação diferente para diferentes mercados, enquanto se mantém o produto tal como ele é no mercado interno. A empresa pode usar um tema global, mas ajustar a mensagem a cada mercado local, a empresa pode desenvolver um visual global de anúncios e seleccionar o mais apropriado para cada mercado, e a empresa pode usar a mesma mensagem em todo o lado, adaptando a língua, as cores, os nomes. O uso dos *media* também requer adaptação, porque a sua disponibilidade varia de país para país. Os *marketers* deverão também, adaptar as técnicas de promoção de vendas a diferentes mercados. Esta estratégia tem custos de implementação relativamente baixos, porque o produto não muda, o único custo desta estratégia é rever a publicidade, promoção de vendas, materiais no

retalho e outros programas de comunicação. Nomeadamente, diferentes preferências e restrições, podem aconselhar as empresas internacionais, não só a rever, mas também, a delegar na gestão local a escolha de promoção de vendas.

5 – Adaptação dupla, a empresa nesta estratégia, adapta quer o produto quer a promoção e aplica-a normalmente quando entra num mercado novo onde as condições do meio envolvente ou as preferências do consumidor são muito diferentes das do seu mercado interno. No que diz respeito, por exemplo, à mensagem, ela pode mudar de quatro maneiras diferentes, nomeadamente usando a mesma mensagem em todo o lado, mas mudando a língua, o nome e as cores, usando o mesmo tema tratado globalmente, mas adaptando o anúncio ao mercado local, desenvolvendo um conjunto de anúncios globais e escolhendo os mais apropriados a cada país, ou ainda deixando que os responsáveis por cada mercado criem os seus próprios anúncios.

6.4.2.1. *Produto*

Nas decisões internacionais de produto e marca, as empresas deverão preocupar-se com a inovação de produtos, citando Bradley (2002, p.183), "pode ser necessário desenvolver novos produtos ou modificar os existentes para serem bem sucedidos no mercado internacional".

Os vencedores da competição global são as empresas que podem desenvolver ofertas de produtos, que criam valor para os clientes, em termos de percepção do consumidor (Keegan e Green, 2000; Kotler, 2003).

O design e desenvolvimento do produto global tornaram-se numa das competências críticas na actual estratégia de concorrência global, considerando, que de acordo com Ojah e Monplaisir (2003, p. 457), os gestores "sofrem uma pressão constante para produzir produtos novos e melhorados mais depressa e a custos mais baixos". Estes elementos do produto, têm sido vistos, como elementos cruciais da estratégia de *marketing-mix*, uma vez que constituem um meio de diferenciação em relação às ofertas da concorrência e podem influenciar as atitudes do consumidor internacional relativamente aos produtos da empresa, estando por isso positivamente correlacionados com o sucesso das exportações.

Os trabalhos de Leonidou *et al.* (2002) concluíram, que o design e estilo do produto têm um significativo efeito positivo no desempenho e que a qualidade do produto e o desempenho da exportação também demonstraram estar positivamente associados.

Os trabalhos de pesquisa de Cavusgil e Zou (1993) identificaram o meio envolvente legal, como o factor mais importante nas decisões da empresa adaptar os seus produtos, depois da entrada no mercado externo, seguido pelas especificidades culturais do produto e a orientação tecnológica da indústria, e concluíram também, que a adaptação de um produto, depois da sua entrada no mercado, é influenciada significativamente e positivamente pela experiência internacional da empresa, pela especificidade cultural do produto e pela concorrência no mercado de exportação.

As marcas são um fenómeno relativamente novo no marketing internacional. Uma marca global tem de ter um mínimo de consciência de marca e vendas ao nível mundial. Outra dimensão da marca global é que os atributos físicos dos produtos da marca tendem a ser mundialmente muito semelhantes e a ir ao encontro dos desejos universais dos consumidores.

As marcas globais tendem a posicionar-se semelhantemente em todos os mercados, "além disso os clientes dessas marcas valorizam o país de origem", uma vez que a marca está inserida numa cultura nacional e "o país de origem de bens de luxo e de prestígio é um factor importante na construção da procura para muitas marcas de consumidor na maioria dos mercados" (Bradley, 2002, pp. 191-192). As marcas com origem em determinados países, parecem criar activos intangíveis relacionados com esses países, que beneficiam todas as suas marcas.

O acto de dotar um produto ou serviço com o poder de uma marca, conhecido vulgarmente no marketing por *branding*, envolve decisões relacionadas com nome, logo, design ou uma combinação destes elementos, com o objectivo de identificar ou diferenciar, a oferta do exportador no mercado internacional, Leonidou *et al*. (2002).

Na maioria das marcas internacionais bem sucedidas, o nome da empresa e o nome da marca coincidem, criando sinergias nos investimentos, que se fazem para valorizar a marca da empresa, para os produtos e vice-versa.

A popularidade da marca e o seu valor, são promovidos através da publicidade e comunicação boca-a-orelha, e essa popularidade e valor, são contribuições positivas para a imagem e lealdade à marca como Alon e Banai (2000, p.111) referem, o "nome de marcas fortes pode ajudar uma empresa a fazer uma venda".

O referido trabalho de pesquisa de Leonidou *et al*. (2002) concluiu também, que as variáveis do *branding* estão positivamente associadas ao desempenho da exportação, assim como a intensidade da exportação, isto é a percentagem da exportação nas vendas totais da empresa.

Outra característica do produto, que é de particular relevância na estratégia de *marketing-mix* internacional é o serviço ao cliente, antes durante e depois das vendas. Terpstra e Sarathy (2000) referem, que os clientes internacionais estão particularmente preocupados com a capacidade de um exportador fornecer os serviços necessários, e a análise de Leonidou *et al*. (2002) considera esta variável, como um factor crítico de sucesso nos mercados internacionais. Os requisitos dos serviços de pós-venda variam de mercado para mercado e de produto para produto e, para além de serem um factor crítico de sucesso, podem também ser uma exigência legal em certos produtos.

A embalagem e a rotulagem, também jogam um papel importante na estratégia de *marketing-mix* internacional, não só no que diz respeito à necessidade de conformidade com os regulamentos locais, mas também, pela imagem, informação e promoção do produto, por exemplo, os mercados do extremo oriente valorizam muito a forma, a cor e a decoração da embalagem, relacionado com isto está a disponibilidade de um rótulo de embalagem com um guia de instruções na língua do cliente.

A oferta de uma garantia aumenta o valor do produto exportado, uma vez que ela parece reduzir a percepção de risco do cliente e, isto é ainda mais relevante, quando a empresa entra num novo mercado externo ou exporta para um país distante.

6.4.2.2. Preço

Outro elemento importante do *marketing-mix* é o preço, o gestor internacional deve desenvolver sistemas e politicas de preços, que contemplem, preços mínimos, preços máximos e preços óptimos, em cada um dos mercados externos onde a empresa opera, tendo em consideração os seus objectivos, mas também, as oportunidades e constrangimentos em cada mercado (Keegan e Green, 2000).

As empresas têm de considerar certos custos quando vendem no estrangeiro, como por exemplo, custos com os transportes e tarifas, margens dos importadores, grossistas e retalhistas, e deverão ainda contabilizar o risco das flutuações cambiais, todos estes custos vão repercutir-se no preço final praticado no estrangeiro e as empresas podem ter de enfrentar uma escalada de preços, que varia de país para país.

Os elementos relacionados com o preço são normalmente adaptados como resultado de "diferenças com factores tais como objectivos de marketing, estrutura de custos, taxas de inflação, politicas da concorrência e controlo do governo" (Theodosiou e Leonidou, 2003, p.161).

Esta diversidade de factores determinantes nos mercados externos, obriga as empresas a realizar adaptações dos preços cuidadosamente para permanecer competitivo no mercado internacional, Leonidou *et al.* (2002) encontrou um forte relacionamento positivo entre o ajustamento de preço e a maioria dos critérios de desempenho das exportações.

O problema é como fixar os preços no mercado internacional, Kotler (2003) refere três estratégias diferentes; a) fixar um preço uniforme para todos os países, isto pode resultar em preços demasiado altos em países pobres e baixos em países ricos, o que traz o problema de posicionamento, b) fixar um preço baseado em cada país, pode conduzir a uma situação em que os intermediários nos países de baixo preço revendem o produto em países que praticam altos preços, c) fixar um preço baseado no custo em cada país e usar um *markup* igual em todos os países, mas esta estratégia pode colocar o preço dos produtos fora do mercado em países em que os custos são muito elevados.

Para além do problema de escalada de preços as empresas também enfrentam outros problemas de política de preço, como os preços de transferência, *dumping* e mercados paralelos.

Preço de transferência é o preço que uma subsidiária factura a outra subsidiária da mesma empresa, pelos produtos transaccionados entre elas, a empresa normalmente fixa os preços de acordo com as taxas fiscais, facturando os preços mais elevados onde os impostos sobre o lucro são mais baixos.

Dumping ou preço predatório, ocorre quando uma empresa fixa o preço de um produto num mercado externo mais baixo que os seus custos, ou menor que o preço que a empresa pratica no seu mercado interno, de forma a prejudicar deliberadamente a concorrência estabelecida no mercado internacional.

Um mercado paralelo ocorre, quando o mesmo produto é vendido a preços diferentes geograficamente, os intermediários em países de baixo preço comprarão mais do que vendem no seu mercado interno e revenderão os produtos em países onde os produtos são vendidos a preços mais elevados, beneficiando com a diferença. As empresas tentam evitar este tipo de mercados, controlando os distribuidores, oferecendo produtos com características diferentes a países diferentes e aumentando os preços aos distribuidores de países de baixo custo.

As transacções comerciais são baseadas num contrato de compra e venda e as cláusulas comerciais estabelecidas nesse contrato, especificam o momento exacto, no qual a propriedade da mercadoria é transmitida do vendedor para o comprador. A responsabilidade de pagar determinados custos na transacção, nomeadamente transportes, seguros, despesas alfandegárias entre outras, irá depender dos termos comerciais acordados, que são tipificados segundo a convenção internacional dos termos comerciais conhecida por *Incoterms*, permitindo sempre, ao comprador e vendedor reconhecer em função desses termos acordados, quem paga o quê.

As condições de pagamento das exportações, podem também, ser um instrumento de competição poderoso, sendo as vantagens comparativas oferecidas relativamente ao praticado por outros concorrentes internacionais, um factor importante no negócio internacional, como exemplo, podemos referir as conclusões da referida pesquisa Leonidou *et al.* (2002), que encontrou uma correlação positiva entre a política de crédito e o lucro baseado no desempenho da exportação.

Em anos recentes, muitas operações internacionais têm sido financiadas com esquemas financeiros sofisticados, como exemplo, podemos referir dois sistemas muito utilizados no financiamento dos projectos de infra-estruturas, o sistema *BOT (Build Operate, Transfer* – Constrói, Opera, Transfere) e o sistema *BOOT (Build Operate, Own, Transfer* – Constrói, Opera, Possui, Transfere).

Na transacção de unidades e equipamentos industriais é muito utilizado o sistema chave na mão, operações muito comuns nas economias emergentes, em fase de industrialização, nestes casos o fornecedor de tecnologia monta toda a operação, transfere a tecnologia e forma a mão-de-obra para operar com esses equipamentos, muitas vezes traz consigo o sistema de financiamento internacional e obviamente os preços reflectem isso tudo, sendo também normal nestes casos, assinar um contrato paralelo de serviços de assistência técnica e manutenção.

O comércio com países menos desenvolvidos, que têm problemas de divisas externas e portanto dificuldade em financiar as importações através de empréstimos bancários, é muitas vezes realizado nos sistemas; *barter* (trocas directas de bens e serviços entre duas partes), *counter trade* (*trading* paralelo ou *barter* paralelo) *buyback* (contratos de venda e compra de *outputs* paralelos e separados), *offset* (operações de importação para compensar valores de exportação).

O preço é uma variável estratégica para maximizar os lucros, ou para sobreviver, ou conseguir um *payback* rápido para um produto novo, ou para construir quota de mercado, ou para maximizar a penetração no mercado, ou ainda para posicionar o produto.

As empresas podem ganhar vantagens competitivas ao prosseguirem diferentes estratégias de preço, por exemplo, quando lançam um produto novo num mercado, a estratégia de *marketing skimming* (desnatação do mercado), destina-se a um nicho do mercado internacional, que está disposto a pagar um preço elevado por uma inovação, um novo modelo de uma marca de prestígio, um produto único, o produto cria um alto valor para o cliente e o preço elevado faz parte de uma estratégia de posicionamento que permite a prática de altas margens para pagar as despesas de P&D.

Mas se o objectivo da empresa é ganhar uma quota de mercado rápida, a estratégia de preço apropriada será uma estratégia de penetração de mercado, que consiste em fixar um preço suficientemente baixo para entrar no mercado internacional de massa, muito rapidamente, a liderança nos custos obtida com economias de escala e baixos custos de mão-de-obra, permitirá um forte ataque ao mercado (Keegan e Green, 2000; Kotler, 2003).

As conclusões de Leonidou *et al.* (2002) indicam, que a prática de uma estratégia de preço de penetração, está positivamente associada com todos os critérios de desempenho, excepto com aqueles relacionados com lucro e a prática da estratégia de preço *skimming* está positivamente relacionada com a intensidade da exportação. A sua pesquisa concluiu também, que as empresas fixam os preços de acordo com a procura de clientes, práticas da concorrência e forças do meio envolvente.

6.4.2.3. Canais de Distribuição

A American Marketing Association define um canal de distribuição como, um *"network* organizado de agências e instituições, as quais, em combinação, desempenham todas as actividades necessárias para ligar os produtores aos consumidores para realizar o trabalho de marketing" (Keegan e Green, 2000, p.461).

Os canais de distribuição são normalmente adaptados devido às diferenças de rendimento disponível, infra-estruturas de distribuição, hábitos de compra e factores relacionados com a empresa tais como, o nível de compromisso com o mercado, a disponibilidade da linha de produto, a existência de um *network* de distribuição possuído pela empresa, o volume de vendas (Theodosius e Leonidou, 2003). Também a adaptação aos mercados externos do canal de distribuição planeado pela empresa pode ocorrer devido a diferenças na infra-estrutura de distribuição em termos do número de intermediários, tipo de lojas e funções do canal (Keegan 1995).

Leonidou *et al.* (2002) referem, que a adequação de um canal de distribuição particular não é estática, em vez disso ela depende largamente de condições variáveis de mercado, tais como a situação económica, a estrutura de distribuição e as práticas da concorrência.

Para entrar com sucesso nos mercados estrangeiros, a empresa tem de ter acesso a sistemas de distribuição altamente sofisticados, usualmente classificados em função da coordenação de actividades de empresas interdependentes, que podem ter objectivos múltiplos e conflituantes e dos clientes, que em diferentes segmentos geográficos, requerem serviços de distribuição diferentes, e portanto diferentes níveis de qualidade de serviços deverão ser providenciados.

O principal objectivo dos canais de distribuição é criar utilidade para os clientes, e a utilidade é vista, principalmente em termos de; localização (conveniência da localização onde o produto está disponível), tempo (conveniência de estar disponível quando o cliente precisa do produto), forma (conveniência do produto estar pronto para usar em condições apropriadas) e informação (conveniente percepção do produto pelo cliente) (Keegan e Green, 2000; Kotler, 2003).

Planear um sistema de distribuição (conjunto de diferentes canais para estabelecer os fluxos de mercadorias entre produtores e consumidores) para o mercado internacional, exige uma especialização real na gestão da cadeia de fornecimentos e relacionamentos com parceiros internacionais, transportes internacionais, gestão de armazenagem e stocks, tecnologia de informação, a chamada logística de mercado. Isto requer também, um Sistema Logístico Integrado (SLI), envolvendo a gestão de fluxos de diversos tipos de materiais e distribuição física geridos por um *software* de tecnologias de informação, nomeadamente o EDI (Electronic Data Interchange) e o VMI (Vendor-Managed Inventory). Como a concorrência no mercado internacional e as tecnologias de transporte armazenagem e informação estão constantemente a mudar, o SLI para os mercados externos sofre ajustamentos contínuos (Theodosius e Leonidou, 2003; Kotler, 2003).

Uma das diferenças mais importantes de estabelecer um sistema de distribuição no mercado interno ou no mercado internacional é a complexidade das variáveis envolvidas, uma vez que normalmente cada mercado tem diferentes tipos de sistemas de distribuição, um sistema com sucesso num mercado pode ser um desastre noutro (Bradley, 2002).

Quando entra num mercado pela primeira vez, a empresa tem de decidir se deverá utilizar os canais estabelecidos ou construir os seus próprios canais, esta decisão é importante porque as decisões nos canais tipicamente envolvem compromissos legais de longo-prazo e esses compromissos são muitas vezes muito dispendiosos, se os pretendemos cessar ou alterar e também implicam o número e natureza dos relacionamentos que devem ser geridos.

As empresas devem ter uma visão total dos problemas dos canais que levam os seus produtos até aos consumidores finais e a empresa normalmente selecciona o seu posicionamento no canal, em função dos seus objectivos, expectativas, valores e quadro de referência (Bradley, 2002; Kotler, 2003).

Os canais de distribuição muito longos, com muitos intermediários envolvendo margens em cada patamar, são muitas vezes considerados como barreiras à entrada em mercados internacionais, porque são canais muito dispendiosos com alto potencial de conflito entre os intermediários. A existência de muitos intermediários pode significar que o preço do consumidor acaba por ser o dobro ou o triplo do preço do importador.

De acordo com Alon e Banai (2000, p.113), as empresas investem em "sistemas de distribuição de baixo custo para reduzir os preços unitários, desenvolvem relacionamentos com parceiros seleccionados, oferecem aos membros dos canais de distribuição crédito e financiamento do inventário e planeiam formas de recolher melhor e atempadamente informação sobre o mercado".

A empresa deve reduzir o potencial de conflito, especificando o papel de cada membro do canal, quer dizer definindo o comportamento apropriado e os territórios operacionais para cada intermediário do sistema. Ao planear um *network* internacional, a exclusividade territorial é muitas vezes uma preocupação das empresas, nomeadamente, quando os produtores querem manter uma imagem de marca, que obriga a que o produto seja vendido apenas através de certo tipo de retalhistas exclusivos ou seleccionados, ou porque o produto necessita de serviços (Bradley, 2002; Kotler, 2003).

A interdependência funcional nos canais de distribuição exige sempre cooperação entre estes, para conseguir alcançar os objectivos, sendo a capacidade de garantir a cooperação dos intermediários um elemento chave em qualquer estratégia de distribuição

(Bradley, 2002). Mas no marketing internacional, essa cooperação é mais complexa, devido à distância cultural e à existência de factores legais e práticas de negócio, diferentes em diferentes países, sendo a exigência de desenvolver essa capacidade superior.

Um apoio sustentado como, a assistência na pesquisa de mercado, o treino da força de vendas, a cooperação na publicidade e no financiamento prestado por um exportador aos parceiros de canal no mercado externo, conduz de acordo com as conclusões de Cavusgil e Zou (1994) a um melhor desempenho das exportações, através do desenvolvimento de relacionamentos produtivos de longa duração.

Também, as conclusões dos estudos de Leonidou *et al.* (2002) vão no sentido de que o apoio concedido aos parceiros, está positivamente correlacionado com todos os critérios de desempenho das exportações, com excepção da contribuição para o lucro, e que a utilização de um escritório de representação de vendas de exportação ou de importação directa está positivamente relacionado com a intensidade de exportação. O prazo de entrega também tem um papel importante no desempenho da exportação da empresa, uma vez que a eficiência no prazo de entrega dos produtos exportados constitui um critério para selecção de fornecedores pelas empresas de importação e isso afecta a competitividade no mercado onde essas empresas operam.

6.4.2.4. *Promoção*

Os aspectos promocionais do *marketing-mix* são altamente estudados no marketing internacional e compreendem diversos elementos, a publicidade, promoção de vendas, *publicity*/relações públicas, venda pessoal e marketing directo (Theodosius e Leonidou 2003; Kotler, 2003).

A publicidade global, consiste em utilizar os mesmos apelos de mensagem, *artwork* e texto nas campanhas usadas à volta do mundo. O racional económico para estandardização, é muitas vezes limitado ao desejo de manter uma imagem global, mas o esforço para criar uma campanha global, força a empresa a determinar, se existe ou não um mercado global para o produto (Keegan e Green, 2000; Laroche *et al.*, 2001).

Defensores da abordagem de estandardização, formulam várias justificações para essa decisão, tais como, "semelhanças nos padrões de consumo dos clientes e a existência de segmentos de mercado internacionais" (Leonidou *et al.*, 2002, p.63).

A decisão entre estandardização e adaptação é muitas vezes acompanhada por instrumentos de publicidade padronizados, que podem ser usados para criar publicidade global localizada.

A maioria dos casos empíricos estudados por Keegan e Green (2000), e Laroche *et al.* (2001), que não suportam o acerto da decisão de estandardização, foca factores culturais e económicos para justificar a adaptação. A pesquisa de Theodosius e Leonidou (2000) indica também, como factores, que podem justificar a adaptação, as diferenças de língua, a disponibilidade de *media*, a legislação e regulamentos governamentais, as acções da concorrência e disponibilidade de infra-estruturas, uma vez que estes elementos frequentemente exigem ajustes na mensagem publicitária, no estilo de execução e na escolha dos *media*.

As promoções de vendas estão normalmente sujeitas a uma adaptação moderada, muitas vezes justificada de acordo com as conclusões de Theodosius e Leonidou (2003, p.162), pelos "condicionalismos legais locais, características culturais, práticas da concorrência e capacidades dos retalhistas nos mercados externos" e de acordo com a mesma análise ajustamentos moderados são também observados na *publicity* e relações públicas, em função do grau de envolvimento da empresa, a importância e natureza dos públicos alvo, e a disponibilidade de agências de relações públicas no país estrangeiro. Também as vendas pessoais, normalmente estão sujeitas a adaptação nos mercados internacionais, particularmente devido ao recrutamento, treino, motivação e controlo da força de vendas, mas obviamente, a lógica de argumentação de vendas também tem de ser adaptada à cultura dominante.

De acordo com Solberg (2000), o conhecimento do mercado e das condições locais ao nível de decisão na sede, e a influência e o controlo das subsidiárias no programa de marketing, são factores organizacionais que interferem na decisão do grau de estandardização ou adaptação no mercado internacional. Laroche *et al.* (2001, p. 251) referem, que o grau de estandardização é determinado pelo grau de controlo que as multinacionais têm nas operações internacionais e o grau de controlo é também de acordo com Tai e Wong (1998), uma força dominante na formulação da estratégia de estandardização ou adaptação da publicidade.

A semelhança entre o meio envolvente do pais de origem da empresa e os países onde estão localizadas as subsidiárias, também tem impacto na decisão do grau de estandardização ou adaptação a adoptar, os elementos do meio envolvente mais relevantes neste caso, são a língua e a cultura, os factores legais, políticos e económicos, assim como, o grau de infra-estruturas de publicidade existente no país anfitrião (Laroche, *et al.*, 2001).

As conclusões de Leonidou *et al.* (2002) foram de que a publicidade, estava positivamente correlacionada com a intensidade da exportação. Conclusões semelhantes foram alcançadas por Cateora e Graham (2001), para a promoção de vendas, como *coupons*, amostras e outras acções promocionais, principalmente em países de baixos rendimentos. A venda pessoal mostra também uma relação positiva com o desempenho da exportação, particularmente nos países onde existem restrições na publicidade.

A participação em feiras comerciais, também está positivamente correlacionada, com o desempenho das exportações, porque, permite ao mesmo tempo testar um mercado estrangeiro e seleccionar importadores, distribuidores e agentes e pode também, ser utilizada para fins de pesquisa de mercado (Terpstra e Sarathy 2000; Leonidou *et al.*, 2002).

Bibliografia

ALON, I. e BANAI, M. (2000), Executive Insights: Franchising Opportunities and Threats in Russia, *Journal of International Marketing*, Vol. 8, N.º 3, pp.104-119.

BARKEMA, H.G. e VERMEULEN G.A.M (1997), What Differences in the Cultural Backgrounds of Partners are Detrimental for International Joint Ventures? *Journal of International Business Studies*, Vol. 28 (4), pp.845-865.

BEGLEY, T.M. e TAN W. (2001), The Socio-Cultural Environment for Entrepreneurship: A comparison Between East Asian and Anglo-Saxon Countries, *Journal of International Business Studies*, Vol. 32, N.º 3, pp.537-553.

BELLO, D.C. e GILLILAND D.I. (1997), The Effect of Output Controls, Process Controls, and Flexibilty on Export Channel Performance, *Journal of Marketing*, 61 (January), pp.22-38.

BENITO, G.R.G.; GROGAARD B. e NARULA R. (2003), Environmental Influences on MNE Subsidiary Roles: Economic Integration and the Nordic Countries, *Journal of International Business Studies*, Vol. 34, N.º 5, pp.443-456.

BRADLEY, F. (2002), *International Marketing Strategy* 4th, FT Prentice Hall.

BRADLEY, F. e GANNON M. (2000), Does the Firm's Technology and Marketing Profile Affect Foreign Market Entry? *Journal of International Marketing* Vol. 8, N.º 4, pp13-36.

BROUTHERS, K.D. e BROUTHERS L.E. (2001), Explaining the National Cultural Distance Paradox, *Journal of International Business Studies*, Vol. 32, N.º 1, pp.177-189.

BROUTHERS, K.D. (2002), Institutional, Cultural and Transaction Cost Influences on Entry Mode Choice and Performance, *Journal of International Business Studies*, Vol. 33, N.º 2, pp.203-221.

BROUTHERS, L.E. e XU K. (2002), Product Stereotypes, Strategy and Performance Satisfaction: The Case of Chinese Exporters, *Journal of International Business Studies*, Vol. 33, N.º 4, pp.657-677.

Cavusgil, S.T., Zou, S. e Naidu G.M. (1993) Product and Promotion Adaptation in Export Ventures: An Empirical Investigation, *Journal of International Business Studies*, Third Quarter, pp.479-506.

Cavusgil, S.T. e Zou S. (1994), Marketing Strategy Performance Relationship: an Investigation of the Empirical Link in Export Market Ventures, *Journal of Marketing*, 58 (January), pp.1-21.

Cateora, P.R. (1993), *International Marketing* 8th, International Student Edition, Series in Marketing, Irwin, Boston.

Cateora, P.R. e Graham J.L. (2001), *Marketing International* 10th, Irwin McGraw-Hill.

Christensen, C.M. (1997), Making Strategy: Learning by Doing, *Harvard Business Review*, 75 (Nov-Dec), pp.141-56.

Craig, C.S. e Douglas S.P. (2000), Configural Advantage in Global Markets, *Journal of International Marketing*, Vol. 8, N.º 1, pp.6-26.

Czinkota, R.M. (2000), Educator Insights: The Policy Gap in International Marketing, *Journal of International Marketing*, Vol. 8, N.º 1, pp.99-111.

Douglas, S. e Craig C.S. (1996), Global Portfolio Planning and Marketing Interconnectedness, *Journal of International Marketing*, Vol. 4 (1), pp.93-110.

Dow, D. (2000), A Note on Psychological Distance and Export Marketing Selection, *Journal of International Marketing*, Vol. 8, N.º 1, pp.51-64.

Ekeledo, I. e Sivakumar K. (1998), Foreign Market Entry Mode, Choice of Service Firms: A Contingency Perspective, *Journal of Academy of Marketing Science*, Vol. 26, N.º 4, pp.274-292.

Erramilli, M.K.; Agarwal S. e Dev, C.S. (2002), Choice between Non-Equity Modes: An Organizational Capability Perspective, *Journal of International Business Studies*, Vol. 33, N.º 2, pp.223-242.

Fu, P.P. e Yukl G. (2000), *Perceived Effectiveness of Influence Tactics in the United States and China*, Leathership Quarterly, 11(2), pp.251-266.

Fu, P.P.; Kennedy J.; Tata J.; Yukl G.; Bond M.H.; Peng T.; Srinivas E. S.; Howell J.P., Prieto, L. Koopman P., Boonstra J.J., Pasa S., Lacassagne M., Higashide H. e Cheosakul A. (2004), The Impact of Societal Cultural Values and Individual Social Beliefs on the Perceived Effectiveness of Managerial Influence Strategies a Meso Approach, *Journal of International Business Studies*, Vol. 35, N.º 4, pp.284-305.

Ghauri, P.N. e Holstius K. (1996), The Role of Matching in the Foreign Market Entry Process in the Baltic States, *European Journal of Marketing*, Vol. 30, N.º 2, pp.75-88.

Govindarajan, V. e Gupta A. (2000), Analysis of the Emerging Global Arena, *European Management Journal*, Vol. 18 (3), pp.274-284.

Hall, E.T. (1959), *The Silent Language*, New York, Doubleday.

Hall, E.T. (1990), *Understanding Cultural Differences, Germans, French, Americans*, Yarmouth: Intercultural Press.

Hall, E.T. (2008), http://changingminds.org/explanations/culture/hall_culture.htm

Hofstede, G. (1980), *Culture's Consequences*, Sage Publications.

Hofstede, G. (1991), *Cultures, Organizations: Software of the Mind*, London, McGraw-Hill.

Hofstede, G. (1994), *Uncommon Sense About Organizations: Cases, Studies and Field Observations*, Sage Publications, Inc.

Hofstede, G.; Van Deusen C.A.; Mueller C.B.; Charles T.A. (2002), What Goals Do Business Leaders Pursue? A Study in Fifteen Countries, *Journal of International Business Studies*, Vol. 33, N.º 4, pp.785-803.

Hofstede, G. (2008), www.geert-hofstede.com

Hyder, A.S. e Ghauri P.N. (2000), Managing International Joint venture Relationships, A Longitudinal Perspective, *Industrial Marketing Management*, 29, pp.205-218.

Kanter, R.M., (1995), *World Class: Thriving Locally in the Global Economy*, Simon and Schuster, New York.

Katsikeas, C.S. (2003), Advances in International Marketing Theory and Practice, *International Business Review*, 12, pp.135-140.

KEEGAN, W. (1989), *Global Marketing Management*, Prentice-Hall, New Jersey.
KEEGAN, W. (1995), *Multinational Marketing Management*, 5th, Prentice-Hall, New Jersey.
KEEGAN, W. e GREEN M. (2000), *Global Marketing* 2nd, Prentice-Hall, New Jersey.
KEEGAN, W. e GREEN M. (2008), *Global Marketing*, 5th, Pearson International Edition.
KOLTER, P. (2003), *Marketing Management*, 11th Edition, Prentice-Hall International Inc.
KWAN, C.H. (2002), *The Rise of China and Asia's Flying-Geese Pattern of Economic Development: An Empirical Analysis Based on US Import Statistics*, Nomura Research Institute Papers, N.º 52, pp.1-11.
LAROCHE, M.; KIRPALANI V.H; PONS F. e ZHOU L. (2001), A Model of Advertising Standardization in Multinational Corporations, *Journal of International Business Studies*, Vol. 32, N.º 2, pp.249-266.
LAZER, W. e SHAW E.H. (2000), Executive Insights: Global Marketing Management: At the Dawn of the New Millennium, *Journal of International Marketing*, Vol. 8, N.º 1, pp.65-77.
LEONIDOU, L.C.; KATSIKEAS C.S. e SAMIEE S. (2002), Marketing Strategy Determinants of Export Performance: a Meta-Analysis, *Journal of Business Research*, 55, pp. 51-67.
LEVITT, T. (1983), The Globalization of Markets, *Harvard Business Review*, May-June, p.92-102.
LI, J.; LAM K. e QIAN G. (2001), Does Culture Affect Behavior and Performance of Firms? The Case of Joint-Venture in China, *Journal of International Business Studies*, Vol. 32, N.º 1, pp. 115-131.
LUO, Y. (1999), Time-Based Experience and International Expansion: The Case of an Emerging Economy, *Journal of Management Studies*, 36, pp.505-534.
MALHOTRA, N.K.; AGARWAL J. e BAALBAKI I. (1998), Heterogeneity of Regional Trading Blocs and Global Marketing Strategies, A Multicultural Perspective, *International Marketing Review*, Vol. 15, N.º 6, pp.476-506.

MEYER, K.E. (2001), Institutions, Transaction Costs, and Entry Mode Choice in Eastern Europe, *Journal of International Business Studies*, Vol. 32, N.º 2, pp.357-367.

MOROSINI, P.; SHANE S. e SINGH H. (1998), National Cultural Distance and Cross-Border Acquisition Performance, *Journal of International Business Studies*, 29 (1), pp. 137-158.

NAKATA, C. e SIVAKUMAR K. (2001), Instituting the Marketing Concept in a Multinational Setting: The Role of National Culture, *Journal of the Academy of Marketing Science*, Vol. 29, N.º 3, pp.255-275.

OHMAE, K. (1995), *The End of The Nation State, The Rise of Regional Economies*, The Free Press, New York.

OJAH, K. e MONPLAISIR, L. (2003), Investors´ Valuation of Global Product Design and Development, *Journal of International Business Studies*, 34, pp.457-472.

ÖZSOMER, A. e PRUSSIA G. E. (2000), Competing Perspectives in International Marketing Strategy: Contingency and Process Models, *Journal of International Marketing*, Vol. 8, N.º 1, pp.27-50.

PALIWODA, S. (1993), *International Marketing*, 2nd, Oxford: Butterworth-Heinemann Asia.

PENG, M.W. e HEATH P. S. (1996), The Growth of the Firm in Planned Economies in Transition: Institutions, Organizations and Strategic Choice, *Academy of Management Review*, N.º 21, (2), pp.492-528.

PORTER, M.E. (1986), *Competition in Global Industries*, Harvard Business School Press, Boston, MA.

PORTER, M.E. (1990), *The Competitive Advantage of Nations*, Macmillan, London.

POTHUKUCHI, V.; DAMANPOUR, F.; CHOI J.; CHEN C.C. e PARK S.H. (2002), National and Organizational Culture Differences and International Joint-venture Performance, *Journal of International Business Studies*, 33, pp.243-265.

QIAN, Y. e WU J. (1999), *China´s Transition to a Market Economy: How Far Across the River Conference on Policy Reform (CEDPR)*, Stanford University, November 18-20.

ROATH, A.S.; MILLER S.R. e CAVUSGIL S.T. (2002), A Conceptual Framework of Relational Governance in Foreign Distributor Relationships, *International Business Review*, 11, pp.1-16.

SIRMON, D.G. e LANE P.J. (2004), A Model of Cultural Differences and International Alliance Performance, *Journal of International Business Studies*, 35, pp.306-309.

SIVAKUMAR, K. e NAKATA C. (2001), The Stampede Toward Hofstede's Framework: Avoiding the Sample Design Pit in Cross-Cultural Research, *Journal of International Business Studies*, Vol. 32, N.º 3, pp.555-574.

SKARMEAS D.; KATSIKEAS C.S. e SCHLEGELMILCH B.B. (2002), Divers of Commitment and its Impact on Performance in Cross-Cultural Buyer-Seller Relationships: The Importers Perspective, *Journal of International Business Studies*, Vol. 33, N.º 4, pp.757-783.

SKENKAR, O. (2001), Cultural Distance Revisited: Towards a More Rigorous Conceptualization and Measurement of Cultural Differences, *Journal of International Business Studies*, Vol. 32, N.º 3, pp.519-535.

SOLBERG, C.A. (2000), Educator Insights: Standardization or Adaptation of the International Marketing Mix: The Role of the Local Subsidiary/Representative, *Journal of International Marketing*, Vol. 8, N.º 1, pp. 78-98.

SZYMANSKI, D.M.; BHARADWAJ S.G. e VARADARAJAN P.R. (1993), Standardization versus Adaptation of International Marketing Strategy: An Empirical Investigation, *Journal of Marketing*, Vol. 57, Nº 4, pp.1-17.

STEENSMA, H.K.; MARINO L.; WEAVER K.M. e DICKSON P.H. (2000), The Influence of National Culture on the Formation of Technology Alliances by Entrepreneurial Firms, *Academy of Management Journal*, Vol. 43, N.º 5, pp.951-973.

TAI, S.H. e WONG Y.H. (1998), Advertising Decision Making in Asia: Glocal versus Regcal Approach, *Journal of Managerial Issues*, 10 (3), pp.318-339.

TERPSTRA, V. e SARATHY R. (2000), *International Marketing*, 8th, Thomson, South-Western, USA.

THEODOSIOU, M. e LEONIDOU L.C. (2003), Standardization versus Adaptation of International Marketing Strategy: An Integrative Assessment of the Empirical Research, *International Business Review*, 12, pp.141-171.

WHITE, S. e LIU, X. (2002), *Networks and Incentives in Transition: A Multilevel Analysis of China's Pharmaceutical Industry*, INSEAD, Working Papers Series, 48/ABA, pp.1-47.

ZAHRA, S.A.; IRELAND R.D. e HITT M.A. (2000), International Expansion by New Venture Firms: International Diversity, Mode of Market Entry, Technological Learning, and Performance, *Academy of Management Journal*, Vol. 43, N.º 5, pp.925-950.

PARTE II

A IMAGEM DE PORTUGAL E INTERNACIONALIZAÇÃO DE EMPRESAS PORTUGUESAS – CASOS DE SUCESSO

Capítulo VII

A Imagem Externa de Portugal[*]

Cátia Almeida e Fernanda Ilhéu

7.1. Importância da Marca País

Tal como as empresas, também os países procuram projectar o seu poder, influência, personalidade, cultura, história e valores próprios. Uma gestão eficaz da imagem do país pode dar às nações vantagens competitivas nos mercados globais (Jaffe e Nebenzahl, 2002). Por outras palavras, uma boa marca nacional tornou-se num parâmetro de comércio de importância crescente, com as empresas a poderem beneficiar de uma associação a um bom marketing do país. As nações com estratégias de marketing encorajam parcerias comerciais no mercado externo, através do reforço da sua atractividade internacional.

O *branding*[1] nacional está na agenda de muitos governos – incluindo o português – e são muitos os casos de sucesso abor-

---

[*] Artigo baseado na Tese de Mestrado de Cátia Almeida, "A Marca Portugal vista por correspondentes de meios de comunicação estrangeiros", orientada por Fernanda Ilhéu, ISEG (2008).

[1] Por *branding* entende-se o acto de criar e gerir uma marca. A marca é o conjunto de todos os sinais que servem para diferenciar os produtos ou serviços de uma organização, como nomes, desenhos, impressões, embalagens entre outros (Enciclopédia Internacional de Marketing).

dados na literatura. "Scotland the brand" é um desses exemplos. A Escócia conseguiu integrar os benefícios do marketing no comércio, turismo e cultura. Outro caso bem sucedido é o da Nova Zelândia. O governo deste país criou uma "marca chapéu"[2] que é declinada em vários sectores. "100% New Zealand" é o *slogan* da marca institucional, que assume derivações como "100% Pure Romance"; "100% Pure Spirit". A marca foi lançada em 1999 acompanhada de um *site*, que atrai mais de 65 mil visitantes por mês (Morgan e Piggott, 2002).

Uma estratégia de marca para a nação, tal como para a maioria das estratégias *corporate* das empresas, torna as decisões mais fáceis e os resultados mais rápidos. O *branding* do país serve como guia de futuros desenvolvimentos.

Mas ter uma boa estratégia deste tipo não é fácil. Tem de emanar do país, das pessoas, das instituições, da geografia, da história e da cultura.

Anholt (2004) reconhece, que o *branding* dos países é um tema que pode suscitar alguma controvérsia por ser emotivo. Mas não sendo os países meros produtos, há muitas estratégias de marketing que se podem adoptar, nomeadamente as que são usadas na promoção institucional das empresas.

O *branding* nacional consiste em desenvolver uma imagem e comunicá-la, tanto interna como externamente, baseada nos valores positivos do país e percepções que são relevantes. Os conceitos da marca, uma vez pesquisados, testados e definidos, serão usados como base nas campanhas promocionais, quando se quer promover o comércio, turismo e investimentos (Domeisen, 2003).

Segundo Florek (2005) a construção de uma marca país é o processo de construção de associações positivas para o país, para os seus habitantes e produtos. Para tal, é imprescindível identificar as percepções da imagem do país tanto interna como externamente e identificar as discrepâncias entre estas percepções internas

---

[2] Marca comum que lidera o processo de *branding*.

e externas. Estas percepções são formadas, em parte, pelos meios de comunicação social.

A contínua exposição aos *media* é vista como um poderoso agente de construção de imagem. Vários estudos demonstram que a divulgação de notícias internacionais tem uma influência directa na opinião pública. A cobertura que os *media* efectuam sobre os países podem ter um impacto na forma como estes são percepcionados (Wanta, Golan e Lee, 2004).

A metodologia para implementar uma estratégica de *branding* nacional começa, portanto, por averiguar as percepções que existem sobre a imagem do País. Esta pode ser identificada através de inquéritos a vários tipos de pessoas de diferentes classes sociais e profissionais. Por exemplo, em Almeida, C. (2008) a imagem de Portugal no exterior, foi investigada com base em inquéritos realizados a correspondentes estrangeiros, a trabalhar no país.

Depois de medir a sua imagem, deve ser usado esse conhecimento para a melhorar. Papadoupolos e Heslop (2002) reconhecem, que os países com estratégias de *branding* podem facilmente minimizar o fosso entre as percepções e a realidade.

Muitos países têm apenas uma marca definida para o turismo. É o caso de Portugal, que desde a década de 60 tem adoptado estratégias para este sector, tendo agora a ambição de utilizar estratégias de *branding* nacional também na exportação de produtos e na captação do investimento, na competitividade das empresas, na reputação internacional das suas empresas e marcas.

E porque deve um país pequeno como Portugal promover a sua origem nas exportações? Segundo Kleppe, Inversen e Stensaker (2002) países de fraca expressão como a Noruega – o seu objecto de estudo – ao desenvolverem uma estratégia de *marketing* baseada na marca de origem possibilitam o aumento da sua competitividade internacional. Os seus produtos e serviços ganham dimensão que, de outra forma, seriam muito pequenos para se posicionarem à escala global. Contudo, não se trata apenas de colocar uma chancela *made in*, especialmente quando o país não é fortemente conhecido a nível internacional.

7.2. Efeitos da Marca País de Origem

O *branding* dos países têm sido tradicionalmente analisado através do factor *made in*, ou seja, como é que o país de origem afecta a escolha das marcas (Fanning, 2004). Existem inúmeros artigos sobre esta matéria, mas a principal conclusão é de que o país de origem é frequentemente um factor significativo nas decisões de compra.

Foi demonstrado através de estudos, que o país de origem dos produtos influencia a percepção dos consumidores sobre a qualidade dos mesmos (Kaynak e Kara 2002; Teas e Agarwall, 2000), a avaliação dos seus atributos (Kim e Pysarchik, 2000; Leonidou *et al.*, 1999), a percepção sobre o risco de compra (Tan e Leong 1999), percepção do valor do produto (Ahmed *et al.*, 2002), preferências dos produtos (Knight, 1999; Knight e Calantone, 2000) e intenção de compra (Kim e Pysarchick, 2000).

Os efeitos do país de origem (ou *country-of-origin,*) foram observados nos produtos em geral (Kaynak e Kara, 2002; Leonidou *et al.*, 1999; Wall e Heslop, 1986), assim como em categorias específicas dos produtos (Kim e Pysarchik 2000; Teas e Agarwall, 2000). A imagem corporativa, tal como a imagem de um país, funciona como informação sumária ou inferida na construção do processo de decisão (Erickson, Johansson e Chao, 1984).

A sensibilidade ao *made in* varia de país para país e pode ser hierarquizada por nações (Papadopoulos *et al.*, 1987; Chao, 1989). Um estudo de Johansson e Nebenzahl (1986) revelou, que os consumidores americanos estão dispostos a pagar mais pelo país de fabrico. Por exemplo, pagariam mais por um automóvel Buick fabricado nos Estados Unidos do que pelo mesmo modelo produzido nas Filipinas. Talvez por esta razão, as multinacionais tendem a enfatizar o país de origem da marca (*country of brand*) em vez do local onde é fabricado o produto (Usiner 2006).

Contudo, existe alguma contradição nos estudos, já que há pesquisas que criticam a importância dada a esta matéria e indicam que o país de origem tem pouco peso na escolha dos consumidores.

Num estudo multinacional que envolveu 2200 consumidores, o *made in* teve uma "nota" baixa em relação a outros atributos que mediam a importância da sua imagem (Heslop, 1993; Hugstad e Durr, 1986). Noutro estudo, mostraram que 60% dos consumidores americanos não dão importância ao país de origem quando fazem compras. Porém, tal aspecto varia consoante a categoria de produto: 74% da amostra considerou o país de origem relevante quando compram automóveis. Já para a aquisição de *t-shirts*, a percentagem caiu para 20%.

No entanto, Jonhasson (1993) identificou um grande número de estudos, que indicam que a avaliação de produtos é significativamente afectada pelo conhecimento do seu país de origem, mas quando os consumidores são questionados directamente tendem a minimizar esse impacto. D'Astous e Ahmed (1999) procuram explicar esta "inconsistência" na literatura. Em primeiro lugar, os autores dizem que é difícil para os consumidores julgarem a importância do país de origem na decisão de compra. Pesquisas que comparam o julgamento directo com o julgamento inferido mostraram que este último é superior (Akaah e Korgaonkar, 1983).

Jonhasson (1993) argumentou, que quando questionados sobre a importância do país de origem, os consumidores querem parecer lógicos, razoáveis, racionais, que baseiam as suas decisões nas características intrínsecas dos produtos (sabor, *design*, desempenho, etc) em vez de factores exteriores como o país de origem. Os autores admitem que talvez na realidade os consumidores geralmente não procurem informação sobre o país de origem e consequentemente pensem que isso não é importante. Contudo, quando são confrontados com tal informação no contexto de avaliação de produto, o país de origem aparece com um factor significativo.

A importância do país de origem acrescentam D'Astous e Ahmed (1999), pode depender de vários factores. Quando o grau de envolvimento com a categoria de produto é grande, a tendência para usar o factor *made in* é maior. Por último, os autores dizem que uma fonte importante do país de origem são as próprias marcas, que muitas vezes são automaticamente associadas aos respectivos países (Harris *et al.*, 1994; Johansson, 1993; Leclerc *et al.*, 1994; Thakor e Kohli, 1996).

Depois de analisadas as várias teorias na literatura referentes ao *country-of-origin*, parecem ter sustentabilidade as que defendem que a importância do país de origem depende da categoria do produto em causa (Kaynak e Cavusgil 1983), podendo ter pouco ou nenhuma em alguns bens. Automóveis e aparelhos electrónicos são dois tipos de produtos onde foi largamente testado o peso do país de origem. O conhecimento de um determinado país e o patriotismo podem também explicar a influência da proveniência do fabrico em alguns casos. Por outro lado, marcas fortes de outras categorias como a Cola-Cola, podem contribuir para o valor da imagem global do país (Roth e Romeo 1992).

7.3. A Imagem Externa de Portugal

Analisando algumas pesquisas existentes sobre a imagem de Portugal, em períodos temporais diferentes (Kotler *et al.*, 1993; Roland Berger, 1995; Icep, 2000; Anholt, 2000; Varum 2003), foi possível identificar a forma como Portugal tem sido visto no estrangeiro desde 1993, assim:

    1 – Na Europa, em 1993, Portugal era visto como um dos países com menos potencial industrial, tendo burocracia pesada e atraso. Juntando isto ao facto do país ter pouca influência na Comunidade Europeia, fazia com que Portugal estivesse fora da corrida para os principais projectos de produção.

    2 – A imagem de Portugal era marcada, em 1995, de forma positiva por aspectos turísticos: um país atractivo para passar férias, afável, hospitaleiro e com tradição marítima. Uma pesquisa elaborada pela Roland Berger em sete países (Alemanha, Bélgica, Reino Unido, França,

Espanha, Brasil e Holanda) indicou, que os produtos exportados mais populares eram o vinho e a cerâmica. O perfil económico de Portugal era de uma economia pouco industrializada, pouco dinâmica e com infra-estruturas escassamente desenvolvidas. Portugal continuava a não ter uma imagem de país moderno, estando associado a valores como a tradição, serviço e diversão e pouco ligado à qualidade, inovação e estilo.

3 – Portugal tinha em 2000 uma "modernização parcial, desconcertada e desequilibrada", como referido no Quadro 7.1.

Quadro 7.1 – Pontos Fortes e Fracos de Portugal e dos Portugueses

PONTOS FORTES

Portugal	Portugueses
- País com história, passado de influência no mundo e tradição	- Simpáticos, educados, atenciosos, calorosos, afectuosos
- Singularidade, país que preserva a identidade	- Fiáveis, sérios, honestos, transparentes
- Áreas de negócio associadas: vinho, arte, artesanato (produtos clássicos ou artesanais)	- Flexíveis, com capacidade de adaptação e aprendizagem, abertos a outras formas de ser e pensar, com facilidade de comunicação e domínio de línguas (excepção EUA)
- Reconhecimento de mudança acelerada e positiva (visível sobretudo nos empresários e mais jovens)	- Trabalhadores e bons comerciantes em termos imediatos (curto prazo).

PONTOS FRACOS

Portugal	Portugueses
- País desorganizado e indisciplinado, sem técnica de gestão (imagem de nacionalidade particularmente negativa na Alemanha)	- Inseguros, pouco auto-confiantes, reservados, desconhecem ou não investem nas suas potencialidades. - Passivos e com falta de iniciativa
- Modernização parcial, desconcertada e desequilibrada, tanto globalmente (produção em tecnologia de ponta a par de produção arcaica), como nas empresas, mas não nos recursos humanos.	- Pouco criativos ou criativos mas não mostram. Consequência: falta marketing/branding - Desorganizados e com estruturas empresariais inadequadas: burocráticas com tendência para adiar respostas e decisões (ou excessivamente pulverizadas ou centralizadas)
	- Ritmo e escala muito próprios, atrasos nas entregas das encomendas
	- Falta de visão e planeamento, perspectiva de curto prazo. Consequência: baixa produtividade

Fonte: *Icep, (2000).*

4 – Portugal foi classificado num estudo realizado por Anholt em 2000, como sendo um país com uma marca neutra, tal como a Bélgica, Áustria, Chile e Canadá. Neste tipo de países, sustenta o autor, é difícil encontrar marcas fortes internacionais. Em oposição, têm imagens consistentes, claras e universalmente percebidas países como os EUA, Inglaterra, França, Alemanha e Japão.

5 – Portugal apresentava em 2003, um grande fosso entre a realidade do País e a sua percepção. Este fosso existia tanto interna como externamente. Internamente, as pessoas demonstravam ter falta de confiança e de motivação, representando uma imagem negativa delas próprias. No exterior, o País era pouco percebido na sua vertente tecnológica – que existia na realidade – impedindo a marca Portugal de ganhar vantagens nas áreas do turismo e investimento (Varum 2003).

Para conhecer a imagem de Portugal em 2007 e tendo por as análises referidas, em diferentes modelos teóricos e estudos semelhantes realizados em outros países nomeadamente no Reino Unido foi utilizado o seguinte modelo de análise:

Figura 7.1 – Modelo de Análise

Fonte: *Almeida, C. (2008).*

Exercendo os *media* grande influência na opinião pública, foi considerada relevante a avaliação da imagem do país por parte dos profissionais dos *media* estrangeiros. Neste sentido, foram inquiridos os correspondentes de meios comunicação social estrangeiros em Portugal. Em Portugal existem 58 correspondentes de meios de comunicação social estrangeiros (registados na Associação da Imprensa Estrangeira em Portugal – AIEP), que representam 58 órgãos de comunicação social. Isto não significa que seja um correspondente por cada órgão de informação, uma vez que há alguns que empregam mais do que um jornalista (como é o caso da agência espanhola EFE, com quatro profissionais em Portugal) e outros que utilizam mão-de-obra não exclusiva, ou seja, há correspondentes que trabalham para vários meios.

Os jornalistas de meios estrangeiros pertencem maioritariamente à imprensa (escrita) e são de países europeus. O país com mais correspondentes em Portugal é a Espanha, com 16 órgãos, seguindo-se o Brasil, com oito. Dado o tamanho reduzido do universo, decidimos trabalhar com a totalidade dos correspondentes, não fazendo qualquer selecção para amostragem. Os correspondentes de nacionalidade portuguesa (mas que trabalham para meios estrangeiros) não foram, portanto, eliminados. Deste modo, além da pesquisa ser representativa de todo o conjunto, é possível fazer comparações entre portugueses e estrangeiros.

Aos 58 correspondentes foram enviados questionários em Setembro de 2007 (ver questionário em Anexo 1), tendo sido obtida uma taxa de resposta de 70,6%. Foram, assim, recebidas 41 respostas. Dada a reduzida dimensão da amostra trabalhámos com um intervalo de confiança a 90%.

Pela análise dos resultados obtidos após tratamento estatístico, em que foi utilizado o programa SPSS, para a realização de correlações lineares múltiplas, análise factorial e de clusters, assim como testes ANOVA, T-Test, teste Kolmogorov-Smirnov e testes Shapiro Wilk e Levene, concluiu-se que esta pesquisa reforçou alguns dos resultados obtidos pelo Icep em 2003, tanto no que diz respeito aos pontos fortes e fracos, como em relação à classificação da população portuguesa (ver Anexo II). Contudo, há diferenças. Uma das maiores é a associação de qualidade às marcas nacionais por parte dos correspondentes (embora a média de respostas não chegue ao "bom", situando-se a pouco mais de meio da escala utilizadas), o que não é demonstrado nas investigações do Icep.

Os portugueses são vistos no estrangeiro como afáveis, acolhedores, mas também, como, passivos, desorganizados e inseguros, ver Quadro 7.2.

Quadro 7.2 – Características dos Portugueses

	N	%
Afáveis	34	82.9
Acolhedores	32	78.0
Racistas	10	24.4
Organizados	3	7.3
Desorganizados	31	75.6
Educados	16	39.0
Sérios	14	34.1
Honestos	13	31.7
Inseguros	23	56.1
Flexíveis	18	43.9
Passivos (falta de iniciativa)	32	78.0
Criativos	12	29.3
Fiáveis	9	22.0
Trabalhadores	18	43.9
Total	**41**	

Fonte: *Almeida, C. (2008)*.

Os correspondentes de meios de comunicação social estrangeiros demonstraram uma grande unanimidade na apreciação dos pontos fortes e fracos de Portugal, Fig. 7.2 e Fig. 7.3 (ver também Anexo III) o que, se por um lado não possibilitou análises estatísticas mais parcelares, facilita muito o programa da marca Portugal.

Figura 7.2 – Principais Pontos Fortes de Portugal
(Análise de Correspondências Múltiplas)

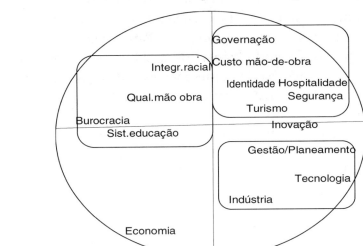

Fonte: *Almeida, C. (2008)*.

Figura 7.3 – Principais pontos fracos de Portugal
(Análise de Correspondências Múltiplas)

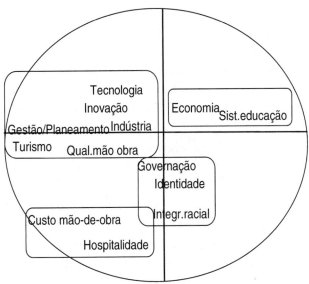

Fonte: *Almeida, C. (2008)*.

As forças positivas da imagem de Portugal estão, em grande parte, associadas ao sector do turismo. Identidade, tradição, clima, hospitalidade, turismo, segurança, mão-de-obra e cultura onde estão concentrados os pontos fortes do País, principalmente os primeiros quatro. Contudo, apesar de a cultura ser considerada um ponto forte, a maioria dos correspondentes de órgãos de comunicação social estrangeiros refere que essa riqueza vem sobretudo do passado.

Recomenda-se a utilização dos pontos positivos no *branding* nacional. A marca deve focar-se nas forças gerais do país (Eugene e Nebeuzahl, 2001). Tal como refere Domeisen (2003), o *branding* dos países baseia-se nos valores positivos nacionais e percepções que são relevantes. É, por isso, preciso distinguir os públicos--alvo – turistas, investidores, empresários e população interna – e verificar quais os pontos mais adequados a cada grupo. À partida, o turismo é o que tem a tarefa mais facilitada, mas é preciso apostar em factores diferenciadores além do sol e praia (que não são). Cultura, ambiente e identidade podem ser pontos a desenvolver neste segmento.

A mão-de-obra, especialmente ao nível da qualidade, é um dos pontos fortes que pode ser trabalhado na captação de IDE e na competitividade das empresas. Neste âmbito, destacam-se as qualidades positivas atribuídas aos portugueses: afáveis, acolhedores, flexíveis e trabalhadores (embora estas duas últimas características tenham sido assinaladas por apenas 43,9% dos inquiridos).

Concluíram-se também alguns factores de imagem negativos, tendo sido apontados, como pontos fracos a gestão e planeamento, economia, indústria, educação, governação, burocracia, inovação e tecnologia. Também a política ambiental recolheu uma avaliação negativa por parte dos correspondentes.

Para corrigir esta imagem é recomendável que sejam destacadas, ao nível da comunicação, algumas iniciativas positivas neste âmbito, uma vez que Portugal tem uma das metas mais ambiciosas da União Europeia no que diz respeito à utilização de energias renováveis[3].

O governo português lançou em Outubro de 2007, uma campanha internacional de uma nova imagem de promoção externa de Portugal, divulgando casos de sucesso de empresas e personalidades portuguesas. O *Diário de Notícias* do dia 5 de Janeiro 2009, incluía um trabalho do jornalista Luís Galvão, que passou uma semana a pesquisar na internet notícias sobre Portugal saídas nos meios de comunicação social de língua inglesa. Essa pesquisa revelou que 28% dessas notícias eram sobre economia, 18% sobre agenda social/cultural e 18% sobre desporto e que o país de origem dessas notícias era em 40% dos casos EUA, em 26% o Reino Unido e em 8% a China, portanto locais fulcrais na construção de imagem de Portugal junto de potenciais investidores ou parceiros comerciais.

Das empresas portuguesas que fizeram notícia nestes órgãos, algumas tinham actividades nos sectores das energias renováveis, como a Martifer, a EDP e Acciona, que embora não sendo portuguesa era notícia pelos seus investimentos no Alentejo em energia fotovoltaica.

Outra vertente divulgada para as empresas portuguesas era a sua capacidade de investirem no estrangeiro. Por exemplo, a Cimpor foi notícia por ter comprado parte da Cemex mexicana e a PT por ter investido em Moçambique.

Na dimensão população, as características negativas apontadas aos portugueses são o facto de serem desorganizados, passivos e inseguros, ou seja, com falta de iniciativa. Trata-se de pontos que não devem ser realçados.

Para averiguar, quais os factores, que mais influenciam a imagem global de Portugal, foi criado um índice, ver Fig. 7.4, com base nos factores que o *branding* nacional pretende afectar, nomeadamente; turismo, exportações, captação de IDE, qualidade

---

[3] Portal das energias renováveis (www.energiasrenovaveis.com)

das marcas, competitividade das empresas e reputação internacional. A análise realizada permite concluir que Portugal recolhe nota negativa na competitividade das empresas e nas exportações.

A captação de IDE, qualidade das marcas e reputação internacional têm uma imagem nem positiva nem negativa, enquanto o turismo é o único indicador com percepção "favorável". Em relação ao turismo, a explicação é facilmente visível através dos pontos fortes assinalados, já que todos eles têm ligação a este sector de actividade.

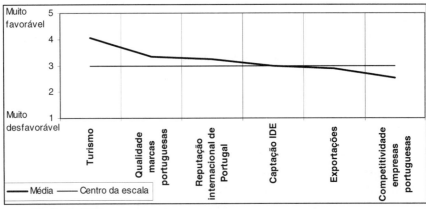

Figura 7.4 – Índice da Imagem Global de Portugal

Fonte: *Almeida, C. (2008)*.

Os correspondentes estrangeiros demonstraram ter uma percepção mais favorável do que os portugueses, em todos os indicadores da imagem global, com diferenças mais significativas ao nível da reputação internacional de Portugal[4], Fig. 7.5.

---

[4] Sig = 0,013

Figura 7.5 – Índice da Imagem Global de Acordo com Nacionalidades

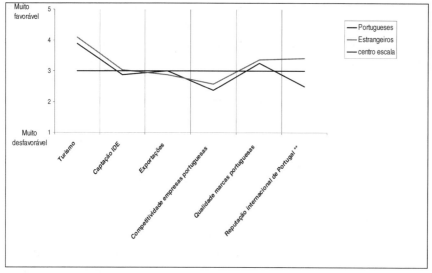

** $p < 0,05$
Fonte: *Almeida, C. (2008)*.

A realização de eventos como a Expo'98, o Campeonato Europeu de Futebol, em 2004, ou mesmo a actual presidência da União Europeia, podem ter contribuído para esta imagem mais favorável dos estrangeiros.

De qualquer forma, as disparidades encontradas entre as duas nacionalidades e que mostram maior pessimismo dos portugueses, levam-nos a recomendar a necessidade de trabalhar a marca Portugal de forma diferente, interna e externamente. Frequentemente é esquecida a comunicação interna, mas a população do país, é um dos mercados-alvo (Gertner e Kotler 2004).

Na análise de correlação linear, concluiu-se que as questões que mais influenciam o índice de imagem global estão ligadas à dimensão negócios, à mão-de-obra e à competitividade dos sectores económicos.

Na dimensão negócios, Portugal, não é considerado um país inovador em termos de tecnologia. De destacar que esta afirmação é a que tem mais peso no índice da imagem global. Por outro lado, os correspondentes consideram que a etiqueta *made in* Portugal não acrescenta valor aos produtos.

Recomenda-se que a promoção dos produtos não deve ser feita apenas com base na origem do fabrico, tal como está a ser desenvolvida actualmente uma campanha levada a cabo pela Associação Empresarial de Portugal com o lema "Compro o que é nosso"[5]. É necessário comunicar aspectos como a qualidade, originalidade, inovação ou outros atributos considerados relevantes para as categorias de produtos em causa.

Além disso, "não se trata apenas de colocar a chancela *made in* quando o país não é fortemente conhecido a nível internacional" (Kleppe, Inversen e Stensaker, 2002).

No que diz respeito à mão-de-obra, conclui-se que os correspondentes consideram a sua qualidade "nem favorável, nem desfavorável", opinião semelhante ao custo da mão-de-obra. No entanto a qualidade dos gestores portugueses é vista como sendo fraca.

Quanto à competitividade dos sectores económicos, embora a média seja negativa, há sectores a recolherem uma percepção bastante favorável, como os moldes, ver Fig. 7.6.

---

[5] www.aeportugal.pt

Parte II – Capítulo VII. A imagem externa de Portugal | 283

Figura 7.6 – Competitividade dos Sectores Económicos

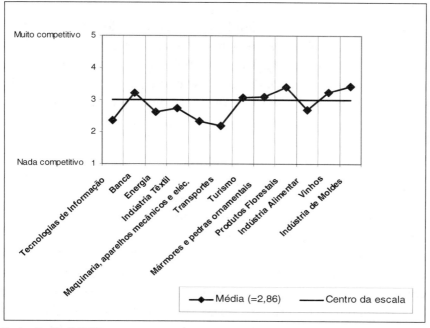

Fonte: *Almeida, C. (2008)*.

Contudo, esta actividade, onde Portugal é líder internacional[6], não é conhecida por 36% dos correspondentes estrangeiros. Recomenda-se que a marca Portugal explore os casos de sucesso – e este é um deles que tem potencial de comunicação – por ser pouco conhecido, pelo menos no grupo em análise.

De um modo geral, são os sectores tradicionais que têm uma imagem mais favorável. Mas actividades que não fazem parte deste grupo, como a banca e os moldes, podem contribuir para comunicar a inovação da economia do País. Tendo a tecnologia, mão-de-obra e competitividade dos sectores económicos maior influência no índice da imagem global, o decisor da marca

---

[6] De acordo com a Agência Portuguesa para o Investimento (www.investinportugal.pt)

Portugal deverá destacar os êxitos obtidos nestas áreas, procurando melhorar a imagem do País.

Portugal não é considerado um país inovador em termos de tecnologia. Nas questões relacionadas com esta matéria, o País obteve sempre nota negativa. A tecnologia, num conjunto de 12 sectores da economia portuguesa, é o que apresenta a segunda média mais baixa. É considerado um ponto fraco por 65,9% dos inquiridos, enquanto no caso da inovação a fasquia sobe para 73,2%.

Sendo este um indicador com peso significativo na imagem global, recomenda-se que seja melhorado, antes de ser comunicado na marca do País. Portugal até pode ter bons exemplos neste campo, como o desenvolvimento da via-verde, os cartões de telemóveis pré-pagos, a rede electrónica do sistema bancário ou os progressos do Plano Tecnológico do Governo, mas parece não estar ainda preparado para comunicar a inovação e tecnologia como uma competência principal. Posicionar-se como um país *high tech* pode ser perigoso, ainda que entendamos ser benéfico trabalhar esta área em termos de comunicação. Os bons exemplos devem ser destacados, de modo a contribuir, no futuro, para uma imagem mais positiva em termos de inovação e tecnologia. Aliás, esta percepção pode estar a mudar, se consideramos que 19,5% dos correspondentes assinalou a inovação como um ponto forte de Portugal.

Neste âmbito, partilhamos a visão de Gertner e Kloter (2004), "Mesmo que a imagem proposta seja válida, pode não ser imediatamente credível. Quando em 2002, a Bahamas Investiment Autority promoveu este país como *The perfect investment opportunity*, a promessa até podia ser verdadeira. Mas os investidores podem não estar ainda preparados para acreditar nisso".

Domeisen (2003) inclui na sua lista de melhores práticas para a construção de uma estratégia da marca país, a definição de um grupo de trabalho, no qual se incluam jornalistas. Esta classe tem um peso importante na opinião pública (Wanta, Golan e Lee, 2004).

Os *media* influenciam a imagem que os indivíduos têm dos países. Sendo assim, recomenda-se às instituições, responsáveis pelo reposicionamento da marca Portugal que dêem mais atenção a este grupo.

Se as notícias são muitos mais credíveis do que os anúncios, seria desejável que se passasse mais informação da marca Portugal através dos órgãos de comunicação, em vez de uma aposta exclusiva na publicidade tradicional. O foco nas relações públicas e assessoria de imprensa parece-nos, por esta razão, uma estratégia adequada.

Entre os correspondentes de meios estrangeiros a trabalhar em Portugal, importa sublinhar que se concluiu que são os especializados em economia, aqueles que tendem a ter uma imagem mais desfavorável. Este subgrupo merece, por isso, uma atenção especial.

Um outro problema que foi possível identificar no programa da marca Portugal é a sua descontinuidade, o que se traduz num desperdício de esforços e ausência de resultados. As interrupções sucessivas, bem como a mudança de abordagem, não ajudam este trabalho. Tal como refere Domeisen, "o *branding* nacional é uma iniciativa de longo prazo. Um período de 20 anos, neste âmbito, é razoável".

Finalmente, Portugal precisa de encontrar uma ideia principal para a promoção da sua marca, que possa ser transposta e adaptada aos vários sectores, como o turismo ou o comércio. Essa ideia não pode ser alterada constantemente. A prioridade é, portanto, gerar um consenso nesta matéria e identificar os factores únicos diferenciadores. Todas as iniciativas implementadas no âmbito da estratégia da marca Portugal devem estar ligadas, o que nem sempre aconteceu no passado.

A ideia principal deve ser flexível de modo a poder ser adaptada consoante os mercados-alvo e também ao longo do tempo. A primeira fase da marca Portugal deve ser construída com o que realmente existe hoje mas, numa segunda fase, será baseada no que realmente exista amanhã. É preciso investir nas áreas que se pretendem enfatizar no futuro e que actualmente estão menos desenvolvidas e pior percepcionadas.

Bibliografia

AHMED, S.A.; D´ASTOUS A. e ELJABRI J. (2002), The impact of technological complexity on consumer's perceptions of products made in highly and newly industrialised countries, *International Marketing Review*, Vol. 19, pp. 387-407.

AKAAH, I. e KORGAONKAR P.K. (1983), An empirical comparison of the predictive validity of self-explicated, Huber-hybrid, traditional conjoint, and hybrid conjoint models, *Journal of Marketing Research*, Vol. 10, pp. 187-97.

ALMEIDA, C. (2008), *A Marca Portugal Vista Por Correspondentes de Meios de Comunicação Social Estrangeiros*, Tese de Mestrado, ISEG/UTL.

ANHOLT, S. (2000), *The Nation as Brand*, in Across The Board, The Conference Board Inc., November/December, 22-27.

ANHOLT, S. (2004), *Brand New Justice: How branding places and products can help the developing world*, Elsevier Butterworth – Heinemann, Oxford.

CHAO, P. (1989), The Impact of Country Affiliation on the Credibility of Product Attribute Claims, *Journal of International Business Studies*, Spring, 75-92.

D'ASTOUS, A. e AHMED, S. (1999), The importance of country images in the formation of consumer product perception, *International Marketing Review*, N.º 2, pp. 108.

DOMEISEN, N. (2003), *Is there a case for national Branding*, International Trade Forum, 1, ABI/Inform Global, pp. 14.

ERICKSON, G; JOHANSSON J. e CHAO P. (1984), Image variables in multiattribute product evaluations: country-of-origin effects, *Journal of Consumer Research*, 11 September, pp. 649-699.

EUGENE e NEBEUZAHL (2001), *National Image and competitive advantage: the theory and pratice of country-of-origin effect*, Copenhagen Business School Press.

FANNING, J. (2004), Branding and third world development: does Anholt's brand new justice make sense? *Irish Marketing Review*, 17, 1/2, pp. 53.

FLOREK, M. (2005), The country as a new challenge for Poland, *Journal of Place Branding*, v 1, 2, 2005-214.

GERTNER, D. e KOTLER, P. (2004), How can a place correct a negative image, *Journal of Place Branding*, Vol. 1, n.º 1.

HARRIS et al. (1994), Effects of foreign products names and country of origin attributes and advertisement evaluations, *Psychological and Marketing Journal*, Vol. 11, n.º 22, pp. 129-144.

HESLOP, L.A. (1993), *But who knows where or when: reflections on the images of countries and their products*, in Papadopoulos, N. and. Heslop, L.A (Eds), *Product-country Images: Impact and Role in International Marketing*, International Business Press, New York, NY, pp. 39-76.

HUGSTAD, P. e M. DURR, (1986), *A Study of Country of Manufacturer Impact on Consumer Perceptions, in Development in Marketing Science*, Vol. 9, Eds. J. Hawes e N. K. Malhotra. Coral Gables, FL: Academy of Marketing Science, 115-119.

ICEP PORTUGAL (2001), *Marca Portugal – objectivos e plano de acção. Aplicação ao POE – Plano Operacional de Economia*. Documento não publicado.

JAFFE, E. e NEBENZAHL, I. (1984), Alternative questionnaire formats for country image studies, *Journal of Marketing Research*, Vol. 21, pp. 463-71.

JOHANSSON, J. e NEBENZAHL, I. (1986), Multinational production: effect on brand value, *Journal of International Business Studies*, Vol. 17 N.º 3, pp. 101-26.

JOHANSSON, K. (1993), *Missing a strategic opportunity : manager's denial of country-of-origin effect*, in Pappadopoulos and Heslop, L.A (Eds), *Product – Country Images: Impact and role in inter-*

national marketing, International Business Press, New York, pp. 76-86.

KAYNAK, E. e CAVUSGIL, S. T. (1983), Consumer attitudes towards products of foreign origin: do they vary across product classes, *International Journal of Advertising*, Vol. 2, pp. 147-57.

KAYNAK, E. e KARA A. (2002), Consumer perception of foreign products: An analysis of product – country images and ethnocentrism, *European Journal of Marketing*, 36, pp.928-948.

KLEPPE, I.; INVERSEN N. e STENSAKER I. (2002), Country Images in Marketing Strategies: Conceptual issues and an empirical Asian Illustration, *Journal of Brand Management*, 10, n.º 1 (September), 61-74.

KIM e PYSARCHIK (2000), Predicting purchase intentions of uni-national and bi-national products, *International Journal of Retail and Distribution Management*, 28, pp. 280-291.

KNIGHT, A. (1999), Consumer references for foreign and domestic products, *Journal of Consumer Marketing*, Vol. 16, n.º 2, pp. 151-62.

KNIGHT, G. e CALANTONE, R.J. (2000), A Flexible model of consumer country-of-origin perceptions: a cross cultural investigation, *International Marketing Review*, 17 (2), pp.114-126.

KOTLER, P.; HAIDER H.D. e Rein I. (1993), *Marketing Places: Attracting Investment, Industry and Tourism Cities, States and Nations*, New York, The Free Press.

LECLERC, F.; SCHMITT, B.H. e DUBE L. (1994), Foreign branding and its effects on product perceptions and attitudes, *Journal of Marketing Research*, Vol. 21 N.º 2, pp. 263-70.

LEONIDOU, L.C; HADJIMARCOU J.; KALEKA A.; e STAMENOVA G.T. (1999), Bulgarian Consumer's perceptions of products made in Asia Pacific, *International Marketing Review*, 16 (2), pp. 126-142.

MORGAN N.; PRITCHARD A. e PIGGOTT R. (2002), New Zealand, 100% Pure. The Creation of a Powerful Niche Destination Brand, *The Journal of Brand Management*, 9 (April), 335-354.

PAPADOPOULOS, N.; HESLOP, L.; GRABY, F. e AVLONITIS, G. (1987), *Does country-of-origin matter? Some findings from a cross-cultural study of consumer views about foreign products*, Marketing Science Institute Report, n.º 87-104.

PAPADOPOULOS, N. e HESLOP L. (2002), Country equity and country branding: Problems and prospects, *Journal of Brand Management*, Vol. 9, N.ºˢ 4-5, pp. 294-314.

ROTH, M. e ROMEO J. (1992), Matching product category and country image perceptions, *Journal of International Business Studies*, 23, 3, p.p. 477-497.

ROLAND BERGER (1995), *in* Carvalho, Teresa (2002), *Marca Portugal: Até aqui e a partir de agora*, Revista Informar Portugal, 3 (Abril), 13-19.

TAN, S.J. e LEONG W.Y. (1999), Warranty strategy: a solution to hybrid products?, *International Marketing Review*, Vol. 16, n.º 1, pp. 40-64.

TEAS, R.K. e AGARWALL S. (2000), The effects of extrinsic product cues on consumer's perceptions of quality sacrifice and value, *Journal of the Academy of Marketing Science*, Vol. 28, n.º 2, pp. 278-90.

THAKOR, N.V. e KOHLI C.S. (1996), Brand origin: conceptualization and review, *Journal of Consumer Marketing*, Vol. 13 N.º 3, pp. 27-42.

USUNIER, J.C. (2006), Relevance in business research: the case of country-of-origin research in marketing, *European Management Review*, Vol. 3, pp. 60-73.

VARUM, S. (2003), *Portugal the Brand, driving sustainable competitive advantage*, unpublished dissertation, Design Management degree, University of Salford.

WALL, M. e HESLOP L. (1986), Consumer attitudes toward Canadian made versus imported products, *Journal of the Academy of Marketing Science*, 14, pp. 27-36.

WANTA W.; GOLAN G. e LEE C. (2004), *Agenda setting and influential news: media influence on public perceptions of foreign nations*, Journalism and Mass Communications Quarterly, 81, 2, pp. 36.

ANEXO I

Questionário

Instituto Superior de Economia e Gestão
UNIVERSIDADE TÉCNICA DE LISBOA

Este questionário foi desenvolvido no âmbito de um mestrado do Instituto Superior de Economia e Gestão (ISEG) para avaliar a percepção que os correspondentes de meios de comunicação estrangeiros têm de Portugal. Não existem respostas certas ou erradas. A sua participação é muito importante, sendo garantido o anonimato das respostas, uma vez que os resultados serão tratados apenas de forma agregada. Obrigada.

1ª Parte – Aspectos gerais

1. A nível geral, qual o grau de conhecimento que considera ter sobre a sociedade portuguesa? Assinale uma cruz em baixo do número correcto

Conhece muito pouco	Conhece pouco	Conhece razoavelmente	Conhece bem	Conhece muito bem
1	2	3	4	5

2. Qual a sua opinião global sobre os seguintes aspectos de Portugal:

	Muito desfavorável	Desfavorável	Nem favorável, nem desfavorável	Favorável	Muito favorável	Não tem opinião
	1	2	3	4	5	6
a) Turismo						
b) Captação investimento estrangeiro						
c) Exportações						
d) Competitividade empresas portuguesas						
e) Qualidade marcas portuguesas						
f) Reputação internacional de Portugal						

3. Quais considera serem os principais pontos fortes de Portugal?

	Pontos Fortes	Pontos Fracos
a) Tradição		
b) Identidade		
c) Clima		
d) Hospitalidade		
e) Gestão/Planeamento		
f) Inovação		
g) Tecnologia		
h) Economia		
i) Turismo		
j) Indústria		
l) Sistema de educação		
m) Segurança		
n) Governação		
o) Integração racial		
p) Qualidade mão-de-obra		
q) Custo mão-de-obra		
r) Burocracia		
s) Outro. Qual?		

4. Em geral, considera a sociedade portuguesa moderna ou tradicional?

Muito tradicional	Bastante tradicional	Nem tradicional, nem moderna	Bastante moderna	Muito moderna
1	2	3	4	5

2ª Parte – Negócios

5. Diga qual a sua opinião em relação às seguintes afirmações: (assinale com um X no quadrado pretendido)

	Discordo totalmente	Discordo	Nem discordo, nem concordo	Concordo	Concordo totalmente	Não tem opinião
	1	2	3	4	5	6
a) "Portugal é um país inovador em termos de tecnologia"						
b) "Portugal possui empresas fortes capazes de competir a nível internacional"						
c) "De um modo geral, a etiqueta *made in Portugal* acrescenta valor aos produtos"						
d) "Em termos gerais, Portugal é um país atractivo para investir".						

6. Diga três produtos que associe muito a Portugal.

1– _____

2– _____

3– _____

7. O que pensa do nível de competitividade de Portugal nos seguintes domínios:

	Nada competitivo	Pouco competitivo	Competitivo	Muito competitivo	Não tem opinião
	1	2	3	4	5
Tecnologias de informação					
Banca					
Energia					
Indústria têxtil					
Maquinaria, aparelhos mecâncios e eléctricos					
Transportes					
Turismo					
Mármores e pedras ornamentais					
Produtos florestais (cortiça, madeira e papel)					
Indústria alimentar					
Vinhos					
Indústria de moldes					
Outros. Quais?					

3ª Parte – População

8. Na sua opinião, os portugueses são: (pode assinalar mais do que uma opção)
a) Afáveis
b) Acolhedores
c) Racistas
d) Organizados
e) Desorganizados
f) Educados
g) Sérios
h) Honestos
i) Inseguros
j) Flexíveis
k) Passivos (falta de iniciativa)
l) Criativos
m) Fiáveis
n) Trabalhadores

9. Diga qual a sua percepção sobre:

	Muito má	Má	Nem boa, nem má	Boa	Muito boa	Não tem opinião
	1	2	3	4	5	6
a) Qualidade da mão-de-obra portuguesa						
b) Custo da mão-de-obra portuguesa						
C) Qualidade dos gestores portugueses						

4ª Parte: sociedade portuguesa:

10. Classifique os seguintes aspectos da sociedade portuguesa

	Muito mau	Mau	Nem bom, nem mau	Boa	Muito bom	Não tem opinião
	1	2	3	4	5	6
a) Sistema de ensino						
b) Sistema de saúde						
c) Governo						
d) Política protecção ambiental						

5ª Parte: Arte e cultura

11. Considerando diversas formas de arte como música, pintura e literatura, pode dizer-se que Portugal é um País culturalmente rico.

Discordo totalmente	Discordo	Indeciso	Concordo	Concordo totalmente
1	2	3	4	5

12. Para esta riqueza contribuiu mais o passado do que o presente.

Discordo totalmente	Discordo	Indeciso	Concordo	Concordo totalmente
1	2	3	4	5

6ª e última Parte – Caracterização social

13. Quantos anos tem? _____

14. Sexo   Masculino ☐   Feminimo ☐

15. Nacionalidade? _____

16. Reside em Portugal?
Se respondeu Não, passe à pergunta 18.

Sim ☐   Não ☐

17. Se respondeu sim, há quantos anos reside em Portugal? _____

18. O órgão de informação para o qual trabalha é:
a) Generalista
b) Económico
c) Desportivo
d) Outro. Qual

19. Qual a sua área de especialização?
a) Política
b) Sociedade
c) Economia
d) Sem área de especialização (informação geral)
e) Outra. Qual?

20. Qual o país para onde trabalha?

OBRIGADA PELA PARTICIPAÇÃO

ANEXO II

Pontos Fortes e Fracos Comparados com Icep

PONTOS FORTES

Estudos do Icep (2000)	Presente investigação (2007)
Portugal	**Portugal**
- História - Tradição - Identidade	- Tradição - Identidade, tradição, clima, hospitalidade, turismo e segurança.
- Áreas de negócio associadas: vinho, arte, artesanato, cerâmica	- Produtos mais associados: vinho, cortiça, têxteis, fado, bacalhau, peixe e turismo
- Imagem positiva em aspectos turísticos	- Clima, hospitalidade, turismo, segurança.
Portugueses	**Portugueses**
- Simpáticos - Sérios - Educados - Atenciosos - Calorosos - Afectuosos - Fiáveis - Honestos - Transparentes - Flexíveis (capacidade de adaptação) - Trabalhadores	- Embora muitas das características do lado tenham sido assinaladas por alguns correspondentes, as que recolheram mais respostas foram: afáveis e acolhedores. - Mais de 40%, assinalou também as opções de "flexíveis" e "trabalhadores". - 39%, respondeu à opção "honestos" e apenas 31,7% à de "educados".

PONTOS FRACOS

Estudos do Icep	Presente investigação
Portugal	**Portugal**
- País desorganizado	- Fraca gestão/planeamento
- Modernização parcial e desconcertada globalmente e nas empresas, mas não nos recursos humanos - Não tem imagem de país moderno	- Fraca indústria, educação, governação. Mão-de-obra obtém média de respostas positiva. - Sociedade portuguesa considerada muito ou bastante tradicional.
- Não associado à inovação, qualidade e estilo	- Inovação é ponto fraco. Marcas portuguesas são associadas a qualidade
- Economia pouco industrializada e pouco dinâmica	- Economia é vista como um ponto fraco
- Burocracia	- Burocracia
Portugueses	**Portugueses**
- Inseguros - Pouco auto-confiantes - Reservados - Passivos, com falta de iniciativa - Pouco criativos ou criativos mas não mostram - Desorganizados - Falta de visão e planeamento	- Desorganizados - Passivos (falta de iniciativa) - Inseguros

ANEXO III

Pontos Fortes e Fracos de Portugal

	Forte N	Forte %	Fraco N	Fraco %	Indiferente N	Indiferente %	Total N	Total %
Tradição	39	95.1	0	.0	2	4.9	41	100.0
Identidade	34	82.9	5	12.2	2	4.9	41	100.0
Clima	41	100.0	0	.0	0	.0	41	100.0
Hospitalidade	37	90.2	4	9.8	0	.0	41	100.0
Gestão/Planeamento	2	4.9	35	85.4	4	9.8	41	100.0
Inovação	11	26.8	27	65.9	3	7.3	41	100.0
Tecnologia	8	19.5	30	73.2	3	7.3	41	100.0
Economia	2	4.9	38	92.7	1	2.4	41	100.0
Turismo	34	82.9	6	14.6	1	2.4	41	100.0
Indústria	3	7.3	34	82.9	4	9.8	41	100.0
Sistema de Educação	5	12.2	33	80.5	3	7.3	41	100.0
Segurança	37	90.2	3	7.3	1	2.4	41	100.0
Governação	4	9.8	31	75.6	6	14.6	41	100.0
Integração racial	24	58.5	11	26.8	6	14.6	41	100.0
Qualidade mão-de-obra	10	24.4	26	63.4	5	12.2	41	100.0
Custo mão-de-obra	25	61.0	12	29.3	4	9.8	41	100.0
Burocracia	3	7.3	37	90.2	1	2.4	41	100.0

Principais pontos fortes e fracos de Portugal por nacionalidades
(percentagens)

	Portugueses				Estrangeiros			
	Forte	Fraco	Indiferente	Total	Forte	Fraco	Indiferente	Total
Tradição	87.5		12.5	100.0	97.0		3.0	100.0
Identidade	87.5	12.5		100.0	81.8	12.1	6.1	100.0
Clima	100.0			100.0	100.0			100.0
Hospitalidade	87.5	12.5		100.0	90.9	9.1		100.0
Gestão/Planeamento	12.5	87.5		100.0	3.0	84.8	12.1	100.0
Inovação	37.5	62.5		100.0	24.2	66.7	9.1	100.0
Tecnologia	25.0	62.5	12.5	100.0	18.2	75.8	6.1	100.0
Economia	25.0	75.0		100.0		97.0	3.0	100.0
Turismo	75.0	25.0		100.0	84.8	12.1	3.0	100.0
Indústria	12.5	87.5		100.0	6.1	81.8	12.1	100.0
Sistema de Educação	12.5	87.5		100.0	12.1	78.8	9.1	100.0
Segurança	87.5	12.5		100.0	90.9	6.1	3.0	100.0
Governação	12.5	62.5	25.0	100.0	9.1	78.8	12.1	100.0
Integração racial	75.0	12.5	12.5	100.0	54.5	30.3	15.2	100.0
Qualidade mão-de-obra		87.5	12.5	100.0	30.3	57.6	12.1	100.0
Custo mão-de-obra	62.5	37.5		100.0	60.6	27.3	12.1	100.0
Burocracia	12.5	87.5		100.0	6.1	90.9	3.0	100.0

Capítulo VIII

Internacionalização de Empresas Portuguesas – Casos de Sucesso

8.1. Empresa Irmãos Vila Nova; Marca Salsa

Margarida Neves, Nuno Moreiras e Pedro Silva (2008), Trabalho de Pesquisa para Marketing Internacional, Mestrado Marketing, ISEG.

Descrição da empresa e breve perspectiva histórica

A empresa está sediada em Vila Nova de Famalicão, mas tem lojas espalhadas em Portugal, Espanha, Croácia, Itália, Kuwait, Bélgica, Roménia, Qatar, Arábia Saudita, França, China, Luxemburgo, Grécia, Chipre, Irlanda, Omã, Andorra e Emirados Árabes Unidos.

A IVN – Irmãos Vila Nova, iniciou a sua actividade em Setembro de 1987, dedicando-se exclusivamente a trabalhos de acabamentos têxteis (lavandaria e tinturaria para artigos de vestuário confeccionados).

Em 1990, com a entrada de um novo sócio, que operava individualmente com uma actividade de confecção a feito, passam a coexistir dois sectores e negócios na IVN: o de acabamentos (lavandaria e tinturaria) e o de confecção (ainda em regime de subcontratação).

A IVN ficou sedeada em Vila Nova de Famalicão (Portugal), ficando desde logo geográfica e economicamente enquadrada na Região do Vale do Ave, reconhecida internacionalmente como uma área geográfica europeia de fortíssima concentração de empresas ligadas à Indústria Têxtil e do Vestuário. Inicialmente, pela sua juventude e escassez de recursos, a empresa foi obrigada a operar como prestadora de serviços (subcontratada) em actividades de confecção e de acabamentos têxteis (vestuário). Em 1994 a empresa muda de sede social, para um local onde tem novas, amplas e adequadas instalações. Nesta altura, a confecção funciona de forma autónoma e sustentada, produzindo e apresentando colecções da sua própria marca – SALSA a agentes comerciais pré-seleccionados de forma a garantir a correcta distribuição.

A marca Salsa foi criada por três irmãos visionários. O seu negócio centra-se nos *jeans* sem descorar a diversidade de peças indicadas para pessoas com um estilo de vida cosmopolita, sofisticado e dinâmico.

A primeira loja Salsa, aberta no centro comercial Norteshopping em 1998 foi um marco determinante para o processo de distribuição da marca. Os resultados desta primeira loja foram de tal forma animadores que, em meados de 1999, se avança com mais duas aberturas, uma em Lisboa, no centro comercial Vasco da Gama e outra em Braga, no centro comercial Braga Parque.

O número de lojas foi aumentando cada vez mais, e agora estas estão espalhadas em Lisboa, Porto, Santarém, Bragança, Faro, Viseu, Madeira, Açores, Coimbra, Viana do Castelo, Setúbal, Aveiro, Leiria, Guarda, Braga, Castelo Branco, Vila Real.

A Salsa está actualmente dividida em três linhas: roupa, calçado e acessórios. Enquadrado na linha da roupa podemos encontrar uma oferta ampla que vai desde as *jeans* às camisas e *t-shirts* passando ainda pelos casacos e blusas. O calçado engloba todos os sapatos vendidos pela Salsa. Dentro da linha dos acessórios encontramos uma panóplia de produtos distintos. As malas, os cintos e as pulseiras são apenas alguns exemplos desta linha. A roupa é a linha mais rentável sendo que mais de 50% da facturação da salsa provem das *jeans*.

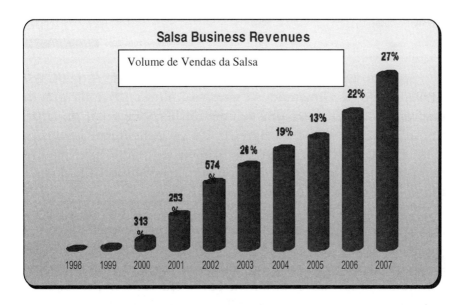

Como podemos ver pelo gráfico, a Salsa teve um grande crescimento entre 1998 e 2007. O volume aumentou 313% de 1999 para 2000 devido à abertura de 2 lojas em Portugal. O aumento de 253% de 2000 para 2001 deveu-se à abertura de 7 lojas também em Portugal. O mesmo aconteceu de 2001 para 2002, o volume foi de 574% e foram abertas 11 lojas. De 2002 para 2003, a variação do volume diminui para 26%, devido ao seu investimento na internacionalização para Espanha. De 2003 até 2007, a Salsa abriu lojas em 19 mercados mantendo a sua estratégia de internacionalização. O volume de negócios aumentou 25% de 2004 para 2006 e as exportações aumentaram 288% no mesmo período de tempo representando esta aposta na expansão internacional.

		Crescimento VN	Crescimento VN %
Volume de Negócios IVN 2006	70.006.851,09 €	6.767.431,28 €	10,70%
		Crescimento 2004-2006	25%
Facturação Marca 2006	92.568.942,00 €		
Exportações 2006	8.922.683,00 €	4.308.064,00 €	93,36%
		Crescimento 2004-2006	288%

Segundo Diário da República nº 180 Série I Parte A de 04/08/ /1999, artigo 9º Dimensão da empresa, alínea 1d) uma grande empresa é "a que tiver um volume de negócios igual ou superior a 2 000 000 000$ ou empregar 200 ou mais trabalhadores" a Salsa é uma empresa de grande dimensão porque preenche os requisitos previsto neste artigo, ou seja, tem 710 trabalhadores e um volume de negócios de €70.006.851,09.

Como um dos fundadores da empresa Irmãos Vila Nova e através do seu conhecimento do mercado conjuntamente com a sua tenacidade e rigor na gestão da Salsa, o Filipe Vila Nova assumiu desde logo, a parte de gestão de empresa com expectativas ambiciosas que guiariam a Salsa em todo o processo de internacionalização. O seu papel como decisor final foi fundamental para garantir o sucesso no estrangeiro, sendo sempre cauteloso antes de entrar em novos mercados de forma a minimizar riscos associados.

Sector de actividade

A Salsa está inserida no sector têxtil, mais concretamente na área de vestuário. Este sector tem sofrido grandes alterações nos últimos anos que tiveram como principal catalisador a entrada da China na World Trade Organization e a consequente invasão de produtos de vestuário a preços reduzidos no mercado internacional.

Como poderemos ver pelo quadro abaixo, as importações tendem a aproximar-se das exportações no período 2000-2007.

As exportações aumentaram de 2000 para 2001 mas a partir desse ano os valores apresentam uma tendência decrescente em relação ao histórico registado antes da adesão da China à OMC, embora a recuperação verificada em 2007 possa indiciar uma estabilização em valores à volta de 4 300 milhões de euros.

As importações diminuíram entre 2000 e 2004, o que é um sinal de que o consumidor português começou a comprar mais *Made in Portugal*, mas a partir de 2006 têm crescido significativamente, o que pode significar que o consumidor começou a preferir produtos de outra origem ou que os próprios empresários portugueses deslocalizaram alguma produção e que em sistema de *processing trade* aumentam simultaneamente as importações e as exportações, esta análise sumária não permite conclusões exactas.

Quadro 8.1 – Comércio internacional do sector de vestuário (milhões)

Ano	2000	2001	2002	2003	2004	2005	2006	2007
Exportações	4 926	5 073	4 703	4 573	4 318	4 118	4 112	4 304
Importações	3 311	3 307	3 200	3 048	2 970	2 992	3 085	3 332

Fonte: *ATP, Associação Têxteis de Portugal (2000-2007).*

Classificação da Empresa em Função da sua Internacionalização

A ligação da Salsa com o mercado externo não é recente. Antes da criação da marca Salsa, a Irmãos Vila Nova (detentora da marca) já desde do seu humilde inicio (1987) trabalhava para o mercado estrangeiro, sendo nesse caso, uma empresa de têxtil que era subcontratada por empresas estrangeiras para prestar serviços de confecção e acabamentos têxteis. Desde o momento que a Irmãos Vila Nova decidiu criar a sua própria marca (1994) a intenção de alargar o seu mercado manifestou-se de uma forma indirecta através da escolha da sua marca própria. Esta marca não foi concebida com o intuito nacional, mas sim internacional.

A Salsa como muitas empresas jovens e ambiciosas arriscou-se e decidiu dar um grande salto no desenvolvimento da mesma. O processo de internacionalização foi um desafio encarado de forma a minimizar os riscos inerentes à entrada em novos mercados assim sendo, a Salsa foi bastante prudente antes de entrar em qualquer mercado. A falta de conhecimento no âmbito internacional apresentou inicialmente alguns desafios embora estes fossem ultrapassados através de uma estratégia adequada de entradas em novos mercados.

Como objectivos de longo prazo a Salsa estabeleceu o sonho de ser uma das melhores marcas de *jeanswear* da Europa (Pereira, 2005). Este objectivo é partilhado por toda a empresa, inspirando-se nestas ideologias com aspirações bem altas de conseguirem, no futuro próximo, alcançar êxito a nível Europeu. Porém, estas ambições não caiem do céu, se há alguns anos atrás o desejo era conseguir singrar no mercado nacional, hoje em dia esse mercado já não basta para uma empresa que pretende ir além das suas fronteiras e tal como Portugal no século quinze, descobrir novos mundos desconhecidos.

Estas ambições apresentam também um desafio que terá que ser superado pela Salsa pois mais do que nunca, este "navio" não pode desviar-se do seu percurso e tem que ser firme no caminho que segue. O caminho que segue é árduo porém o tesouro que pode ser encontrado é de tal modo tentador que seria irracional não continuar. A procura de novas oportunidades que noutra hora pareciam inalcançáveis, estão agora na rota da Salsa e são o mapa para o sucesso desta jovem empresa.

A Salsa apostou numa estratégia de internacionalização diversificada de acordo com os mercados onde está presente. Neste momento a Salsa esta presente em cerca de 250 pontos de venda que divergem entre as Lojas Próprias, as Lojas em *Franchising*, as Lojas Multimarca, os Department Stores e os Shop-In-Shop. A Salsa decidiu entrar em grande parte dos seus mercados estrangeiros através de investimento directo (lojas próprias) e *franchising*.

Optou por uma entrada em Espanha primeiro em 2002. Após alguns estudos de mercado a Salsa decidiu entrar em Espanha pela via de investimento directo criando a SLS Salsa España – Comercio y Difusión de Vestuario. O próximo passo consistiu em alargar o conhecimento adquirido do seu processo de expansão na Espanha e aplicá-lo em novos mercados por exemplo no Médio Oriente em 2004. Para conseguir singrar nesta região desconhecida a Salsa optou por estabelecer uma parceria local com a empresa Azadea. Esta empresa, que já tinha conhecimento do mercado, decidiu franquiar a marca Salsa para o Qatar e outras zonas do Médio Oriente. Depois do sucesso nestes dois países a Salsa decidiu acelerar o seu processo de internacionalização apostando fortemente no *franchising* como meio de entrar em novos mercados.

Até a presente data a Salsa já está em 25 países reforçando e consolidando a sua posição em alguns deles, encontrando-se dispersa pela Europa, África e Ásia conforme cronograma em abaixo.

Cronograma de Internacionalização

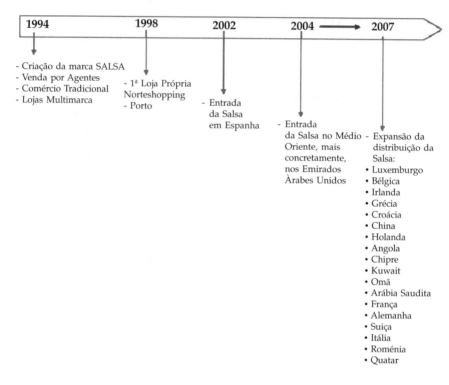

Assim a Salsa poderá ser classificada como uma marca multinacional (embora grande parte da sua presença internacional esteja concentrada na Europa). Com seis anos no ambiente internacional a Salsa continua a ter um plano ambicioso, sendo que, está previsto para o final deste ano que a Salsa esteja presente em 30 países.

Estratégia
Análise SWOT

Forças	Fraquezas
• Excesso de liquidez que proporciona grandes oportunidades de investimento em novos mercados. • Capacidade de resposta rápida às tendências do mercado. • Qualidade e excelentes cortes. • Experiência na interacção com o consumidor. • *Know-how* tecnológico. • Controle da cadeia de abastecimento. • Gestão de inventário de lojas. • Forte imagem no ponto de venda. • Grandes estruturas de I&D.	• Pouca notoriedade de marca devido à entrada tardia no mercado quando comparada com as outras marcas de *jeans*.
Oportunidades em Portugal	**Ameaças em Portugal**
• Surgimento de uma nova cultura urbana com uma procura coerente com a oferta da Salsa. • Associações positivas no mercado por ser uma marca nacional.	• Forte concorrência por parte de marcas muito fortes como Levis e Diesel. • Preços considerados nos escalões médio, médio-alto face ao que a concorrência pratica no mercado.
Oportunidades em Espanha	**Ameaças em Espanha**
• Surgimento de uma nova cultura urbana com uma procura coerente com a oferta da Salsa.	• Forte concorrência por parte de marcas muito fortes como Levis e Denim. • Pouca notoriedade da marca devido à sua recente entrada no mercado. • Diferenças culturais.

Estandardização versus adaptação do Produto

A Salsa segue visivelmente uma estratégia de estandartização, no entanto a criatividade da sua pedra basilar – o produto – é assegurada por uma equipa de designers multiculturais com vivências internacionais. As suas experiências conferem-lhes uma visão aberta e global do mundo da moda que enriquece e potencia a criatividade de cada peça tornando-a competitiva em qualquer tipo de mercado e cultura.

De uma forma contínua e permanente, uma equipa especializada em I&D pesquisa e desenvolve soluções ao nível dos acabamentos e tratamento das peças, com as melhores matérias-primas. Garantir a qualidade e constante inovação é a máxima que rege o dia-a-dia da empresa.

Alguns exemplos são: *Jeans* com tratamento anti-celulítico, *Jeans* impermeáveis, *Jeans* totalmente personalizáveis com tecnologia de ponta e *Jeans Vintage*.

A completar o ciclo do produto, as formas dos corpos são estudadas para assegurar a existência de Modelos / FIT que se ajustam às necessidades e gostos de cada pessoa. Daqui resulta uma panóplia de modelos que a Salsa submete à apreciação dos seus clientes através de pequenos painéis de consumidores.

Os objectivos estratégicos a nivel internacional da Salsa são, para além de imporem a sua insignia em 20 novos mercados e aproximar a marca ao cliente, atingir o top de vendas nos pontos multimarca em todos os paises que abordam, como já conseguiram em Portugal e em Espanha. Procuram também ser uma referência mundial no mundo dos *jeans* através de uma centralização no cliente que passa pela formação dos empregados, decorações das lojas, qualidade e inovação do produto e foco na publicidade como divulgação da marca.

Plano de Internacionalização

No âmbito do objectivo de serem líderes na Europa, a Salsa decidiu apostar fortemente em Espanha ao espalhar vários pontos de venda (lojas próprias e franquias) e em França criando notoriedade de marca ao abrir três pontos de venda nas galerias Lafayette. As principais dificuldades deverão ser a aceitação de um *outsider* por parte do mercado local, principalmente em França onde a moda é levada muito a sério. A existência de uma grande comunidade portuguesa será um bom estímulo para o investimento.

Em termos de novos mercados, o desafio que se segue é a abordagem à China tendo em conta a dimensão e potencialidade do mercado, mas enfrentado a enorme industria têxtil local que se evidencia pelos baixos preços.

Pode-se afirmar que o maior estímulo em todo o processo de expansão é a própria história de sucesso da empresa. A acompanhar o desenvolvimento da Salsa está a evolução do pensamento. Se há uns anos atrás o sonho era estar presente no mercado nacional, hoje esse sonho alarga-se e estende-se para o mercado internacional. Da mesma forma, o enfoque dos negócios foi-se alterando ao longo dos tempos de uma forma natural: "da focalização na produção juntou-se a criação, depois a logística e posteriormente centrou-se no consumidor. [...] Vai-se caminhando e avaliando os caminhos possíveis, mas a Salsa não deve temer enquanto souber que tem uma boa capacidade e capacidade para fazer diferente" (André Fonseca, *in* Portugal Têxtil, 2002) conquistando o mercado e ultrapassando as dificuldades.

Certa de que a estratégia continua a ser a internacionalização da marca, de acordo com a visão e objectivos da Salsa, os desafios que se avizinham prendem-se com a consolidação do processo de expansão e internacionalização da marca. Para tal, a Salsa deverá estar atenta aos estilos de vida, à cultura e às tendências dos mercados mundiais.

Bibliografia

Kotler, P. e Keller, K. (2006), *Marketing Management 12th edition*, Pearson Prentice Hall
Pereira, S. (2005), *Gestão Emocional da Marca: O caso Salsa*
Cardoso, M. e Meireles, R. (2007) *Ao Ritmo dos 'Jeans*, Expresso (27 de Outubro).
Brains at Work, (2007), Business Week.
Apresentação: *Salsa: The Story Behind the brand*

Sites:
    www.azadea.com
    www.salsajeans.com
    www.portugaltextil.pt
    www.ine.pt

8.2. Caso Grupo Investvar; Marca Aerosoles

Ana Luísa Vicente, Filipe Fialho, Joana Cerdeira (2008), Trabalho de Pesquisa para Marketing Internacional, Mestrado Marketing, ISEG.

Introdução

A marca de sapatos Aerosoles é um claro exemplo de sucesso e de como um conceito inovador se pode deixar o seu mercado de origem e vingar no exterior.

A marca teve início nos EUA, mas foi com o sistema de produção inovador e sob o controlo do Grupo português Investvar, que a Aerosoles replicou o sucesso do mercado norte-americano e se expandiu para a Europa, África e Médio Oriente.

Para melhor compreender este sucesso, foram focados, ao longo deste trabalho, aspectos como o modo de internacionalização, os mercados mais significativos, a breve história da marca e da empresa que a suporta, o *marketing-mix*, etc.

Com o aumento do consumo no mercado do calçado, a nível mundial, a Aerosoles irá provavelmente manter ou aumentar a sua posição como marca de referência neste sector.

Descrição da empresa e perspectiva histórica

A história da Aerosoles começa em 1987, em Edison, New Jersey. A empresa norte-americana *What's What, Inc*, ao criar esta nova marca, tinha como objectivo a produção e comercialização de sapatos de elevada qualidade e conforto, a preços acessíveis. Sentia-se a necessidade de lançar um produto diferente, que tivesse por base uma filosofia de construção e concepção inovadores.

Dois anos antes, do outro lado do Atlântico, assistia-se, em Portugal, ao nascimento do maior grupo de calçado do país – o Grupo Investvar, com sede em Esmoriz, perto do Porto. Em 1987, vendo na marca Aerosoles e no mercado norte-americano uma boa oportunidade, o Grupo desenvolveu um sistema de construção inovador para os sapatos da marca. Depois de difíceis negociações com o AEROGROUP Internacional, a Investvar assinou um contrato de licenciamento de produção e comercialização da marca Aerosoles para toda a Europa, África e Médio-Oriente.

Posteriormente, no ponto 3 do trabalho iremos aprofundar mais o modo de internacionalização da marca, bem como a localização dos pontos de venda.

✓ Missão do Grupo Investvar

"Orientados pelo produto, a nossa missão é sermos a 1ª marca mundial do sector do calçado. O estilo, o conforto e o valor do produto são os alicerces da nossa marca. O respeito, paixão e criatividade são as pedras basilares da nossa cultura empresarial".

✓ Público-Alvo

O público-alvo da Aerosoles é a mulher na faixa etária dos 30 anos, urbana, confiante, independente, que se preocupa com o conforto, mas não abdica das tendências de moda, quer seja ao nível do design, quer seja ao nível dos materiais e gama de cores utilizados.

✓ Produto

A marca Aerosoles aposta fortemente na produção e comercialização de um produto diferenciado: sistema de produção inovador – *"Stitched and Turned"*; e uma identidade própria. Os sapatos Aerosoles primam pela inovação de fabrico, pela flexibilidade e naturalidade das matérias-primas e ainda pelo design exclusivo. Combina as peles macias italianas, as solas ultra-flexíveis e o estilo elegante. *"Stitched and Turned"* é um sistema que combina a flexibilidade e elevada qualidade dos materiais usados.[7] Este tipo de construção foi utilizado pela primeira vez a nível mundial pela marca Aerosoles. A conjugação destes dois factores permite a construção de um sapato único e confortável.

O sucesso da Investvar e da Aerosoles é explicado pelo seu modelo de negócio integrado e consequente controlo da cadeia de valor, ou seja: o produto é desenvolvido em centros de Investigação e Desenvolvimento (I&D) próprios, situados em Milão, Itália e em Portugal; é produzido em unidades industriais em Portugal ou em centros de produção subcontratados, espalhados um pouco por todo o mundo (Roménia, Índia, China, Brasil); e por fim, é comercializado através da sua rede própria de retalho e distribuição, colocando-o nos mercados da Europa, África e Médio-Oriente.

Para além de sapatos, a Aerosoles tem também a seu cargo: a produção e comercialização de uma gama de acessórios e de produtos para tratar o calçado. No entanto, o *Core Bussiness* da empresa é naturalmente os sapatos reconhecidos mundialmente.

✓ Actividade da Investvar[8]

O Grupo apresenta uma *holding* principal: a Investvar Comercial S.G.P.S, S.A.

A Investvar emprega cerca de 700 colaboradores em Portugal e 300 no estrangeiro. O Grupo representa cerca de 5% no volume anual das exportações portuguesas de calçado, sendo responsável pela comercialização de 4 milhões de pares de sapatos anualmente. Desta forma, podemos concluir que a empresa tem uma dimensão considerável, estando inserida no mundo das PMEs portuguesas: o Grupo é composto por várias PMEs, umas próprias, outras subcontratadas.

---

[7] Ver Anexo.
[8] Ver Anexo.

As actividades da empresa repartem-se por três sectores, o Comercial, o Industrial e os Serviços, controlados pela *holding* Investvar Comercial S.G.P.S., S.A. O sector comercial é sem dúvida aquele que tem um peso maior na actividade da Investvar com 67%, enquanto a indústria se fica por 32% e os serviços somente por 1%.

A tendência das vendas da marca Aerosoles, nos últimos cinco anos, mantém-se crescente, atingindo um volume de negócios em 2007 de 73 milhões de euros.[9]

É importante ainda referir a pessoa que está à frente deste Grupo português. Falamos então de Artur Borges Duarte, fundador e CEO da Investvar. Artur nasceu em Válega, no concelho de Ovar, é casado e tem dois filhos. Licenciou-se em Economia pela Faculdade de Economia do Porto (FEP), iniciando a sua actividade como consultor em várias empresas. Já em 1985, constitui a Sonivar para a comercialização de componentes de calçado e a DCB que tinha como objectivo a produção de calçado para a marca Aerosoles. Artur Borges Duarte é principal responsável pela estratégia do Grupo e pelo processo de expansão da empresa.

Sector de Actividade

Nos últimos anos o sector do calçado, a nível mundial, tem vindo a sofrer grandes alterações. Verificou-se um aumento constante do consumo interno em alguns países, o que despoletou um crescimento de 47,7% da produção mundial, entre 1994 e 2004.

No caso da Europa, a situação não é tão animadora, assistindo-se à redução da capacidade produtiva. O "Velho Continente" está a braços com esta situação graças a limitações em termos de consumo privado; à pouca capacidade de resposta aos mais recentes concorrentes, demonstrando assim uma certa fragilidade; e

---

[9] Ver Anexo.

ao aparecimento de novos países produtores e consumidores de calçado, onde os custos de produção são bem mais reduzidos e o mercado é bastante atractivo para escoar a produção.

Analisando agora o continente americano, temos o Brasil com um reforço bastante significativo da sua posição, contrastando com a queda vertical dos EUA. O Brasil ocupava, em 2004, a 3ª posição no *ranking* dos principais produtores de calçado mundial. No entanto, em termos de importação de artigos de calçado, os EUA mantinha, nesse mesmo ano, a liderança mundial.[10]

Na Ásia, liderado pela China, o mercado do calçado tem cada vez mais oportunidade de crescimento. Também a Índia, Indonésia e Vietname contribuem significativamente para a produção mundial. Estes quatro países mantêm-se nas primeiras posições dos principais países produtores.

Perante o panorama mundial, marcas como a Aerosoles têm de encarar esta nova concorrência como um novo desafio a enfrentar e o aumento do consumo como uma oportunidade a aproveitar.

Classificação da empresa em função da sua internacionalização

A expansão internacional da empresa começa no ano de 1992, estando já a operar no mercado internacional há dezasseis anos. Hoje, a Aerosoles Europa possui uma cadeia de 130 lojas dispersas pela Europa e Médio-Oriente.

A internacionalização da marca foi conseguida através de uma vasta rede de retalho e de distribuição pela Europa, Médio Oriente e África, e ainda da introdução de centros de produção pela Europa, Ásia e América do Sul, tirando assim partido do aproveitamento de outras fontes de abastecimento, de matéria-

---

[10] Ver Anexo.

-prima e mão-de-obra mais baratas e de preços mais acessíveis.[11] Tendo em consideração as diferentes classificações de perspectivas de internacionalização, poder-se-á afirmar que a Aerosoles se baseia numa perspectiva global.

Num mundo cada vez mais globalizado, a internacionalização das empresas é um passo quase obrigatório para as que querem expandir a dimensão da sua procura. Mas a estratégia de marketing a desenvolver vai depender da orientação a seguir nesses mercados. Neste sentido, tendo em consideração o modelo EPRG e a perspectiva que já foi referida anteriormente, pode-se dizer que se trata de uma orientação geocêntrica, uma vez que: a referência para a empresa é o mercado mundial; oferece um produto mais ou menos estandardizado; vê semelhanças e diferenças tanto no país de origem, como nos países estrangeiros; e desenvolve uma estratégia global, obtendo desta forma as economias de escala, que tem como objectivo.

O constante crescimento da marca Aerosoles, quer ao nível de reconhecimento mundial, quer ao nível de produção, obrigou à subcontratação de centros de produção e à deslocalização de fábricas para outros países (Índia, China ou Brasil), de modo a tornar a marca mais competitiva.

Estratégia – estandardização ou adaptação

Analisando os mercados para onde a Investvar exporta os sapatos Aerosoles, verificamos que a Europa é o seu destino de excelência. O mercado nacional representa apenas 9% do volume total de facturação. Desta forma, analisaremos apenas o mercado Europeu, pois é neste que a empresa concentra grande parte do seu esforço.

Sendo um mercado bastante vasto e diversificado, a Aerosoles têm muito a ganhar com a entrada nos países europeus.

---

[11] Ver Anexo.

Por outro lado, se analisarmos as condições da Europa para instalar centros de produção, já não é um mercado muito atractivo. Apostar na Europa tem como objectivo essencialmente a comercialização dos produtos e não tanto a produção dos mesmos. Esta situação pode ser facilmente comprovada pela seguinte análise SWOT ao mercado europeu:

Análise SWOT (mercado europeu)

Forças	Fraquezas
• Elevado poder de compra • Mercado diversificado • Grande capacidade de produção: inovação, I&D, boas instalações...	• Mão-de-obra qualificada → maiores custos de produção • Poucas capacidades de resposta aos novos concorrentes
Oportunidades	Ameaças
• Boa localização geográfica • Centralização de uma vasta rede de transportes, que permite escoar rápidamente produtos e obter matérias-primas • Aumento do consumo mundial de calçado • Público-alvo cada vez mais preocupado com o conforto e design	• Aparecimento de novos países produtores de calçado • Aparecimento de novos locais com custos de produção bem mais reduzidos

Após analisar as características mais importantes do mercado europeu, é necessário agora verificar como a empresa desenvolveu a sua estratégia de *marketing-mix* para entrar neste mercado:

Produto

Os sapatos Aerosoles não variam muito consoante os países, ou seja, a base do produto é a mesma: o conforto; os mesmos materiais; as mesmas técnicas de produção; a mesma flexibilidade, etc. O que pode acontecer é haver colecções diferentes para cada país, por exemplo, um sapato que está a ser comercializado em Portugal, pode não estar em Espanha ou na Turquia.

As colecções da marca são assinadas por uma empresa de I&D do Grupo, localizada em Milão. Desta empresa emanam colecções exclusivas, com uma média de 150 modelos, quatro vezes ao ano. As equipas de produção em Itália, Brasil e Portugal trabalham em conjunto para desenvolver uma colecção que se adapte aos vários mercados. Estas equipas são compostas por pessoas com percepções da realidade distintas, pois provêm de culturas diferentes. O trabalho em conjunto de pessoas de vários cantos do mundo, permite à Aerosoles acompanhar as constantes evoluções culturais e sociais.

Preço:

Sendo um produto com elevada qualidade, seria de esperar que o preço fosse mais elevado que os seus concorrentes. Contudo, a Aerosoles pratica preços perfeitamente normais para o sector em que está inserida. Para termos uma noção, em Portugal, um par de sapatos Aerosoles ronda os 50 euros, o que é aceitável tendo em conta os materiais utilizados, o conforto e a notoriedade da marca.

Distribuição:

A Aerosoles controla exaustivamente todo o seu processo de distribuição, pelos vários países onde comercializa os seus produtos. A empresa aposta num investimento permanente em Sistemas de Informação e Comunicação que permitem melhorar a logística do grupo e, consequentemente, os serviços que presta.

A distribuição é feita através da presença em inúmeras feiras, pela sua vasta rede de lojas exclusivas e pelos 7000 pontos de venda.

Comunicação:

A marca aposta numa forte comunicação a todos os níveis: B2B, corporativa, com os distribuidores, institucional e do produto. O marketing *Business to Business* é feito através da participação em feiras, em vários países. Só em 2008, a Aerosoles esteve presente em nove feiras, nomeadamente Moscovo (25 a 28 de Março) e em Paris (30 de Março a 1 de Abril). Para além das feiras, a marca aposta igualmente em catálogos com os seus produtos, direccionados ao mundo empresarial, bem como demonstrações da flexibilidade do sapato Aerosoles.

Para promover a marca no mercado B2C, recorre-se à presença na Internet com *sites* em várias línguas para alcançar o máximo de público possível. A edição de magazines ou a introdução de artigos sobre a marca em revistas locais são outras das estratégias utilizadas.

Não esquecendo um público muito importante, a Aerosoles promove também uma boa comunicação com os seus distribuidores através de frequentes apresentações das novas colecções.

Por fim, a comunicação do produto é trabalhada de forma estratégica e exaustiva, isto é, os sapatos da marca estão presentes, de forma bastante atractiva, nos catálogos distribuídos, *moopies*, revistas locais e na Internet. O *sponsoring* é mais umas das formas que a marca não dispensa, mais recentemente o patrocínio da delegação portuguesa nos Jogos Olímpicos de Pequim (a Aerosoles apresenta o sapato oficial da Delegação).

Plano de Internacionalização

Para aumentar a presença nos mercados onde já estão estabelecidos, o objectivo é aumentar o número de lojas e locais de venda, tanto por lojas próprias como *franchising*. É o caso da Alemanha, onde a marca pensa abrir mais 20 novas lojas, bem como no Médio Oriente, começando pelo Dubai e Ryadh. E ainda, a abertura de uma fábrica na Índia para tirar partido do aproveitamento de outras fontes de abastecimento, de matéria-prima e mão-de-obra mais baratas e de preços mais acessíveis.

A Aerosoles entrou em força no mercado italiano com a abertura, em simultâneo, de três lojas exclusivas – *Via Dante, Corso Venezia e Corso Buenos Aires*. Um importante passo, com vista à expansão da marca neste país é reforçar a crescente notoriedade que a marca vem adquirindo, ao longo dos anos, ao lado dos grandes nomes da moda italiana e internacional. A abertura de lojas é feita ao lado das marcas de luxo e no principal itinerário de compras de Milão que se poderá encontrar as primeiras lojas exclusivas da Aerosoles, em Itália. Pretende-se assim continuar expansão em Itália para o sul com a abertura de 30 lojas até 2010.

Na Polónia, um mercado dominado por "modernos centros comerciais" onde as lojas de calçado são inúmeras, não é fácil a uma marca nova impor-se. Para contornar a feroz concorrência, "numa primeira fase, assumimos uma cooperação com clientes mais importantes, de maior visibilidade...". Aos poucos, ganhando visibilidade e notoriedade no competitivo mercado polaco. Este país do leste europeu está a revelar ser uma aposta ganha pela Aerosoles e promete ser uma mais-valia para os consumidores desde mercado.

Conclusões

O processo de internacionalização de uma marca é bastante complexo. Há que ter em conta os objectivos da empresa, o produto que queremos comercializar, as especificidades de cada mercado e ainda as tendências do sector.

A Aerosoles é sem dúvida um exemplo de sucesso no campo da internacionalização e reconhecimento da marca. Dirigida e impulsionada por um grupo português, a marca conseguiu estabelecer-se em mercados distintos e espalhados por todo o mundo.

Com um produto de elevada qualidade, a Aerosoles é, hoje em dia, uma marca de referência mundial no sector do calçado.

Bibliografia

Relatórios da empresa

Sites:

www.aerosoles.pt; www.aerosoles.com; www.aerosoles.eu

ANEXO

1. Processo de fabricação:

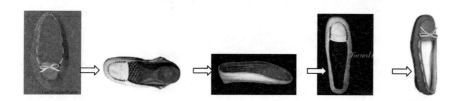

2. Organização do Grupo Investvar – empresas associadas e sectores de actuação:

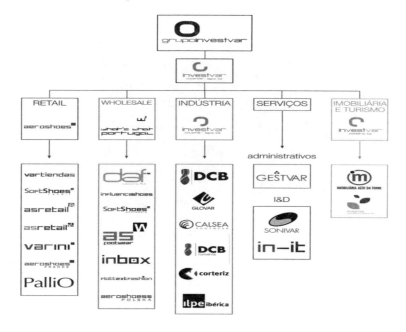

3. Vendas Aerosoles:

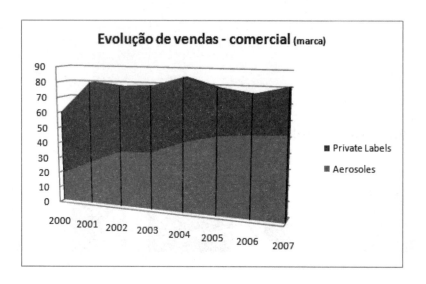

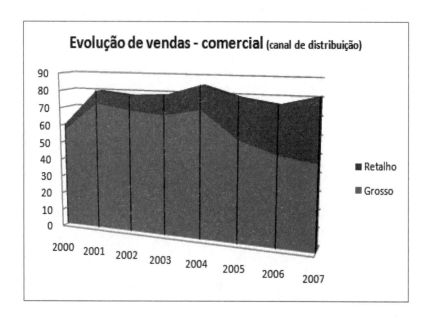

4. Rankings:

PRINCIPAIS PAÍSES PRODUTORES DE CALÇADOS

Milhões de pares	1994 Pares	2004 Pares	Variação %
CHINA	3.750	8.800	135
ÍNDIA	540	850	57
BRASIL	590	750	27
INDONÉSIA	436	564	29
ITÁLIA	471	281	-40
VIETNÃ	135	445	230
TAILÂNDIA	350	260	-26
PAQUISTÃO	175	250	43
FRANÇA	155	53	-66
PORTUGAL	110	86	-22
ESPANHA	190	147	-23
REINO UNIDO	106	16	-85
EUA	234	35	-85
JAPÃO	245	102	-58
Sub-Total 14 países	7.487	12.639	69
Demais	2.269	1.751	-23
Produção Mundial	9.756	14.390	47

PRINCIPAIS PAÍSES IMPORTADORES DE CALÇADOS

Milhões de pares	1994 Pares	2004 Pares	Variação %
EUA	1.426	2.124	49
ALEMANHA	386	412	7
JAPÃO	339	519	53
FRANÇA	244	345	41
REINO UNIDO	216	391	81
ITÁLIA	128	311	143
ESPANHA	47	190	304
RÚSSIA	0	170	
CANADA	87	130	49
AFRICA DO SUL	36	121	236
Sub-Total 10 países	2.909	4.713	62
Demais	2.257	3.943	75
Total Mundial	5.166	8.656	68

328 | Estratégia de Marketing Internacional

5. Retalho, Grosso e Instalações de produção:

Rede de Retalho

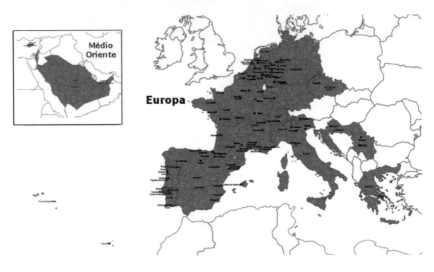

Distribuição por Grosso

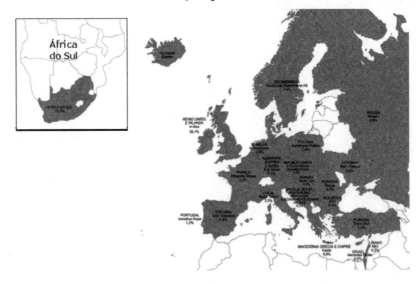

Produção e Desenvolvimento

▲ Research Development
Itália, Portugal

● Production Centers
Portugal, Brasil, Roménia, Índia e China

■ Raw material production
Portugal, Itália, Argentina, Índia, China e Brasil

8.3. Caso Empresa Logoplaste

Teresa Correia de Lacerda, Delmar Sábio, Pedro Ferreira da Costa, Ricardo Casanova, Guilherme Ramalho (2008), Trabalho de Pesquisa para Marketing Internacional, Mestrado Marketing, ISEG.

Descrição da empresa e perspectiva histórica

A Logoplaste é uma empresa Portuguesa e a sua sede está localizada em Cascais – Portugal. Actualmente, tem 51 unidades fabris – UIPs (Unidades Integradas de Produção) espalhadas por 11 países, concretamente, em Portugal, Espanha, Brasil, Reino Unido, França, Itália, Áustria, República Checa, Canadá, EUA e Holanda. Sendo o peso dos mercados internacionais muito significativo, cerca de 80% das vendas.

A facturação foi cerca de 240 milhões de euros e produziu 6.400 milhões de embalagens, em 2007. As previsões apontam para um crescimento anual na ordem de 19% e deverão atingir os 500 milhões de euros, em 2012.

A Logoplaste, fabricante de embalagens plásticas, foi fundada em 1976. Através da sua primeira parceria com a Yoplait, introduziu um conceito inovador de unidade integrada (*"Hole in the Wall"*) que, consistia na instalação da fábrica dentro das instalações do cliente (*"in-house"*). Com este conceito, a Logoplaste estabelece um acordo de parceria de médio a longo prazo (entre 5 a 10 anos) com os seus parceiros, o que lhe permite efectuar a ligação absoluta com a *"supply chain"* destes e a entrega *"just--in-time"* das embalagens.

O investimento nos equipamentos da fábrica é assegurado pela Logoplaste, assim como a gestão de toda a produção, incluindo recursos humanos e matérias-primas. Correspondendo a uma absoluta adaptação da subsidiária fabril a cada cliente específico.

A Logoplaste tem como principais categorias de produto;
- Alimentar e bebidas – embalagens para águas, bebidas gaseificadas e não gaseificadas, leites, iogurtes, sobremesas lácteas, misturas solúveis, óleos alimentares,
- *Body care* – embalagens para produtos dietéticos,
- *Home care* – embalagens para produtos de limpeza e detergentes,
- Lubrificantes.

A Logoplaste escolhe os segmentos de mercado de acordo com os seguintes critérios;
- Empresa multinacional e líder de mercado,
- O volume de vendas da empresa deve ser superior a 5 milhões de euros ou 60 milhões de embalagens por ano.

Os projectos não são viáveis, ou seja o *payback* do projecto não é possível num prazo inferior a 5 anos, se os critérios acima referidos não forem cumpridos. A Logoplaste experienciou casos em Portugal e Itália, onde os critérios mínimos não foram cumpridos e tiveram de proceder à resolução do contrato com os seus parceiros. Actualmente, recusa relacionamentos com potenciais parceiros que não cumpram os critérios acima referidos.

Os parceiros da Logoplaste têm mantido uma grande estabilidade de relacionamentos, como se pode verificar no Quadro 8.2. Adicionalmente, podemos concluir que a abertura de novas UIPs (Unidades Integradas de Produção) tem sido feita, predominantemente, em parceiros já existentes, ou seja o seu plano de expansão tem sido concretizado junto de subsidiárias de parceiros já existentes.

Quadro 8.2 – Os Parceiros da Logopaste

Parceiros	Ano	Parceiros	Ano
Nestlé	1976	Candia	1997
Yoplait	1976	Procter & Gamble	1998
Central de Cervejas	1980	Lactalis	2000
Unicer	1983	Exxon Mobil	2002
Coca Cola	1989	Arla Foods	2003
Unilever	1993	DM	2004
Danone	1994	Sunny D	2004
Lactogal	1994	Olma	2005
Nutrinveste	1997	Ipiranga	2006
Reckitt Benckiser	1997	HJHeinz	2007

Fonte: *Logoplaste (2008).*

A Logoplaste tem 1220 colaboradores de 8 nacionalidades diferentes e representativas de 4 continentes, com uma média de idades de 35 anos.

Os responsáveis pelas decisões de internacionalização na Logoplaste são Filipe de Botton (50 anos), sócio fundador e Vice-Presidente (filho do fundador Marcel de Botton) e Alexandre Relvas (52 anos), CEO. A família de Filipe de Botton de origem judaica deixa Portugal na altura da Inquisição, segue para Espanha e daí para a Holanda, onde é forçada a novo êxodo já no início do século XX, desta vez para o Brasil, onde nasce o pai Marcel. Filipe nasce em Lisboa, com dupla nacionalidade e admite que a história da família ajudou à sua capacidade de adaptação. Alexandre nasce em Luanda e conhece Filipe na Universidade Católica, onde ambos se licenciam em Gestão de Empresas. O espírito empreendedor dos dois desenvolve-se cedo com a criação de um negócio na área financeira, que viriam a vender cerca de 10 anos mais tarde. É então que Filipe entra na Logoplaste e convida o seu colega e amigo. São ambos fluentes em inglês.

Sector de actividade

O sector na Europa tem vindo a aumentar a sua importância, desde a década de 90, sendo o principal material de embalagem usado, com uma quota de 38% e facturação total de 140 mil milhões de euros. A Europa é o segundo maior produtor a seguir aos EUA, tendo mais de 39.000 empresas, maioritariamente PMEs e emprega mais de um milhão de trabalhadores. No entanto, o peso das exportações do sector na Europa tem vindo a cair, de 62% para 48%, enquanto países como a China aumentaram a sua quota de exportações mundiais, tendo atingido 21%, em 2001.

Desde a 2ª guerra mundial, que a indústria do plástico tem-se desenvolvido e crescido rapidamente, sendo o factor chave para essa evolução a sua versatilidade pois o plástico pode ser utilizado das mais diversas maneiras desde armazenamento de água, integração de componentes de automóveis, tubagens, embalagens de alimentos e até filmes, tendo contribuído assim fortemente para uma melhoria da qualidade de vida.

O plástico por ser muito barato é assim extremamente viável economicamente (calcula-se que 1000 sacos plásticos pesam 7 vezes menos e ocupam 7 vezes menos espaço que 1000 sacos de papel). No entanto, com as recentes subidas do preço do petróleo, o seu preço tem aumentado drasticamente. O petróleo é um recurso natural limitado e esta é uma grande desvantagem do plástico.

Portugal é um país que ocupa lugar de destaque a nível mundial, no sector da indústria de moldes de plástico. Multinacionais de grande dimensão têm vindo a seleccionar empresas portuguesas para fabrico dos seus moldes, destinado a alguns produtos de marcas de renome. Em 2003, as exportações atingiram cerca 90% da produção nacional, sendo a indústria automóvel a principal a utilização de moldes.

As fábricas de moldes portuguesas situam-se na Marinha Grande e em Oliveira de Azeméis, tendo Vila Nova de Famalicão destaque particular transformando borracha na produção de pneus e câmaras-de-ar.

As matérias-primas plásticas mais utilizadas pela indústria nacional de fabrico de objectos plásticos são os polietilenos, polipropilenos, poliésteres e policarbonatos, e PVC e afins.

Classificação da empresa em função da sua internacionalização

O conceito de unidade integrada desenvolvido pela Logoplaste favorece a replicação do modelo relacional noutros mercados, o que vai sustentando a sua expansão internacional.

Os principais recursos da Logoplaste, numa perspectiva da teoria RBV (*Resource-Based View*), referentes a cada projecto são;
- Activos dedicados – equipamento colocado nas instalações do cliente,
- Localização – nas instalações do cliente,
- Técnicas utilizadas – técnicas desenvolvidas e aplicadas aos processos fabris que se iniciam com o *design* das embalagens,
- Recursos Humanos – qualificados e com formação específica.

Centralmente, a Logoplaste dispõe também de uma "excelente equipa humana, uma organização de total delegação e uma cultura de enorme flexibilidade" segundo Filipe de Botton, Director Geral da Logoplaste (entrevista Revista Essential).

Efectivamente, como principais *core competencies* da Logoplaste podemos apontar;
- *Know-how* – domínio da tecnologia de produção de embalagens,
- Prestação do serviço completo personalizado – concepção, produção, controlo de qualidade e consultoria técnica,
- Conceito inovador de *outsourcing* estratégico,
- Reputação e credibilidade da empresa – clientes multinacionais líderes nos sectores de mercado.

Estes pontos fortes permitem a criação de valor, são raros, são difíceis de imitar e de substituir pela concorrência, e permitem o acesso a novos mercados, de acordo com a metodologia VRIO Valor, Raro, Inimitável, Organização (Prahalad e Hamel, 1990), dentro da teoria RBV, constituindo uma verdadeira base de vantagens competitivas sustentáveis para a Logoplaste.

O modelo de negócio que é replicado nos outros países tem como principal explicação, segundo Alexandre Relvas, Director Geral da Logoplaste, "a necessidade de crescer para não desaparecer (...) a dimensão neste sector é um factor gerador de competitividade."

A estratégia de crescimento da Logoplaste fundamenta-se no modelo matriz produto/mercado de Igor Ansoff, em Fig. 8.1.

Figura 8.1 – Estratégia de Crescimento da Logoplaste

A estratégia de crescimento da Logoplaste tem seguido várias etapas:

1. Desde 1976 – **Penetração no mercado**: atracção de clientes multinacionais com unidades em Portugal, sector dos lacticínios com a Yoplait, Danone e Lactogal;
2. Desde 1980 – **Desenvolvimento de Produto**: através de I&D, introdução de embalagens para outros sectores: bebidas, com a Central de Cervejas e a Unicer; Home Care com a Unilever e a Reckit Benckinser e Lubrificantes com a Exxon Mobil e Body Care com a DM;
3. Desde 1994 – **Desenvolvimento de Mercado**: entrada no mercado espanhol e seguidamente noutros mercados geográficos;
4. Recentemente – **Diversificação e Integração Vertical**: Integração vertical a montante e a jusante (consórcios de compras, produção de pré-formas, de moldes, Logoplaste Technology (I&D) e Logociclo (sistemas de reciclagem).

O processo de internacionalização, no caso da Logoplaste, iniciou-se apenas, em 1994, com a abertura de uma unidade fabril nas instalações da Nestlé. No entanto, a decisão de se internacionalizar foi tomada no início da década de noventa, com a contratação de um representante para efectuar o estudo de mercado na Alemanha. Este investimento inicial não teve qualquer retorno e meses mais tarde a empresa abandonou a entrada neste mercado. A falta de apoio das entidades portuguesas, a dificuldade de obtenção de informação e o difícil acesso aos clientes foram decisivos para a saída.

Deste modo, a Logoplaste alterou por completo a sua estratégica de entrada em novos mercados. Começou a capitalizar o seu relacionamento com os parceiros referidos no Quadro 8.2, utilizando de acordo com Nevado (2005) a plataforma seguinte para a sua internacionalização.

Figura 8.2 – O Cliente Local Como Centro Local Estratégico

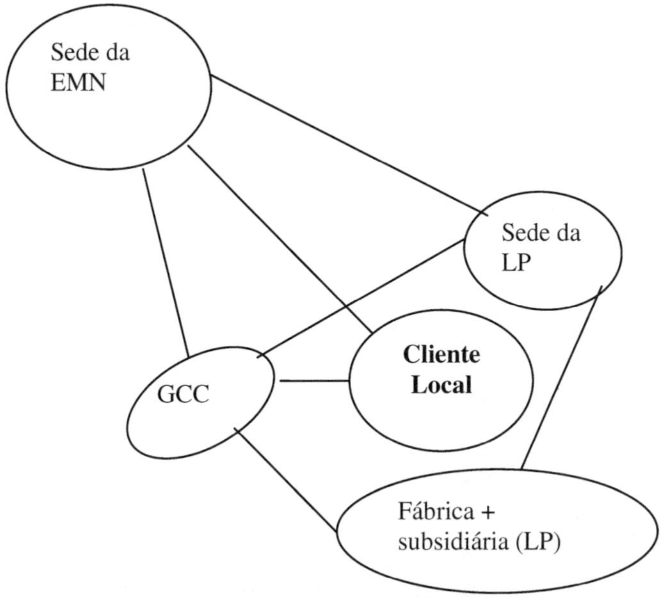

Fonte: *Nevado (2005)*.

O departamento de marketing da Logoplaste está dependente do centro local estratégico do cliente, sendo o GCC (Gestor de Conta Chave), o coordenador das pequenas redes criadas com o cliente e por outro lado a Sede da LP (Logoplaste) também interage de várias formas com as redes. Os gestores de topo da Logoplaste contactam os clientes directamente, numa base regular, de forma a monitorar a sua satisfação. Deste modo, fazem uma gestão da sua imagem e do seu poder negocial junto das Sedes das EMNs (Empresas Multinacionais) de forma a terem um centro de marketing estratégico nas instalações do cliente. Este relacionamento privilegiado permite aceder a novos *bids* e propostas lançados pelos seus parceiros ou a convites directos para a abertura de UIP por parte dessas multinacionais. Como os seus clientes são globais, a Logoplaste acompanha a sua estratégia internacional.

Podemos referir que a perspectiva da empresa, a nível da sua internacionalização, é uma perspectiva global. A sua presença mundial está dependente da localização dos seus segmentos de mercado alvo e a estratégia de *marketing-mix* pode-se considerar estandardizada, com pequenas adaptações. A esta perspectiva corresponde uma orientação geocêntrica, em que os gestores da empresa têm uma visão global e escolhem segmentos de mercado que são transversais e com presença internacional.

Cronologia Internacional:

1994 – A Logoplaste internacionaliza-se em Espanha, com águas minerais.
1995 – Arranque da operação brasileira com produtos lácteos.
1997 – A Logoplaste entra no mercado francês com uma unidade integrada para bebidas gaseificadas.
1998 – Instalação, de uma fábrica de sumos naturais, em Barcelona, Espanha.
2000 – Uma fábrica complexa, incorporando injecção e sopro de pré-formas PET é instalada perto de Londres, produzindo garrafas de detergente para lavagem manual para toda a Europa.
2002 – Arranque do fabrico de embalagens assépticas para leite UHT em França e de embalagens de grande dimensão para óleos lubrificantes no Brasil.
2003 – Arranque das operações em Itália, com a instalação de uma fábrica de produtos de limpeza doméstica.
2004 – Arranque das operações em Leeds, fabricando garrafas para uma das mais modernas fábricas de leite fresco da Europa.
2005 – Arranque das operações na Europa Central (Áustria e República Checa). Instalação, em Espanha, de uma fábrica de óleo alimentar.

2006 – Logoplaste inicia as operações na América do Norte, produzindo garrafas e iogurte líquido no Canadá, e garrafas de óleo alimentar nos E.U.A.
2008 – Na Holanda, uma nova unidade inicia a produção embalagens PET para molho *ketchup*.

O modo de entrada escolhido tem sido o IDE de duas formas;
- Construção de raiz nas instalações dos parceiros,
Ou
- Adquirir fábricas próximas dos parceiros (estratégia *nearby*) – a Logoplaste adquiriu duas unidades fabris à Tetra Pak no Reino Unido e duas unidades à Elopak na Áustria e Rep. Checa.

Estratégia – estandardização ou adaptação

Os mercados mais importantes da Logoplaste são: Brasil (1995) e Reino Unido (2000) onde têm, respectivamente, 10 e 6 unidades fabris.

Brasil
A Logoplaste ocupa o primeiro lugar no 'ranking' no sector da transformação de plásticos rígidos. Apesar de contar já com uma presença longa naquele país, só nos dois últimos anos é que conseguiu retirar lucros da operação brasileira, recuperando igualmente o investimento de 50 milhões de euros que fez nas várias fábricas que possui, espalhadas por diversos Estados brasileiros.

A Logoplaste Brasil tem dez fábricas no Brasil e as mesmas têm ligações às mais diversas empresas, como a Nestlé, a Danone, a Reckitt-Benkiser, a Itambé, a Mobil e a Ipiranga. Destas fábricas, que geraram um volume de facturação de 60 milhões de euros no exercício passado, duas estão no Estado do Rio de Janeiro, outras três em Minas Gerais e as restantes cinco em São Paulo.

Apostando no crescimento orgânico, o grupo conta com 400 funcionários no Brasil.

A gestão dos negócios no Brasil está entregue a três administradores. Carlos Reis, Eugénio Barroso e Maria Valéria Junqueira são responsáveis por toda a estratégia. Dos três, os dois primeiros são portugueses e a gestora Valéria é brasileira. Carlos Reis é gestor e possui um MBA, estando há 11 anos na Logoplaste. Eugénio Barroso é engenheiro técnico de electricidade e entrou na empresa há 21 anos. Valéria juntou-se ao grupo Logoplaste em 2005 e tem um MBA em Finanças.

Como principais objectivos estratégicos, a Logoplaste tem a entrada nas unidades fabris das multinacionais que são já suas parceiras e por outro lado estuda a possível entrada nos mercados do México, Chile e Argentina a partir da base no Brasil.

Análise SWOT (Brasil)

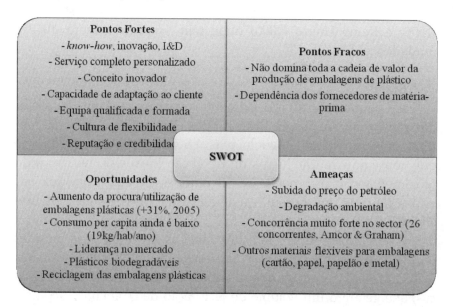

Reino Unido

O investimento da Logoplaste no mercado inglês prende-se sobretudo com a parceria com a Arla Foods e o desenvolvimento de embalagens inovadoras no mercado.

Investiu cerca de 30 milhões de euros na aquisição das duas unidades fabris da Tetra Pak e definiu como objectivos estratégicos a entrada em parceiros como por exemplo a Procter& Gamble e a Arla Foods.

Análise SWOT (Reino Unido)

Pontos Fortes
- *know-how*, inovação, I&D
- Serviço completo personalizado
- Conceito inovador
- Capacidade de adaptação ao cliente
- Equipa qualificada e formada
- Cultura de flexibilidade
- Reputação e credibilidade
- Custo de produção reduzido
- Processo mecanizado, redução nos custos de mão de obra

Pontos Fracos
- Não domina toda a cadeia de valor da produção de embalagens de plástico
- Dependência dos fornecedores de matéria-prima
- Depedência de apenas um material de embalagem (plástico)

Oportunidades
- Exploração de outros sectores alimentares que ainda não utilizam embalagens de plástico, como o sector do azeite
- Consumo per capita ainda está abaixo dos EUA (27g/hab/ano)
- Maturidade do Mercado e os valores que envolve, permitem uma inovação constante.
- Novos materiais de plástico que visam principalmente a redução de custos (permitindo maiores margens) e preocupação ambiental
- Desenvolvimento de novas embalagens bio-degradáveis
- Federação de plástico consolidada e poderosa (British Plastic Federation – BPF)

Ameaças
- Impacto ambiental do plástico que permite o aparecimento de novos materiais de embalagem como é o caso da Tetra Pak
- Devido aos grandes investimentos que o mercado Inglês requer a Logoplaste está muito dependente do sucesso dos seus parceiros
- Concorrência intensa, (36 empresas) perigo de apropriação do negócio
- Subida do preço do petróleo
- Maturidade do mercado
- Degradação ambiental

Em ambos os mercados podemos referir que o grau de estandardização do *marketing-mix* é o seguinte:
- Produto – estandardizado por sectores no processo de fabrico e tipo de embalagens mas com algum grau de adaptação em função das necessidades dos clientes.
- Preço – política de *open book*, i.e. é adaptado em função da cadeia de valor do cliente.
- Distribuição – adaptada ao cliente, i.e. é feita nas instalações do cliente, *just-in-time*.
- Comunicação – centralizada no HQ na Logoplaste nos responsáveis pelo processo de internacionalização e feita numa base *one-to-one*.

No mercado B2B, tendo como clientes grandes multinacionais, dado que estas têm um poder negocial muito forte, as variáveis: produto, preço e distribuição estão muito dependentes dessa interacção entre a Logoplaste e os seus clientes. A variável que consegue controlar melhor é a comunicação, pelo facto de estar centralizada.

Plano de Internacionalização

A Logoplaste tem intenção de entrar em vários novos mercados, nomeadamente:
Europa do Leste, Rússia, América Latina (a partir do Brasil), Extremo Oriente (estão a abrir neste momento uma fábrica na Malásia) e Angola (com algum cuidado).

Estímulos
- Muita da estratégia de internacionalização passa por seguir os seus parceiros actuais para novos mercados, isto possibilita uma entrada mais segura.

Obstáculos
- Falta de conhecimento de alguns mercados, necessidade de contratar especialistas, comprar estudos de mercado.
- Falta de apoio do Governo Português em especial do AICEP que não oferece qualquer dado sobre os países para onde a Logoplaste se pretende expandir.
- Em países em desenvolvimento existe pouca qualificação de Recursos Humanos e assim é necessário investir na sua formação.
- Nível de desenvolvimento tecnológico de certos países emergentes é ainda demasiado baixo, o que significa mais investimento.
- Adaptação à cultura do país.

Conclusões

O caso da Logoplaste constitui um caso interessante de internacionalização, pelo facto de, apresentar as peculiaridades do mercado B2B. A visão global que os gestores da internacionalização da Logoplaste apresentam sobre os seus segmentos de mercado permitiram à empresa aproveitar as oportunidades que foram surgindo, tirando partido das suas vantagens competitivas.

Bibliografia

ANSOFF, H.I. (1957), Strategies for Diversification, *Harvard Business Review*, Set.-Out., V.35, Nº 5, pp. 113-125.

FERREIRA, M.P.; ESPERANÇA, J. e LOPES, M. (2002), *Modelos de Crescimento e Governação das Transacções no Sector das Embalagens: Três Casos Portugueses*, Revista da Faculdade de Economia da Universidade de Coimbra, Nº 16, Outubro.

Ferreira, M.P.; Serra, F.R. e Leite, A. (2007), *Governance Models in Mature Industries: Case Studies of Three Portuguese Packaging Firms*, Working Paper Series, 5, July, Instituto Politécnico de Leiria.

Logoplaste, *Corporate Presentation*, (October, 2006).

Prahalad, C.K. e Hamel, G. (1990), The core competencies of the corporation, *Harvard Business Review*, 68 (3), pp. 79-91.

Nevado, Pedro (2005), *Integrative Control: Awakening a Sleeping Giant*, ISEG, CEDE-Research Centre.

Santos, A. S. F.; Agnelli, J. A. M. e Manrich, S. (2004), *Tendências e desafios da reciclagem de embalagens plásticas*. Polímeros, Out/Dez. Vol.14, Nº 5, pp. 307-312.

SESSI – Ministère de l'Economie, dês Finances et de l'Industrie (2004), *The plastics processing industry in Europe – Cooperation and Internationalization*, Le 4Pages des statistiques industrielles, Nº 189. Maio.

Sites:
www.logoplaste.com

Entrevista:
Dia 18 de Abril de 2008 – Dr. Carlos Bleck Director de Novos Projectos da Logoplaste.

8.4. Caso Empresa Renova

Joana Oliveira, Teresa Mourão-Ferreira e Vera Ferraz da Costa (2008), Trabalho de Pesquisa para Marketing Internacional, Mestrado Marketing, ISEG.

Introdução

A Renova é um inegável caso de sucesso de empresas portuguesas com operações além fronteiras. Privilegiando a inovação, a qualidade, o desenvolvimento, a investigação, o marketing e, claro, a entrada em novos mercados, a Renova é um verdadeiro *case study* nacional. Tem sido reconhecida, não só em Portugal como noutros países, como sendo uma das empresas portuguesas mais bem posicionadas no mercado europeu.

Em 2006, ganhou o prémio "Europaneidade" do *Best of European Business*, promovido pela Roland Berger, CNN, Universidade Católica e Jornal de Negócios. Um ano depois, foi considerada uma das "21 Empresas para o Século XXI" pelo jornal Expresso e, já em 2008, foi apontada como a "Empresa Mais Inovadora em Portugal" pela Startegos.

Mas, que empresa é a Renova? Quais as suas linhas de negócio, produtos e marcas? Como se organiza e com quantos trabalhadores conta? Qual o volume de vendas? Quem toma as decisões de internacionalização? A que sector de actividade pertence? E quais as tendências deste a nível internacional? Como foi a expansão da empresa no Mundo? Quais são os principais mercados em que opera? Que percentagem representam no total de volume de vendas da empresa? Que produtos vende no estrangeiro? Quais os objectivos estratégicos nos diferentes mercados? Que ameaças, oportunidades, forças e fraquezas enfrenta em cada país para que vai? Qual o *marketing-mix* da empresa? Quais os estímulos e obstáculos para aumentar o compromisso nos mercados em que actua e que planos existem de expansão para novos mercados?

Para a realização do trabalho foram consultados diversos documentos corporativos e artigos de imprensa sobre a empresa e efectuados alguns contactos com a Renova.

Breve descrição da empresa e breve perspectiva histórica

Embora a marca Renova tenha surgido em 1818, a construção da sua 1ª fábrica deu-se só em 1939. Efectivamente em 1939, inicia a produção de papel de embalagem, de escrita e impressão, lançando apenas em 1958 o primeiro rolo de papel higiénico Renova Super, o seu produto de maior sucesso até aos dias de hoje. A comercialização de *tissues* para uso doméstico e sanitário, lenços e guardanapos dá-se em 1961, altura em que a Renova vivia numa situação confortável de "monopólio" e não havia motivação para investir em I&D, porque tudo o que era produzido era comprado.

Na década de 80, aparecem novos *players*. A gerência vê-se obrigada a optar por, ou aumentar a capacidade instalada ou apostar no investimento em tecnologia para a produção de papel *tissue*, cujo mercado começava a crescer rapidamente. Apostaram na segunda hipótese e investiram numa segunda infra-estrutura fabril de grandes dimensões. A década de 90 é caracterizada pelo arranque da internacionalização, nomeadamente para Espanha, constituindo-se a Renova España SA, em 1990, ano em que se dá também início do grande investimento em reciclagem e integração com a natureza, fruto da consciência ambiental da empresa.

A Renova tem como principal filosofia "o novo bem-estar", e tenta transmitir uma imagem de inovação e qualidade. A empresa pretende que o público associe a marca à ecologia, relacionando-a directamente com a ideia "bem-estar em harmonia com a natureza". O negócio da Renova consiste, hoje, em produzir e comercializar produtos *tissues* e papel de impressão reciclado, engarrafar e comercializar águas e ser *broker* de marcas, criando um conceito e uma marca, e concedendo a sua produção a outras empresas (cosméticos, outros produtos sobre a marca *umbrella* Renova).

Os principais produtos da Renova são artigos descartáveis em papel, de uso doméstico e sanitário; papel higiénico, rolos de cozinha, guardanapos, lenços de bolso, lenços faciais, toalhas de mesa. A marca Renova está ainda presente em artigos de higiene feminina, toalhetes humedecidos, papéis de embalagem, papéis de impressão e escrita. Recentemente obteve a certificação ISO14001. Além da importância pela credibilidade que lhe confere, contribuiu para disciplinar a organização, trazendo outros valores à empresa.

A empresa conta com um volume de negócios que ronda os 122 milhões de euros e emprega cerca de 650 trabalhadores, sendo considerada uma empresa de média dimensão. As Direcções da Renova funcionam num espaço aberto, sem divisões, onde os colaboradores podem comunicar uns com os outros e com qualquer outro departamento. Ao nível da gestão de topo, todos os directores dos vários departamentos (de marketing, produção, manutenção, recursos humanos e departamento comercial e financeiro) reportam de modo directo à administração (organigrama em anexo). Contam ainda com a colaboração de informáticos, que prestam igualmente serviços para outras áreas da empresa, designers, que efectuam pesquisa de valores e responsabilizam-se pelos aspectos gráficos, e ainda *staff* de suporte.

Com capital 100% privado e uma capacidade de produção de 100 mil toneladas, a Renova tem duas fábricas em Torres Novas e armazéns em Lisboa e Porto. A sede fica no concelho de Torres Novas. Embora venda para 52 países diferentes, a nível internacional apenas está instalada com sucursais em Espanha, França e Bélgica.

O sucesso da internacionalização da Renova não teria sido possível sem a visão, *know-how* e persistência do seu presidente, Paulo Pereira da Silva. Chegou às instalações de Torres Novas, nos anos 90, após terminar a sua licenciatura em Engenharia, na Suíça. Passou por vários departamentos, integrou o conselho de administração e, em apenas dois anos, foi eleito CEO da Renova. Com um espírito inovador, pouca aversão ao risco, apetência pela mudança e grandes capacidades de gestão, tem merecido diversos prémios, nacionais e internacionais, que o reconhecem como um dos grandes presidentes da indústria portuguesa.

Sector de actividade

A Renova é a quinta maior empresa portuguesa do sector de papel e pasta de Papel (SPP). Esta indústria está presente em três áreas de negócio: papéis domésticos e sanitários, papel para embalagem, impressão e artes gráficas.

A actividade neste sector contribui fortemente para o crescimento da economia nacional, uma vez que é um sector exportador líquido, visto que as exportações são mais elevadas que as importações. O sector tem uma taxa de cobertura das importações em cerca de 40%, contribuindo assim positivamente para a Balança de Pagamentos. O SPP é o quarto sector exportador líquido na economia portuguesa, depois da indústria dos têxteis, indústria do couro e indústria das madeiras.

Em 2006[12], a retoma do consumo e dos preços da matéria-prima nos mercados internacionais tiveram um efeito muito positivo nos resultados das 44 empresas no SPP (5 na produção de pasta de celulose e 39 na produção de papel), com um aumento de 140%[13] nos lucros para 187 milhões de euros.

As exportações têm também vindo a aumentar ao longo dos últimos anos, contribuindo para o desempenho das empresas no sector. O mercado comunitário europeu é aquele que mais cresceu. Os principais destinos das vendas do papel e pasta de papel são os países europeus (Alemanha, Espanha e Portugal na pasta e Portugal, Espanha, Alemanha, França e Itália no papel). As duas

---

[12] Os números mais recentes divulgados pela Celpa (Associação de Indústria Papeleira) referem-se a 2006, sendo que os de 2007 estão ainda em análise.

[13] Note-se que os resultados líquidos dos anos anteriores, como em 2005 (78,2 milhões de euros), tinham sido pouco satisfatórios.

maiores empresas do sector em Portugal, a Portucel e a Altri, exportam entre 80% e 95% da sua produção.

Os dados recolhidos no primeiro trimestre de 2008, demonstram um crescimento acentuado do SPP nos cinco continentes. No mercado mundial, nota-se um aumento da procura de produtos do sector, muito impulsionada pela pressão da China. De acordo com dados do "Pulp Mill Whatch"[14], prevê-se que, até 2015, sejam construídas mais 30 unidades fabris de pasta de celulose, grande parte em países do hemisfério sul, por exemplo em Moçambique, que reúnem competências únicas, como recursos florestais vastos ou com grande capacidade de expansão, um alto ritmo de crescimento de eucaliptos, baixo custo de mão-de--obra, facilidades de escoamento de produto, isenções fiscais, regimes de propriedades agrícolas acessíveis,

A reputação internacional da Renova, catapultada por inovações como o papel higiénico preto, contribuiu para o aumento das suas exportações, que atingem metade dos 122 milhões de euros que factura. Actualmente, a Renova tem um posicionamento bastante curioso. A marca é percepcionada pelos consumidores não como pertencendo à indústria do papel mas como fazendo parte do sector dos bens de grande consumo. De facto, muitos dos desafios que enfrenta estão ligados ao marketing, à publicidade, às compras e vendas em supermercados e hipermercados e ao *merchandising*.

Classificação da empresa em função da sua internacionalização

A internacionalização é um dos pontos-chave do sucesso da Renova, a par da aposta em inovação e comunicação. Nas palavras de Paulo Pereira da Silva, CEO da Renova, "a internaciona-

---

[14] "Pulp Mill Whatch" é um observatório mundial da indústria da pasta e do papel de referência.

lização faz parte da estratégia das empresas de grande consumo, é quase uma questão de sobrevivência"[15].

Até ao final dos anos 80, a Renova ocupava, como referimos atrás, uma posição confortável de "monopólio" e não se sentia motivada a inovar ou a desenvolver novos produtos, pois a venda de todos os seus produtos estava assegurada. A chegada da concorrência directa de duas multinacionais norte-americanas (Scottex e Colloghar), levou os gestores da Renova a investir em investigação e desenvolvimento e a estudar a expansão de negócio para o estrangeiro. A empresa começou por exportar para a Andaluzia, um mercado semelhante ao português com grande potencial de crescimento.

Os resultados da primeira abordagem ao mercado espanhol não foram animadores, devido a uma estratégia mal definida e à fraca preparação da equipa. No entanto, a experiência contribuiu para a descoberta de uma poderosa fórmula para o sucesso: Em vez de realizar uma análise meramente geográfica, a empresa passou a dividir o mercado por insígnias e, por outro lado, começou a apostar em equipas de investigação com sólidos conhecimentos do mercado em que operam e em disciplinas como a física e a matemática.

Com o melhoramento dos seus procedimentos, a Renova rapidamente se apercebeu de que tinha capacidade para trabalhar em toda a Espanha. Procede à abertura de escritórios em Madrid, sendo criada, em 1990, uma nova empresa para operar neste contexto específico, a Renova España SA. Entretanto, o grupo chega à conclusão de que a maioria dos seus clientes em Espanha eram cadeias de distribuição francesas e, por isso, em 2002, inicia a sua actividade comercial em França. Dois anos mais tarde, entra também nos mercados do Benelux. Desde 2005, que a empresa comercializa para todo o Mundo um produto exclusivo e bastante inovador, o *Renova Black*. Este papel higiénico de cor

---

[15] Excerto retirado de entrevista a Paulo Pereira da Silva no programa Sucesso.pt, transmitido em 2007 pela Sic Notícias.

preta aumentou bastante a notoriedade da marca a nível mundial. Em 2009, existe um projecto de lançamento do *Diamond Roll*, um papel higiénico brilhante com um suporte de ouro com 148 diamantes incrustados, a marca pretende reforçar a sua presença nos segmentos *premium* dos principais mercados mundiais.

O processo de internacionalização da Renova é um verdadeiro *case study* de sucesso português[16]. Estes 18 anos de presença internacional contribuíram para o alargamento da área de actuação da Renova. Só na Europa, o seu mercado cresceu de 10 milhões para 120 milhões de pessoas. O mercado europeu é, hoje, responsável por 50% do volume de negócios da empresa. Em Espanha, tem uma quota de mercado de papel *tissue* de 6%, sendo líder no segmento dos guardanapos de papel. Em França, tem uma quota de 2% nesse segmento, estando presente em mais de metade dos canais de distribuição. Cerca de 3% dos colaboradores da Renova estão em países europeus que não Portugal.

Espanha, França, Bélgica e Luxemburgo são os principais mercados internacionais da empresa para o segmento de papel *tissue*. No segmento de produtos de valor acrescentado, a Renova é um fornecedor global, sendo os Estados Unidos o principal mercado, seguidos pela Europa, pela Rússia e Japão. Através do site da empresa são diariamente efectuadas diversas encomendas pelas cadeias de hotéis e lojas de decoração e design mais conceituadas do Mundo. A estratégia de ataque da Renova nos mercados para que exporta baseia-se na inovação e na proximidade com o cliente.

Hoje em dia, embora esteja cada vez mais próxima de uma perspectiva global, com oferta que pouco diverge de país para

---

[16] Têm sido atribuídos à Renova diversos prémios pela forma como actua no mercado mundial. Foi distinguida com o prémio Europaneidade do Best of European Business 2006, promovido pela Roland Berger, CNN, Universidade Católica e Jornal de Negócios, considerada uma das "21 Empresas para o Século XXI" pelo jornal Expresso (9 de Junho de 2007) e apontada como a "Empresa Mais Inovadora em Portugal" pela Startegos (2008).

país, a Renova é classificada como uma empresa multidoméstica. Adopta estratégias de penetração diferentes nos vários mercados, apresenta um plano de *marketing-mix* adaptado em cada um deles, aplica as práticas de gestão distintas, país a país – tem sucursais em alguns mercados, responsáveis por áreas geográficas definidas, e um agente nos Estados Unidos. No fundo, acaba por se notar pouca interdependência entre os países em que a Renova actua. Num artigo recentemente publicado na imprensa portuguesa, Paulo Pereira da Silva sublinha esta ideia: "Em Portugal somos portugueses, em Espanha somos espanhóis, em França somos franceses, na Bélgica somos belgas e no Luxemburgo somos luxemburgueses"[17].

A Renova começou por ganhar confiança nos mercados internacionais através de agentes. Depois, nomeou um técnico comercial para o mercado externo, recrutou um responsável local, com o qual celebrou uma relação contratual, e decidiu finalmente investir em filiais no estrangeiro.

Enquanto nos mercados europeus, a Renova tem como grande objectivo aumentar a quota de mercado no segmento de papel *tissue*, a nível mundial pretende tornar-se numa referência na oferta de produtos *premium*. No futuro, espera vir a aumentar o compromisso nos países em que se encontra e expandir-se para novos mercados.

Estratégia – Adaptação

Ao chegar a novos mercados, a Renova seguiu uma estratégia de adaptação, seguindo vários critérios: flexibilidade, conhecimento do país, mente aberta, humildade, capacidade da adaptação e integração no meio envolvente e liderança. Como referido no ponto anterior, de forma a obter resultados e concretizar

---

[17] Excerto do artigo "Inovar para o bem-estar", publicado num suplemento promocional da edição de Maio de 2008 da revista Exame.

objectivos a nível corporativo, a empresa preocupa-se com a adaptação cultural aos mercados em que actua. A adaptação permite-lhes adoptar estratégias de *marketing-mix* distintas em cada mercado, comunicando de forma diferenciada, embora tentando encontrar segmentos semelhantes, encontrado oportunidades para economias de escala. Os principais mercados internacionais da Renova são a Espanha, a França e Bélgica.

A entrada em Espanha foi essencialmente motivada pelo facto, de a empresa já ter alcançado uma posição de liderança no mercado português, no segmento do papel *tissue,* e à forte concorrência, resultado da liberalização iniciada com a adesão de Portugal e Espanha à CEE, em 1986. De meramente geográfica e pouco definida, com erros a nível do posicionamento (sem se diferenciar da concorrência) e da distribuição (acordos exclusivos com um distribuidor e investimentos exagerados em sub-marcas), a estratégia passou a basear-se na divisão do mercado por insígnias e na especialização das equipas. O centro de decisão no país passou para Madrid, o que permitiu que os produtos fossem colocados em mais pontos de distribuição a custos mais reduzidos. Hoje, os grandes objectivos estratégicos da Renova para Espanha são: manter a liderança no segmento dos guardanapos de papel e aumentar as suas quotas nos restantes segmentos do mercado de papel *tissue* (tal como referido no ponto anterior, actualmente a quota é de 6%).

Enquanto em Espanha os objectivos estratégicos se prendem essencialmente com o aumento do volume de vendas e, como consequência, com o crescimento das quotas de mercado, no outro lado do Atlântico o que a Renova pretende é dominar um nicho de mercado, o dos produtos de papel *premium*. A Renova chegou aos Estados Unidos, em 2005, com a comercialização on-line do *Renova Black*. A este papel higiénico, de cor preta, seguiu-se o lançamento de diversos produtos inovadores dirigidos ao mercado de luxo como, por exemplo, o *Diamond Roll*. Os principais hotéis e lojas de decoração e design norte-americanas mostraram-se bastante receptivos a estes produtos e a Renova ganhou notoriedade, passando a ocupar um lugar privilegiado no mercado deste país. Hoje, a empresa tem um agente nos Estados Unidos, que comercializa os produtos a nível local e desenvolve inúmeras acções de marketing junto de empresas e consumidores (como, por exemplo, a nível de *product placement* em programas de televisão).

Como se pode deduzir, a Renova encontra forças, fraquezas, oportunidades e ameaças distintas nos vários mercados em que actua. De seguida, apresentam-se duas análises SWOT para os mercados, espanhol e norte-americano:

ANÁLISE SWOT – ESPANHA

Forças
- Diferenciação do produto.
- Dinâmica de lançamento de novos produtos.
- Agilidade operacional e capacidade de resposta.
- Proximidade ao mercado.
- Presença nos principais distribuidores.
- Forte rede de fornecedores.
- Aposta na inovação, diversidade, diferenciação e qualidade dos produtos.
- Economias de escala e experiência.

Fraquezas
- A distância moderada entre o seu centro produtivo e o centro de distribuição.
- Custos acrescidos que advêm do ponto anterior.
- Possui menos poder financeiro e negocial que as suas concorrentes multinacionais.

Oportunidades
- Aposta em novos nichos de mercado, graças à notoriedade de produtos como o *Renova Black*.
- Apetência do consumidor por produtos ecológicos como o *Renova Green*.
- Possibilidade de extensão da sua actividade de *brokers* a outros produtos.
- Nova unidade fabril possibilita a entrada em grandes mercados.

Ameaças
- Entrada no mercado de produtos do Leste Europeu, com preços bastante competitivos.
- É um produto visto como simples *commodity*.
- Aumento da oferta de marcas de distribuição.

ANÁLISE SWOT – EUA

Forças	Fraquezas
• Soluções para nichos de mercado de tendências e design. • Dinâmica de lançamento de novos produtos. • Agilidade operacional e capacidade de resposta. • Associações da marca ao luxo e à exclusividade. • Importante presença no mercado de produtos *premium* de papel *tissue*. • Aposta na inovação, diversidade, diferenciação e qualidade dos produtos. • Economias de escala e experiência	• A distância elevada entre o seu centro produtivo e o centro de distribuição. • Custos elevados que advêm do ponto anterior. • Possui menos poder financeiro e negocial que as suas concorrentes multinacionais. • Falta de experiência em mercados com a dimensão dos Estados Unidos. • É ainda um produto visto por muitos como simples *commodity*. • Possui uma fraca rede de distribuição. • Tem ainda uma fraca experiência em mercados internacionais.
Oportunidades	**Ameaças**
• Aposta em novos nichos de mercado, graças à notoriedade de produtos como o *Renova Black*. • Apetência do consumidor por produtos ecológicos como o *Renova Green*. • Possibilidade de extensão da sua actividade de *brokers* a outros produtos. • Apetência dos consumidores por produtos oriundos de pequenos mercados.	• Possíveis associações negativas ao *made in Portugal*. • Risco cambial. • Crises como a do *subprime*, que diminuem o poder de compra dos consumidores.

As variáveis do *marketing-mix* da Renova são caracterizadas da seguinte forma:

a) **Produto**: O cliente alvo para os produtos de grande consumo é a mulher (quem decide a sua compra). A gama de produtos depende de critérios de segmentação comportamentais e psicográficos. Existem quatro gamas: alta, média, baixa e ecológica.

A gama alta é caracterizada pela inovação e *status*, dentro desta gama encontram-se três tipos de produto: o *Renova Fresh and Clean* (papel pioneiro na suavidade activa, com microdifusão), o *Renova Fragance* (papel com perfume) e o *Renova Progress* (papel anti-alérgico). A gama média é uma gama clássica que oferece o *Renova Super*, produto clássico com boa resistência e suavidade. A gama baixa é caracterizada pelo factor preço, oferecendo um produto primeiro preço, o *Olé*. Por fim, a gama ecológica oferece o *Renova Green*, uma nova gama de produtos em papel produzida com papel 100% reciclado. Todos os componentes (embalagem, plásticos) deste produto são obtidos de matéria-prima reciclável e os fornecedores são oriundos de um raio de 400 km, permitindo dessa forma menores custos de transporte e menos veículos a circularem e a emitirem gases poluentes. A grande vantagem é que, esta nova gama de produtos está à venda pelo mesmo preço do que os outros produtos da marca, não trazendo custos acrescidos para o consumidor final.

Com a preocupação constante pela inovação surgem duas recentes novidades da empresa: o papel higiénico locionado e o papel higiénico húmido, ou o papel de cozinha anti-bacteriano, que impede o desenvolvimento de bactérias e a formação de odores.

Ao pretender diferenciação a Renova preocupa-se com a estética e com a funcionalidade dos seus produtos, como exemplos temos: os guardanapos *"Art de la Table Gold"* que possuem uma micro-goufragem exclusiva para uma maior absorção, além de serem comercializados em cores elegantes como o salmão e o *bordeaux*, ou simplesmente brancos com uma decoração oriental; e os lenços de papel, indispensáveis às terríveis constipações. Além da utilização de imagens e formatos de embalagem que se dirigem a utilizadores específicos – senhoras, homens ou crianças – a empresa foi mais longe e incorporou a aromaterapia nos lenços.

A empresa tem também apostado no papel de impressão: *Renovaprinte*. Após um estudo de comparação da Proteste sobre papel reciclado, o *Renovaprinte* foi aconselhado como a escolha ideal pela revista da Deco.

Não esquecendo as águas, que são vendidas em dois tipos: *Gloria Patri* (água sem gás) e *Magnificat Azores* (naturalmente gaseificada).

b) **Preço**: O preço transparece os posicionamentos pretendidos pela Renova. Um factor condicionante prende-se com os custos de transporte, já que estes interferem com o preço final da gama média e baixa, retirando-lhes competitividade aos produtos básicos em mercados distantes.

c) **Distribuição**: A Renova está presente em hipermercados, supermercados, *hard discounts*, e *cash and carry*. O bom domínio do canal de distribuição está relacionado com a sua flexibilidade e capacidade de resposta ao cliente.

Os principais clientes são: em Portugal, a Auchan, Sonae e Jerónimo Martins; em Espanha, a Auchan, Carrefour, El Corte Inglês, Eroski; e em França, Carrefour, Auchan, Leclerc.

A empresa começa a entrar em vários mercados internacionais (EUA, Japão, por exemplo), graças à Internet, com o sucesso do *Renova Black*.

d) **Comunicação**: Como já referimos no ponto 1, a marca pretende associar-se ao conceito de bem-estar. Esta associação não é palpável, ou material, é subjectiva. Reconhecendo que a comunicação seria um factor importantíssimo para competir com os seus concorrentes, aumentado assim a venda dos seus produtos a empresa recorre aos serviços de prestigiados fotógrafos, tais como o da Calvin Klein, Peter Lindberg, Pedro Claúdio, Jean-François Jonvelle, François Rousseau, com o intuito de tratar da sua imagem (ver em Anexo as campanhas publicitárias). Foram já várias as campanhas e todas marcaram pela originalidade.

Outra das estratégias para chegar ao cliente foi o marketing directo. Transformaram alguns camiões em casas de banho e estacionaram-nos junto a praias no sul de Espanha. Os sanitários nas praias ou não existem ou estão em condições deploráveis e a Renova proporcionou assim a sensação de bem-estar que defende.

A estratégia de comunicação foi amplamente reconhecida pela imprensa internacional pela sua originalidade e eficácia. Mais recentemente, a Fox News emitiu uma peça sobre o novo papel higiénico preto. Os efeitos sobre a notoriedade da marca estão a ser avassaladores. Paulo Pereira da Silva, reconheceu que um dos principais trunfos da empresa Renova está na comunicação e que «a estrela da companhia, o papel higiénico preto, foi o produto que nos deu a porta de entrada para o mercado global enquanto marca». A Renova quer que os seus produtos "sejam tão divertidos como o Ipod".

Plano Internacionalização

A Renova não hesitou em iniciar um processo de internacionalização, pelas razões já referidas acima. Para aumentar o compromisso nos mercados onde já se encontra, tal como se expandir para novos mercados a empresa continua a apostar na inovação, preocupando-se seriamente com a capacidade de produção, com o cumprimento de prazos, e com a melhoria contínua da sua imagem, factores de sucesso relevantes em mercados internacionais.

Na sua estratégia no exterior a Renova defronta-se com três cenários: Crescer em volume, dominar um nicho de mercado e entrar em mercados novos.

Caso haja oportunidade de mercado e sucesso garantido ao entrar num novo mercado o primeiro e segundo cenários são considerados como estímulos essenciais à empresa. O primeiro cenário assume um lugar de relevo, uma vez que os nichos de mercado podem ser atacados pelas empresas de maior dimensão, consistindo num obstáculo relevante.

Os obstáculos mais relevantes a este plano de internacionalização da empresa são os seguintes: apostar em mercados maduros, competir com os líderes mundiais deste tipo de produto, os clientes a exigirem cada vez maior entrega valor e falta de notoriedade da marca principalmente nos novos mercados.

Bibliografia

CATEORA, P.R. e GRAHAM, J.L. (2007), *International Marketing*, McGraw-Hill International Edition, 13th edition, New York.

DUARTE, C. (2008), *Inovar para o bem-estar*, em Os portugueses que vão triunfar em Espanha, suplemento promocional da revista Exame, Edimpresa, NºMaio, p.4.

KEEGAN, W. e GREEN, M., (2008), *Global Marketing*, Prentice-Hall, 2nd edition, New Jersey.

PERALTA, H., (2007), *É preciso ter papel*, em Exame 500 Maiores e Melhores 2007, Edimpresa, edição especial, Nº Setembro, p.40.

ROUSSEAU, J. A., (2008), *Manual de Distribuição*, Principia, Lisboa,

Online:

http://www.renovaonline.net/
http://www.wellbeingworld.com/
http://renova.ficheirospt.com/news/20061023_%20Sol.pdf
http://renova.ficheirospt.com/news/20061018_JNegocios.pdf
http://www.celpa.pt/
http://www.a-plataforma.net/home/index.php?Itemid=93&id=369&option=com_content&task=view
http://www.dopapel.com/htm/reportagem/rep_renova.htm
http://www.camaraportuguesa.com.br/default.asp?pag=noticias&id_noticia=-197
http://www.metacafe.com/watch/1024697//
http://www.metacafe.com/watch/1024727//
http://www.metacafe.com/watch/1024734//
http://www.foxnews.com/story/0,2933,177367,00.html

ANEXO

1. Organigrama da empresa

Ilustração 2 – Organigrama da Renova

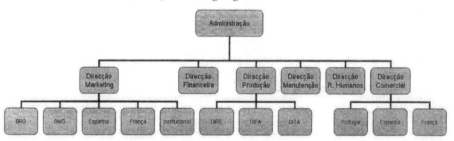

Nota: A empresa preocupa-se também com a gestão do desperdício. O Waste Killer Gang é responsável pela eliminação do desperdício e o TEF (Total Efluent Free) tem como missão racionalizar o consumo da água e garantir, através das mais modernas tecnologias, efluentes de qualidade. Por último, o grupo Waste Stock Exchange tem como objectivo gerir a bolsa interna de desperdícios. Regras e métodos de trabalho que se traduzem, por exemplo, na reciclagem de cerca de 40 mil toneladas anuais de papel.

2. Vendas das maiores empresas do sector da Pasta de Celulose e do Papel (2006)

As maiores

N.º de ordem	Exame 500	Empresa	Vendas 2006 *
1	23	Soporcel	617 033 687
2	34	Portucel	492 797 864
3	120	Portucel Viana	152 818 421
4	130	Celbi	145 926 088
5	194	Renova	101 097 446
6	323	Inapa Portugal	64 404 462
7	399	Fábrica da Boucinha	54 000 753
8	407	Caima Celulose	52 635 866
9	449	Celtejo	48 416 847
10	481	Antalis Portugal	45 415 626

Classificação das empresas por ordem decrescente de vendas.
* Valores em euros.

3. Indicadores sectoriais nacionais (2006)

4. Campanhas Publicitárias:

Campanha 1997/1998
Fotógrafo: Jean-François Jonvelle
Realização: Desgrippes&Gobé
Localização: Paris

Campanha 1999/2000
Fotógrafo: Peter Lindberg
Realização: Desgrippes&Gopé
Modelo: Rachel Roberts
Localização: Isla, Bahamas
Maquilhagem: Stéphane Marais

Campanha 2002/2003
Fotógrafo: Pedro Claúdio
Realização: Grey Home
D.A.: José Ricardo Cabaço
Modelo: Jeremy Boseman
Localização: Lisboa

Campanha 2003/2004
Fotógrafo: François Rousseau
Realização: Renova
Modelos: Amber&Tomas
Localização: Studio Sala, Paris
Maquilhagem: Axelle Dersin
Estilista: Fabrice Léonard

Campanha 2005/2006
Fotógrafo: François Rousseau
Realização: Rio de Janeiro, Brasil
Mais informação: www.amorcausa.com

8.5. Caso Empresa Bial

Yann Alves, David Dias, Henda Sangabi (2008), Trabalho de Pesquisa para Marketing Internacional, Mestrado Marketing, ISEG.

1 – Breve Descrição da Empresa e Breve Perspectiva Histórica

A Bial é uma empresa portuguesa de média dimensão, inserida na indústria farmacêutica, que foi fundada em 1924 no Porto, tendo seguido uma rápida evolução fármaco – terapêutica até às mais avançadas soluções tecnológicas dos nossos dias.

O nome Bial tem origem nos dois homens fundadores da empresa e cujo, o nome, começava por "Al". Em 1908, ainda na Farmácia do Padrão, no Porto, Álvaro Portela era, aos 14 anos, o paquete do senhor Almeida, o patrão. Foi esta sociedade entre os dois "Al" que acabou por estar na génese do nascimento da marca que hoje é conhecida um pouco por todo o mundo: Bial.

Algumas das empresas que operam em nome do grupo são: Laboratórios Bial, Medibial, Interbial, Bialfar, Bialport, Bial Aristegui, Medimport.

A competência técnica e científica, o profissionalismo e a dedicação dos colaboradores de Bial permitem colocar à disposição de todos os técnicos de saúde e de todas as pessoas produtos de qualidade. A evolução registada traduz a dinâmica de uma equipa altamente qualificada, com cerca de 65% de licenciados ou doutorados. Relativamente aos seus produtos, estes são medicamentos que se destinam aos profissionais de saúde e ao público em geral, onde os profissionais de saúde prescrevem ou recomendam e o público identifica-se como consumidor final.

Uma vez que este está directamente ligado à saúde das pessoas, a produção anual de milhões de embalagens de medicamentos e de vacinas é feita de acordo com os mais elevados níveis de exigência e padrões de qualidade.

A empresa actua em diversas áreas terapêuticas: sistema músculo-esquelético, sistema nervoso central, sistema cardiovascular, sistema respiratório, sistema digestivo e imunoterapia. Produz e comercializa fármacos inovadores e de grande qualidade entre os quais antibióticos, anti-inflamatórios, analgésicos, anti-asmáticos, anti-histamínicos, cardiovasculares, anti-depressivos, ansiolíticos, anti-anémicos, anti-ulcerosos, entre muitos outros.

Depois de conquistar a confiança de médicos, farmacêuticos e de cidadãos a empresa tem como grande desafio a internacionalização e investigação científica na área da saúde. Numa época caracterizada pela globalização, a dimensão internacional da Bial assume cada vez mais um papel importante nos objectivos estratégicos do grupo. Fazer parte do mercado global e responder às necessidades dos povos de um cada vez maior número de regiões do mundo é parte integrante do compromisso da Bial com a Sociedade. Os seus produtos estão distribuídos em 30 países localizados em 4 continentes, obtendo uma facturação de 150 milhões de euros no ano de 2007. A cobertura internacional da Bial podia levar-nos a considerá-la um grupo farmacêutico internacional. No entanto, o volume de negócios entre o mercado interno e o externo está distribuído em 70% e 30%, respectivamente, e o grupo só será de facto internacional quando as receitas exteriores forem superiores às facturadas no mercado interno. É este um dos desafios que se coloca ao presidente da empresa, aumentar significativamente as vendas no mercado externo, para poder considerar a Bial como uma empresa completamente internacionalizada.

O grande impulsionador do processo de internacionalização chama-se Luís Portela, tem 57 anos de idade, é licenciado em medicina pela Universidade do Porto e é o actual presidente do grupo. Luís Portela é líder dum grupo familiar cuja liderança lhe foi passada hereditariamente, conseguiu que a Bial tivesse a maior quota no mercado português, e com a intenção de satisfazer as necessidades de outros mercados decidiu apostar na internacionalização.

Chegou a exercer actividade clínica no Hospital de São João durante três anos. Mas a actividade familiar e o gosto pela gestão falaram de tal forma mais alto que, aos 27 anos já assumia a presidência dos laboratórios Bial, fundados pelo avô e onde hoje já trabalham dois dos seus filhos. Ao longo destes quase 30 anos, fez da Bial o maior grupo farmacêutico português e iniciou a sua internacionalização.

2 – Sector de Actividade

As actividades da Bial fazem parte do sector farmacêutico, e por isso, estão sujeitas à regulamentação por parte dos governos e instituições ligadas à saúde dos mercados onde vendem.

Desde o início dos anos 90 que se têm distanciado do conceito de simplesmente vender medicamentos e estão mais focados na prestação de cuidados farmacêuticos. Progressivamente, o focus será nos benefícios para a saúde e nas mais fundamentais vantagens económicas que advêm do facto de o farmacêutico abordar de forma estruturada a segurança dos utentes, reduzindo acontecimentos adversos tais como erros de dispensa ou a utilização inapropriada dos medicamentos, o que poderá em último caso, significar a hospitalização dos utentes.

O EPF (Fórum Europeu de Farmacêuticos) pode desempenhar um papel importante no debate e análise de novas iniciativas de segurança para os utentes em toda a Europa – ninguém está em melhor posição do que os próprios farmacêuticos para avaliar estas iniciativas e considerar qual será a melhor hipótese de sucesso na realidade da farmácia.

Relativamente aos concorrentes no âmbito internacional, destacam-se: a norte americana Pfizer empresa líder mundial com um volume de vendas que atingiu os 52.516 milhões de dólares em 2004; a inglesa Glaxo SmithKline, segunda maior na indústria farmacêutica mundial com um volume de vendas de 21,66 mil milhões de libras em 2005; a francesa Sanofi – Aventis que em 2005 facturou 27.311 bilhões de euros; a americana Johnson & Johnson; a alemã Merk; a suiça Novatis.

3 – Classificação da empresa em função da sua internacionalização

Dentro da sua estratégia de internacionalização a Bial, tende a posicionar-se como uma empresa global dentro da perspectiva académica de que a empresa procura comercializar os seus produtos, de modo a cobrir o mercado global, com ligeiros ajustes em termos de *marketing-mix* consoante os mercados escolhidos, tendo identificado vários segmentos semelhantes entre os mercados para a procura dos seus produtos. A Bial possui, também, dois centros de I&D, um na Trofa (onde se situa a sede da empresa) e outro em Bilbau (essencialmente dedicado a fabrico de vacinas e investigação em alergologia). Através dessa estratégia, a Bial procura rentabilizar os investimentos realizados em I&D, obter novos conhecimentos tecnológicos e de *know-how*.

A Bial começou a sua aventura internacional há cerca de 15 anos, onde estrategicamente iniciou o processo em países mais pequenos, poucos desenvolvidos e com baixa concorrência. Deste modo, adquiriu novas competências e experiências para de seguida conseguir entrar em mercados de maior dimensão. Citando o CEO da Bial, Luís Portela, "a internacionalização é feita de baixo para cima".

Consoante o potencial de cada mercado, a Bial tem estratégias de entrada diferentes. Para mercados relativamente menores, a empresa aborda uma estratégia de venda directa dos seus produtos, que é realizada através de representações comerciais. Temos os casos de países como a Republica Dominicana, Senegal, Haiti, Panamá ou Costa do Marfim (durante o mês de Abril de 2008, a Bial tinha um anúncio de emprego no seu site, com o intuito de recrutar licenciados na área de marketing, para estudar o mercado na Costa do Marfim) em que a Bial actua dessa forma.

Para mercados em que a concorrência é substancialmente maior e feroz, a farmacêutica opta por uma estratégia de licenciamento, o que lhe permite entrar em mercados em que dificilmente poderia aceder sozinha, de forma menos arriscada e dispendiosa. Temos o caso do contrato de licenciamento que a Bial assinou este ano com a farmacêutica Norte Americana, Sepracor, no sentido de desenvolver e comercializar o antiepiléptico (BIA 2-093) nos EUA e Canadá. Assim, a empresa de Luís Portela, poderá contar com a vasta experiência comercial no mercado farmacêutico Norte-americano da Sepracor, tornando-se assim uma mais-valia importante.

Como já foi referido no texto em cima, a Bial começou o seu processo de internacionalização há sensivelmente 15 anos. Iniciou a abordagem em mercados externos vendendo para os países africanos de língua Portuguesa (Moçambique) e para os africanos francófonos (Senegal, Costa do Marfim, etc). Posteriormente, a empresa foi para a América Latina (Panamá, Haiti, etc). De seguida para a Europa, para países como Chipre e Malta. Depois em 1998, adquiriram uma empresa farmacêutica espanhola, o que permitiu à Bial entrar no sétimo maior mercado mundial a nível farmacêutico. Assim, à medida que a Bial foi ganhando experiência internacional em mercados menos competitivos, foram procurando novas tecnologias para futuramente, se poderem apresentar em mercados mais competitivos.

Relativamente a estes mercados mais competitivos, a Bial pretende entrar no Extremo Oriente através de uma parceria com uma empresa japonesa, na Europa, mais precisamente em França, Alemanha e Dinamarca através de licenças semi-exlusivas, e na América do Sul nomeadamente Brasil e Argentina. Os objectivos principais prendem-se com o potencial aumento de quota de mercado, reaver o investimento realizado em I&D, obter recursos necessários no sentido de proporcionar um crescimento cada vez maior e sustentado.

4 – Estratégia da Bial

2 Mercados mais importantes: Estados Unidos da América e Canadá
Objectivos estratégicos para estes mercados;
1 – Lançamento do antiepiléptico,
2 – Tornar a Bial uma empresa internacional,
3 – Aumentar a quota de mercado.

Análise SWOT:

Forças da Bial

Encontra-se na vanguarda da investigação científica na área da saúde

Líder na inovação e qualidade

Profissionais qualificados – 65% dos seus trabalhadores têm formação universitária, o que é pouco vulgar em Portugal

Fraquezas da Bial

A marca de origem da empresa – Portugal, não tem notoriedade reconhecida internacionalmente como produtor de produtos farmacêuticos, podendo à partida criar associações pouco positivas na mente dos consumidores.

A dimensão da empresa ainda não lhe permite entrar de forma directa em mercados de grande dimensão, optando assim por licenciar as grandes empresas farmacêuticas.

Oportunidades nos Estados Unidos

Mercado de grande dimensão – aproximadamente 300 milhões de habitantes.

Grande poder de compra da população.

Mercado muito influente e que pode servir como uma rampa de lançamento importante para a Bial criar essa notoriedade sobrepondo a sua marca à marca de origem, o seu reconhecimento neste mercado, pode levá-la a entrar em outros mercados.

Consumo de medicamentos prescritos nos EUA tem vindo a aumentar – O número de utentes que tomaram apenas um fármaco prescrito aumentou de 67% em 2000 para 72% em 2006, sendo que o número de prescrições por pessoa subiu para os 14,3%, face aos 10,8% registados em 2000.

Grande sucesso no mercado norte-americano nas vendas do sector dos antiepiléptico, cerca de quatro mil milhões de dólares, em 2006[18].

Ameaças nos Estados Unido:
Pais muito vasto e com grande diversidade cultural,
Grande distância geográfica que separa EUA de Portugal
Alguma relutância dos americanos a produtos não nacionais
Forte concorrência

Oportunidades no Canadá
Mercado de grande dimensão apesar de não ter uma população muito elevada – aproximadamente 32 milhões de habitantes. O Canadá é o oitavo maior mercado mundial para a venda de produtos farmacêuticos, respondendo por 2% do total mundial das vendas.
Os EUA são o maior parceiro económico do Canadá
Proximidade dos EUA
Possui uma das maiores e mais desenvolvidas economias do mundo

Possíveis ameaças no Canadá
País muito vasto e com grande diversidade cultural
Grande distância geográfica que separa o Canadá de Portugal
Concorrência cada vez mais forte e feroz – com uma taxa anual de crescimento de 8%, o Canadá é o quarto mercado que cresce com maior rapidez no mercado internacional de produtos farmacêuticos.

---

[18] Revela um novo estudo elaborado pela Express Scripts.

Programa de *Marketing-Mix* para os EUA e Canadá

Produto

Acetato de eslicarbazepina – BIA 2-093. Este produto é o novo antiepiléptico da Bial. O BIA 2-093 demonstrou ser eficaz e seguro em ensaios clínicos com adultos epilépticos. A administração em dose diária única pode ser uma vantagem clínica importante para doentes com epilepsia. O investimento global para este novo produto até hoje rondou os 300 milhões de euros.

Preço

Uma vez que este produto ainda não foi lançado no mercado, neste momento não dispomos de informação relativamente ao seu preço, no entanto a Bial deverá estar atenta às normas governamentais existentes nestes países tal como acontece em Portugal.

Distribuição

A distribuição deste novo produto ficará a cargo da Sepracor que irá comercializar o BIA 2-093 nos EUA e Canadá.

Comunicação

A comunicação do antiepiléptico vai-se fazer sobretudo através da informação contida nos sites da Bial (www.bial.com) e da Sepracor (www.sepracor.com). Além disso, neurologistas e epileptologistas vão também aqui constituir um importante veículo de informação para comunicar este novo produto para o consumidor. Diversas publicações e revistas na área da saúde são também importantes fontes de informação como a Pharmaceutical Magazine (www.pharmrep.com). Deve-se salientar que nesta área os anúncios são fortemente regulamentados.

5 – Plano de Internacionalização

O próximo passo no sentido de aumentar os compromissos nos mercados, onde a Bial já se encontra, passa essencialmente por investir cada vez mais em I&D, em novas tecnologias e recrutar os melhores profissionais e mais competentes das áreas farmacêuticas. Assim, a farmacêutica conseguirá manter e aumentar a sua posição de líder nos mercados, dificultando o aparecimento de novas empresas. O principal obstáculo prende-se com o facto do investimento necessário à realização desse plano, ser de elevada importância e montante. A Bial investe cerca de 20% da sua facturação em I&D (no ano de 2007, esse valor representou 30 milhões de euros), embora seja um valor elevado, irá sempre limitar a empresa em termos de necessidade de investimento, pois, se pretender ser líder mundial, a Bial irá precisar de muito mais, comparando com outras empresas do sector que possuem e investem mais recursos.

Para o futuro, a Bial pretende expandir-se para países com maior potencial, com o intuito de poder vir a ganhar cada vez mais quota de mercado e daí, em termos puramente de gestão, obter uma facturação maior. Neste sentido, países como a França e a Alemanha são prioritários na estratégia de internacionalização do grupo. Para tal, a farmacêutica pretende entrar nesses mercados com a comercialização de novos produtos de investigação própria, como é o caso do antiepiléptico que tem lançamento previsto em finais de 2009/2010, e de outros novos fármacos que a Bial tem em curso. O principal obstáculo para esta estratégia, é o facto de existir um mercado muito exigente e uma concorrência muito forte.

Bibliografia

Mª João Vieira Pinto, 2008, *Fazer da Bial uma empresa internacional*, Marketeer, Março.

www.bial.pt
www.cienciahoje.pt/index.php?oid=24710&op=all
http://dn.sapo.pt/2008/02/15/dnbolsa/medicamento_bial_chega_a_america.html
http://dossiers.publico.pt/noticia.aspx?idCanal=1290&id=1192211
http://www.onoticiasdatrofa.pt/1/index.php?option=com_content&task=view&id=424&Itemid=133
Acetatos das aulas de marketing internacional